Devir-criança da filosofia
infância da educação

Organizador

Walter Omar Kohan

Devir-criança da filosofia
infância da educação

autêntica

Copyright © 2010 Os autores

PROJETO GRÁFICO DA CAPA
Alberto Bittencourt

EDITORAÇÃO ELETRÔNICA
Tales Leon de Marco

REVISÃO
Ana Carolina Lins
Lira Córdova

Revisado conforme o Novo Acordo Ortográfico.

Todos os direitos reservados pela Autêntica Editora. Nenhuma parte desta publicação poderá ser reproduzida, seja por meios mecânicos, eletrônicos, seja via cópia xerográfica, sem a autorização prévia da Editora.

AUTÊNTICA EDITORA LTDA.
Rua Aimorés, 981, 8° andar. Funcionários
30140-071. Belo Horizonte. MG
Tel: (55 31) 3222 68 19
TELEVENDAS: 0800 283 13 22
www.autenticaeditora.com.br

Dados Internacionais de Catalogação na Publicação (CIP)
(Câmara Brasileira do Livro, SP, Brasil)

Devir-criança da filosofia : infância da educação / organizador Walter Omar Kohan. – Belo Horizonte : Autêntica Editora, 2010.

Bibliografia.
ISBN 978-85-7526-510-9

1. Crianças e filosofia 2. Filosofia - Estudo e ensino I. Kohan, Walter Omar. II. Título.

10-09152   CDD-108.3

Índices para catálogo sistemático:
1. Filosofia para crianças   108.3

Sumário

Apresentação

7 Não há verdade sem alteridade. A propósito de "Devir-criança da filosofia: infância da educação"
Walter Omar Kohan

Escritas infantis

17 Escrever e ler para ressuscitar os vivos: Notas para pensar o gesto da leitura (e da escrita)
Carlos Skliar

27 Arte e paixão de um começo: a lição da escrita do Che
Gregorio Valera-Villegas

43 O sério e o alegre na escrita da filosofia
Paula Ramos de Oliveira

Vozes de *infantia*

55 O suplício da infância: notas sobre Bergman e a condição de *infans*
Plínio W. Prado Jr.

63 Um ensaio sobre a experiência, a infância do pensamento e a ética do cuidado: pensar a diferença e a alteridade na práxis educativa
Pedro Angelo Pagni

81 Pedagogia dos sentidos: a infância informe no método Valéry-Deleuze
Sandra Mara Corazza

Poderes da infância

97 Interesse infantil e governamento educativo das crianças
Dora Lilia Marín-Díaz

109 Infância e poder: algumas interrogações à escola
Sílvio Gallo

123 Governamentalidade neoliberal e instituição de uma
infância empreendedora
Sylvio Gadelha

A filosofia na educação da infância

141 A infância, um território fronteiriço
Félix García Moriyón

153 Filosofia, pedagogia e psicologia: a formação de professores
e a ética do cuidado de si
Lúcia Helena Cavasin Zabotto Pulino

165 As novelas filosóficas de Matthew Lipman, e suas
considerações sobre a qualidade estética literária
Olga Grau

177 Contribuições para uma *mantanologia* da filosofia
Sérgio A. Sardi

Educar infantil

189 O acontecimento de "ensinar-aprender" o outro no e para o Outro
Ricardo Espinosa Lolas

199 Notas para uma filosofia da corporalidade: corpo e identidade.
O "para-doxo" do comediante dissolvido na "doxa"
do espectador-receptor.
Ricardo Sassone

213 Filosofia e educação
Giuseppe Ferraro

Epílogo-homenagem

223 A arte de caçar borboletas
Cláudia Maria de Castro

233 Sobre os autores

Não há verdade sem alteridade. A propósito de "Devir-criança da filosofia: infância da educação"

Walter Omar Kohan

O editor do curso pronunciado por Michel Foucault, no *Collège de France*, em 1984, Frédéric Gros, oferece os manuscritos de preparação ao curso *A coragem da verdade*, inclusive as últimas palavras que estavam no final e acabariam não sendo pronunciadas.[1] Trata-se de uma série de quadros gerais sobre as análises oferecidas no curso, em particular sobre a noção de *parresía* (o dizer verdadeiro), e suas relações com as noções de sujeito e verdade. Foucault mostra como na filosofia antiga constitui-se uma relação fundamental entre, por um lado, o princípio do cuidado de si e, por outro, a coragem de dizer a verdade. A relação entre esses dois elementos (cuidado e verdade) remonta pelo menos a Sócrates e encontra uma série de variações ou formas diferentes de ser compreendida nas diversas escolas socráticas. Nesse contexto, Foucault opõe duas formas paradigmáticas extremas: o platonismo e o cinismo. A primeira acentua de forma significativa a importância do conhecimento de si e o faz a partir da fundação de uma metafísica dualista e hierárquica: a alma como entidade separada e superior ao corpo; o mundo verdadeiro acima do mundo das aparências. Já a forma cínica, pelo contrário, pretere o conhecimento e privilegia exercícios e práticas de resistência. O essencial no cinismo já não é o conhecimento de si, mas um modo de vida, uma forma de exercitar o viver.

Platonismo e cinismo deram lugar, nessa arquitetura das relações entre sujeito e verdade, a duas formas paradigmáticas de relação consigo: o trabalho cognitivo e de purificação sobre si e, em particular, sobre a alma, a parte superior de si; de outro lado, as práticas limites de vida, a contestação da vida pela vida. Uma vez traçado esse quadro, Foucault termina suas anotações com aquilo sobre o qual ele realmente teria gostado de insistir: "não existe instauração

---

[1] FOUCAULT, Michel. *Le courage de la vérité*. Paris: Gallimard, 2009, p. 309-311.

da verdade sem uma posição essencial de alteridade; a verdade jamais é o mesmo; só pode existir verdade na forma de outro mundo e de vida outra".[2]

As coisas importantes costumam ser as mais difíceis de ler. Por isso, importa repeti-las, uma e mil vezes. Não há verdade sem alteridade. Eis o último ensinar de Foucault. Eis o último aprender. Na alma e no mundo. Na metafísica e na vida. Não há verdade no mesmo. Não se pode pensar sem a alteridade e, sobretudo, não se pode viver sem a alteridade. Bastaria essa verdade para reler a história inteira das ideias pedagógicas, para abrir escolas e para propiciar práticas educativas. Como um frontispício, escrever no pórtico de cada sala, de cada leitura, de cada pensamento: "não há verdade sem alteridade".

Não há verdade sem alteridade. Basta uma frase tamanha para nos encontrarmos à busca de sentido, os que trabalhamos em torno de aprender e de ensinar. Bastaria se e por que não há verdade sem alteridade, mas também por que há um mundo por trás da verdade e outro mundo chamado de alteridade. Justamente, a infância é um dos nomes da alteridade. A infância é também um dos nomes que precisa a verdade. A infância é, por fim, um dos nomes cuja verdade alguns teimam em inscrever sob as portas do mesmo.

Por isso, a infância é tema do V Colóquio Internacional de Filosofia da Educação "Devir-criança da filosofia: infância da educação", organizado pelo Núcleo de Estudos Filosóficos da Infância, do Programa de Pós-Graduação da Universidade do Estado do Rio de Janeiro, no seu *Campus* Maracanã, entre os dias 7 e 10 de setembro de 2010. Neste livro, incluímos alguns textos apresentados durante o Colóquio.

Organizamos o livro em cinco seções. Na primeira, "Escritas infantis", um conjunto de textos sobre a leitura abre o livro porque se de algo se trata aqui é justamente de dar a ler a alteridade. São textos que também escrevem a escrita e a leitura, textos que dão a escrever e a ler. Carlos Skliar, no primeiro, "Escrever e ler para ressuscitar os vivos. Notas para pensar o gesto da leitura (e da escrita)", inaugura de modo belo e impactante esse convite. Na esteira de Pascal Quignard, nos faz pensar – contra os que separam o inseparável, leitura e vida – os gestos que nos unem a um livro e com ele ao mundo. Pois "o livro é um mundo em falta" e pode-se ler o texto inteiro de Carlos como um chamado a resistir à tentação, ínfima, mas também desoladora, de não abrir as páginas de um livro. De não ler. De não se ler. De não se mundar. E também de impedir que os outros abram um livro. De não dar a ler. O tamanho da estupidez encontra seu ponto culminante quando o nome do outro é "criança", quando a forma da infelicidade toma os contornos da insanidade pedagógica:

---

[2] Ibid., p. 311.

"as crianças não o entendem". Carlos o sabe muito bem: as crianças entendem os livros demasiadamente...

Não há verdade sem alteridade. Ernesto "Che" Guevara que o diga. Infante que resiste ao dogmatismo e ao mercado, sua imagem feita túmulo e fetiche. "O mais nascedor de todos", como afirma Eduardo Galeano na epígrafe do texto que continua o livro. Uma vida-homenagem ao encontro entre conhecimento e vida, alma e mundo. Um homem muito escrito, mas pouco lido. Um homem ainda por ler. Assim, em "Arte e paixão de um começo. A lição de escritura do Che", Gregorio Valera-Villegas empreende uma escrita e uma leitura do homem, mito, leitor e escritor, escritura e leitura de palavras e também de uma vida. Gregorio viaja por textos "menores" e apresenta oito considerações finais que são, ao mesmo tempo, preliminares do seu estudo. Chama a atenção nelas o entrelaçamento da leitura e da escrita na vida de Che e também como essa leitura e essa escrita voltam-se uma e outra vez sobre si, numa radiografia crítica de uma vida-mundo.

Não há verdade sem alteridade. A filosofia tenta ignorar ou ainda impugnar a não filosofia. Não o consegue. Precisa dela. Vive dela. A filosofia pode vestir suas roupas mais sofisticadas. Pode escrever apenas para si. Pode fazer-se de séria e sisuda. Hermética. Ainda assim, precisa de seu outro para ser verdade. Desdobra-o elegantemente Paula Ramos de Oliveira em "O sério e o alegre na escrita da filosofia", a partir de uma interlocução com alguns outros, entre os quais se destacam Roland Barthes e Theodor Adorno. A pergunta que Paula procura pensar poderia ser assim colocada: "por que a filosofia está revestida dessa imagem de seriedade espectral que a torna solene e distante"? Será a escrita (e a leitura) da filosofia essencialmente séria e sisuda ou há alguma propriedade a ser desvelada por trás dessas duas notas? O texto estabelece alguns caminhos para pensar as dobras dessa aparente essencialidade e o que a seriedade pode albergar de alegria e potência.

Pensar a alteridade da infância ou a infância como alteridade é o escopo da segunda seção do livro: "Vozes de *infantia*". O faz Plínio Prado em "O suplício da infância. Notas sobre Bergman e a condição de *infans*". Plínio parte de uma caracterização de infância, vinda de Freud, através de Jean-François Lyotard: "infância é o nome do enigma de se ter vindo ao mundo cedo demais, impreparado". Infância é nascer exageradamente nu, antes de poder se defender. Infância é "ter nascido dos outros e para os outros *antes* de nascer para nós mesmos". A partir dessa noção, Plínio comparte a hipótese de que apenas a arte e o pensamento podem honrar essa dívida que temos em relação à infância. Dentre as artes, o cinema – a escrita cinematográfica – conserva um privilégio: o de poder sondar e escutar a *infantia* e testemunhar a dívida para com ela. No seu texto, Plínio oferece exemplos de como o cineasta Ingmar Bergman reivindica, prática e criativamente, essa afinidade.

Não há verdade sem alteridade. Como nenhum outro, sabe disso o texto de Pedro Pagni, "Um ensaio sobre a experiência, a infância do pensamento e a ética do cuidado: pensar a diferença e a alteridade na práxis educativa", dedicado a pensar a relação com a alteridade nas experiências-limite do nascimento e da morte. A noção de cuidado é, para Pedro, crucial nessas duas experiências que extrapolam nossa finitude: cuidado do outro no nascimento, cuidado de si na morte. A tese de Pedro é que a escrita testemunhal é uma forma de resistência à naturalização da vida e das diferenças. Ele oferece alguns exemplos – *Nascimentos* de Pierre Peju e *O filho eterno* de Ricardo Tezza – em que, não apenas a verdade ética encontra seu lugar, mas também a diferença rege, deslocando as regras ou normas instituídas. A educação da infância poderia encontrar nesses testemunhos inspiração para nascer, renascer e cuidar a infância dos próprios educadores.

Não há verdade sem alteridade. O máximo de atenção é preciso quando estamos frente a métodos, pedagogia e ensino. Pois como resistir à tentação do mesmo quando se trata de "como ensinar"? Um antídoto potente encerra essa seção do livro: "Pedagogia dos sentidos: a infância informe no método Valéry-Deleuze", de Sandra Corazza. O texto demonstra coragem, eloquência e sofisticação para desnudar as formas que impedem ver o infantil (*um* infantil, indefinido) como ele é e não como as formas da pedagogia o mostram: um infantil "anômalo, vago e único". Com elementos encontrados nesses dois franceses, a apresentação do método faz dele um processo para simplesmente ver um infantil nu, sem valores, sem significados, sem juízos (por isso desconstrói) e criar, a partir desse infantil nu, uma visão primeira do primeiro (por isso estuda e experimenta). Criação de uma infância sentida, eis o método dos "acasos felizes", de "união breve" e o "sussurro fugaz".

A seção "Poderes da infância" traz três contribuições em torno das relações entre educação, poder e infância. Dora Lília Marín Díaz, em "Interesse infantil e governamento educativo das crianças", concentra-se num tipo de exercício de poder afirmativo, certa forma de governamentalidade, sobre os indivíduos – e, em particular as crianças – desenvolvido no século XIX, no qual a noção de interesse resulta um elemento fundamental para considerar tanto as discussões quanto as experiências educativas. Dora estuda principalmente a noção de interesse no pedagogo alemão Johann Friederich Herbart e, a partir de um marco teórico onde Foucault ocupa um lugar central, oferece elementos para pensar diversos discursos teóricos que – com nuances e diferenças – concentram em torno dessa noção seus aportes para a educação das crianças.

Não há verdade sem alteridade. Em "Infância e poder: algumas interrogações à escola", Sílvio Gallo ajuda a pensar algumas interrogações sobre as relações entre infância e poder que ele próprio apresenta no início do seu texto: "Quais as relações de poder que se travam na infância? Que jogos de poder-saber são maquinados nas escolas? Seria pertinente falar em uma 'política *da* infância', ou de uma 'política *na* infância'? Seria possível uma infância não instrumentalizada?" Sílvio trabalha com três teóricos do século XX para pensar essas perguntas: Dewey, Arendt e Alain. Haveria entre eles um ponto em comum: todos eles veem a escola como espaço para uma política positiva para a criança. Entretanto, outras referências literárias e filosóficas fazem Sílvio duvidar desse pressuposto comum: pode ser a escola espaço de *outra política* da infância, sensível à voz das crianças? A explorar essas perguntas a partir das teses sobre a política de Jacques Rancière dedica Sílvio a última parte de seu texto.

Não há verdade sem alteridade. Em "Governamentalidade neoliberal e instituição de uma infância empreendedora", Sylvio Gadelha denuncia a forma em que o empreendedorismo e os discursos apologéticos de uma educação empreendedora constituem, nos dias atuais, uma ameaça à alteridade da infância na medida em que resultam na consolidação de valores, normas e condutas conservadores e imobilistas, disseminados nas instituições educativas. O texto de Sylvio tem o valor de um alerta contra a invasão persistente de uma "lógica instrumental que reduz o processo de ensinar e aprender ao domínio de certas competências valorizadas por um *éthos* empresarial".

A alteridade da infância tem sido primeiramente acolhida na educação filosófica contemporânea pelo programa de *filosofia para crianças* de Matthew Lipman. As crianças pensam demasiadamente; por que então lhes negar a interlocução com essa fonte de pensamento que é a história da filosofia? Na seguinte seção do livro, "A filosofia na educação da infância", quatro textos foram escritos por pessoas comprometidas com esse movimento de aproximar as crianças à filosofia, de educar a infância através da filosofia. Uma delas, do espanhol. Félix García Moriyón explora as contradições e tensões do mundo contemporâneo em torno das crianças como sujeitos de direito e explicita o que parece ser a ambiguidade fundamental: outorgar-lhes um protagonismo fundamental na história da humanidade, ao mesmo tempo que as exclui de pensar e decidir sobre suas próprias vidas. Segundo Félix, *filosofia para crianças* pode ser um caminho para resolver, afirmativamente, tamanha ambiguidade.

Não há verdade sem alteridade. No texto de Lúcia Helena Pulino, "Filosofia, pedagogia e psicologia: a formação de professores e a ética do cuidado de si", a alteridade encontra-se no cruzamento de três áreas do saber e na relação de formação em que o sentido da própria experiência do educador abre-se ao desconhecido. Lúcia Helena estuda a contribuição específica desses saberes na formação do professor. Para pensar o papel singular da filosofia na educação e sua relação com a psicologia, mais preocupada com a formação de professores que com o trabalho específico com crianças, Lúcia Helena considera central a noção de cuidado trabalhada por Foucault em *A hermenêutica do sujeito*: ela pode possibilitar que o sujeito "desenvolva uma práxis de sua autoria, que inclua a construção e a transformação de si e do mundo". Sem a ética e a estética do cuidado de si não há formação de verdade, nem de si nem do outro.

Não há verdade sem alteridade. A professora da Universidade do Chile Olga Grau, em "As novelas filosóficas do programa de filosofia para crianças de Matthew Lipman, e suas considerações acerca da qualidade estética literária", concentra-se em estudar justamente os pressupostos estéticos que atravessam os textos produzidos para propiciar essa aproximação entre filosofia e infância. Para esse fim, recebe particular atenção Suki, uma novela em que aparece uma pedagogia da escrita e da leitura literárias. Um pilar dessa pedagogia é propiciar que as crianças narrem suas experiências para conversar sobre elas e assim poder escrevê-las: quem se narra e conversa sobre si poderá depois encontrar maior sentido na escrita de si. O papel principal do pensamento lógico na produção poética, bem como as possíveis tensões e contradições da pedagogia da produção literária, são objeto da última parte do trabalho de Olga.

Não ha verdade sem alteridade. No último texto dessa seção, Sérgio Sardi, em "Contribuições para uma *mantanologia* da filosofia", inverte a lógica dominante nas instituições formadoras de professores de filosofia: o aprender está antes do ensinar. Bem antes. Abre-se assim um horizonte novo para pensar o aprender a filosofar como problema filosófico. Nesse sentido, o texto do Sérgio é programático. Instaura e inaugura um campo para pensar. Dentre os muitos caminhos abertos, o texto explora com certo detalhe o valor da significação e da experiência no aprender a filosofar, como um início para repensar o aprender e ensinar filosofia.

A última seção do livro, "Educar a infância", inclui três textos para pensar essa relação. Não há verdade sem alteridade. O também chileno Ricardo Espinosa, em "O acontecimento de 'ensinar-aprender' o outro no e para o Outro", propõe a articulação dos três conceitos afirmados no título do seu texto: acontecimento, ensinar-aprender e outro (Outro). Ricardo segue as pegadas de Martin Heidegger para diferenciar duas formas de *paidéia*: autêntica e inautêntica. O acento recai sobre a primeira, em que o ser humano se toma a si próprio no exercício livre de sua liberdade. Essa *paidéia* possibilita, na gratuidade do doar-se ao mundo e ao outro, "permitindo que se chegue a ser o que se é, ou seja, ser outro enquanto Outro".

Não há verdade sem alteridade. Ricardo Sassone, em "Notas para uma filosofia da corporalidade: Corpo e identidade. O *'para-doxo'* do comediante dissolvido na *'dóxa'*", coloca seu foco de análise fora da escola e da infância. Ricardo estuda, conceitualmente, as relações entre as noções de "identidade", "sujeito", "individuação", "persona" e "corporeidade". O corpo é a questão central num texto que apresente um longo trabalho de pesquisa e experimentação para estudar o impacto do pensamento em cena, o *philodrama*, nas complexas relações entre mundo da obra e mundo da vida, personagem e *persona*. O leitor encontrará nesse texto, que não diz sequer uma palavra sobre educação e infância, inúmeros inspirações para pensar a educação dos corpos infantis e não infantis.

Não há verdade sem alteridade. O último texto do livro, base da última apresentação do colóquio, "A filosofia e a educação", do napolitano Giuseppe Ferraro, pensa a educação como um passar: educar é passar. Passar saber, mas não apenas, ou não especialmente. Educar é passar um tempo, um conto, uma relação. A educação é questão de narrativa, não de didática. Contar não é repetir, mas restituir. Como em uma fábula. Um saber fabuloso e fabulado, que se maravilha da fábula e da vida e, nesse maravilhar-se, doa mundo à vida e vida ao mundo.

Assim, o livro culmina como começa: corpo a corpo, entre odores e paladares, cheirando saberes e sabores, com um epílogo homenagem a uma borboleta e uma menina apaixonada pelo agitar de suas asas. Livro infantil, caçador de borboletas. Lembremos o início. Não há verdade sem alteridade. Não há mesmo. Nem escrita. Nem leitura. Sem cheiro, sem odores, sem sabores. Sem o corpo que a filosofia bebe da infância.

Rio de Janeiro, agosto de 2010

Escritas infantis

Escrever e ler para ressuscitar os vivos: notas para pensar o gesto da leitura (e da escrita)[1]

Carlos Skliar

Escrever Ler / Apenas supõem /
A duras penas quiseram / Ressuscitar os vivos.[2]

I

Um gesto, apenas um gesto: abrir um livro, ou seja, deixar o olhar, deixar esquecido o olhar, deixá-lo quase abandonado, ao redor de algo que não é seu e que, talvez, alguém lhe tenha dado. Dado a você, e é melhor não ver essa mão, que a mão não se mostre, que a mão desista de revelar-se como a origem. Porém, que deixe mais ou menos perto, amorosamente, insistentemente, um livro, o gesto de dar a leitura, de dar a ler.

Alguém lhe deu a possibilidade de abrir um livro. E será melhor não permanecer ali para te perguntar, para te indagar, para te submeter ao juízo do que você deveria ler, do que você deveria ser. Alguém, cuja mão está disposta a um convite tão simples como milenar: dar a ler. Dar a ler porque sim. Dar a ler porque alguém escreveu antes. Dar a ler porque alguém já leu antes.

Sempre alguém terá escrito e lido antes. Antes de quê? De seu nascimento, de seu corpo que todavia não é, mas já existe. Antes que você pudesse abrir os olhos, para ruborizar-se ou para desolar-se, já houve alguém que escreveu e que leu algo antes. Alguém escreveu algo e, quem sabe, sem outro motivo que o de poder lê-lo, dará início a essa estranha tarefa de encontros e desencontros, de solidão e multitude, de passividade e turbulência.

Primeiro, torpemente, ou seja, sem saber muito bem se o que há de se fazer é reconhecer a letra ou a palavra ou a voz que antecede. Logo, de forma audaz, como se a leitura tivesse a ver com a voracidade. "Leitor, esperava os livros. Na espera do livro, o buscava como (perdão por assim dizê-lo) um animal que tem

---
[1] Tradução de Bernardina Leal.
[2] SKLIAR, Carlos. *Hilos después*. Buenos Aires: Mármol-Izquierdo Editores, 2009.

fome".³ Mais tarde, ao final, serenamente. Porque, de algum modo, a serenidade dará a você um lugar na leitura.

Alguém terá escrito e lido antes. Alguém é uma mão que escreveu, e outra mão te dará a ler para que os seus próprios braços realizem o gesto de abrir um livro, abrir à leitura, provocar uma fenda por onde passarão, como lentas conversas, palavras que não são suas, fios que não são seus, feridas que não são suas, mas que poderiam começar a sê-lo.

Porque: "Como leitor se abre, é aberto, o aberto, como seu livro está aberto, abre-se como uma ferida está aberta, abre e abre-se, abre-se totalmente sobre o que a transborda do todo, e a abre".⁴

Abrir um livro, esse gesto não é somente a abertura de um livro, não é apenas "abrir o livro". Abrem-se, de uma só vez, possibilidades e impossibilidades, o estar presente e o ser subtraído, a musicalidade e a taciturnidade. Abre-se o desconhecimento mais autêntico, o único que, de verdade, nem sabe nem pode jamais saber: o de não saber como se continua o presente, não para diante, senão para os lados; o de ignorar a própria vontade de saber; o de renunciar à já conhecida e débil palavra seguinte.

Abrir um livro: um gesto inicial que talvez te confunda a direção, te entorpeça a urgente felicidade à qual te convoca este apressado mundo, te remova do tempo perturbado ao qual te chamam insistentemente apenas para humilhar-te, para te destituir, para te ofender. Um gesto que é, por acaso, contrário à morte, ainda quando te cegue, te endureça, te ofusque com a dupla letra do mundo retratado na escrita. Dupla letra, dupla palavra, duplo fragmento ou, talvez mais ainda: sua palavra agora não importa, tampouco as palavras de ordem, porém ali estão, disputando uma a uma o percurso de seus olhos sobre a leitura. O que você irá eleger? A palavra bruta, porém já encarnada? Ou a palavra facilmente amorosa que somente dá e recebe hipocrisia?

Ao menos algo você poderá eleger. Algo que, inclusive, você não entenderá. Ou que, ao entendê-lo, voltará a fugir ou a perder-se. Como se as palavras na leitura não se detivessem em sua memória, mas saltassem, de folha em folha, de livro em livro. Talvez na escrita te pareçam estátuas. Porém, na leitura, essas mesmas palavras são dançantes, estranhos turbilhões que não arrasam: dançam.

Algo você poderá eleger, ainda que ninguém saiba quando, nem estejamos lá para falar disso, para averiguá-lo. Talvez o que você eleja seja poder abrir um novo livro sem que ninguém o diga a você, ou sem que ninguém o dê a você. Talvez o que você eleja esteja fora da leitura e da escrita. Porém, se estivesse dentro da leitura e da escrita, isto é, se seguisse esse caminho carente de direção,

---

³ QUIGNARD, Pascal. *El lector*. Valladolid: Cuatro Ediciones, 2008, p. 58.
⁴ Ibid., p. 53-54.

mas caminho em si, quem sabe você viesse a ser alguma vez essa mão a impedir que o gesto de dar a ler se acabe, como já se acabou, de certo modo, a desmesura do silêncio e o privilégio da amizade.

Assim, abrir um livro é um gesto que continua o mundo, que o transmite, que o faz perdurar. Ler, então, terá a ver com um tipo de salvação – pequena e nada ostentosa – de um mundo anterior. Não apenas ressuscita os desesperançados vivos de agora, senão que o faz a partir de palavras de ontem.

II

Que mão te dará a ler? Qualquer mão. Toda mão é capaz de dar, sem sequer mostrar o movimento de "dar", sem sequer pronunciar seu nome, nem o nome de nada, a não ser o nome de quem escreveu antes, se você quisesse sabê-lo. A mão é anterior à primeira palavra que você está prestes a pronunciar. A mão é pura ausência quando essa palavra é dita.

Trata-se de qualquer mão que, inclusive, nem sequer colocou seu olhar no que te deu. Porque pensou, sentiu, fez com que isso que te foi dado não necessite de sua autoria, não seja de sua propriedade, não tenha autoridade. Retirar a autoridade do que foi dado, sim. Para que o dado seja herdado, sem que se advirta a gravidade ou a impureza de dar. Para que dar, dar como substantivo, não como verbo, seja desmesurado e ínfimo, de uma só vez.

Porque a mão deve partir assim que deixado o livro, deve retirar-se para poder deixar. Se permanece ali, se volta a ser uma mão que insiste, já o gesto se transforma em domínio, em desditosa persuasão. A mão que fica ao deixar não deixa, torna-se mesquinhez.

Dar é deixar, não é abandonar. Não se abandona o que se deixa. O que se deixa é uma curiosa sensação de dar. E a conjugação está na ponta da língua: dar o deixado. Nunca se deveria dizer: deixar de dar. Deixar de dar é já estar teso, ser incapaz de qualquer gesto, incapacidade de doar, de estender a mão para além do seu nariz. Deixar de dar é como a morte. Morte que é sempre própria, que não se dá nem se deixa.

Entretanto, o que é que se pode deixar para você, com o risco de que você não o tome, que você seja indiferente, que o despreze? O que é que se deixa e que corre o perigo, também, de ser algo diferente em suas mãos, de não ser exatamente idêntico, de ser sempre outra coisa diferente daquilo que te foi dado?

Se te for deixada uma letra, uma palavra, um fragmento, centenas de fragmentos, uma voz que converte a língua em uma sensação do mundo. Não, não deixe que isso que te dão seja uma concepção do mundo. Peça, isso sim, que te deem uma sensação do mundo. Uma sensação do mundo, que é o mesmo que dizer: uma infinidade de sensações do mundo. Porque ler é uma sensação do mundo que se deixou escrever em um gesto indecifrável. Não decifre esse gesto, não.

Mais vale abandoná-lo e abandonar-se em seu mistério. Nenhuma sensação pode ser uma cifra, é um movimento: saltos, tropeços, viradas, encruzilhadas, verdades à prova de milagres, milagres que se cozinham sem verdades à vista.

Assim escrevia e repetia insistentemente a poetisa russa Marina Tsvetáieva: "Eu não tenho uma concepção do mundo. Eu tenho uma sensação do mundo".[5]

E aqui parece não haver outra coisa além da presença exagerada do conceito, ou seja, o não poder balbuciar, murmurar, senão fixar, decidir. Perguntarão a você: O que pensa, você, de tudo? Te obrigarão a responder: Que opinião possui, você, disso e daquilo? E quando você tentar dar suas sensações, quando quiser deter-se na ambiguidade de cada palavra, lhe dirão que já não há tempo. Isso é o conceito: a imperdoável falta de palavras ante a repetida ausência do tempo.

Ter uma sensação do mundo quer dizer, apenas, que se pensa com o corpo. O conceito é a distância que se estabelece entre seu corpo e o mundo. Ler, talvez, seja o modo mais sentido de tornar a abrir seu corpo em meio ao universo.

III

Essa mão te deixa algo que te indica, que te sugere, que ali mesmo, nesse gesto de abrir um livro, talvez abra algo, algo que não é seu nem dessa mão, um livro, qualquer livro, que pudesse desnudar-te ou, ao menos, dar-te a ver a misteriosa desnudez do humano.

Esse gesto deixa você, também, só, a sós. Em algum momento você terá que estar só. Nem sempre há que estar sustentado pela mão do duplo gesto de escrever e de ler. Em algum momento, você terá que ser olhos-letra, olhar-coruja, beco sem entrada, ar de aridez. Gesto só. Leitor só. Escritor só. Solidão só.

Porque: "O livro é a ausência do mundo. À ausência do mundo que é o livro soma-se essa ausência do mundo que é a solidão. O leitor está duas vezes só. Só como leitor, está sem o mundo [...]".[6]

Esse mundo já não está mais. Esse mundo do que é imediatamente tão urgente como desnecessário, tão enfático como pueril, tão premente como sem sentido, caiu no abismo da leitura. E na leitura volta a se perder. Já não há mundo. Já não há esse mundo. Há, isso sim, solidão que abriga e deserta; solidão porque se trata de um gesto que você não vê. O livro já está aberto. Não há mais ninguém, não há mais nada. Inclusive o livro não é, não está, não permanece na leitura.

Porque: "A atenção provocada pela leitura do livro [...] se emancipa do livro. O livro cai [...] O livro desapareceu. O mundo não regressou".[7]

---

[5] TSVIETÁIEVA, Marina. *Confesiones. Vivir en el fuego.* Barcelona: Galaxia Gutenberg, 2008, p. 437.
[6] QUIGNARD, op. cit., p. 40.
[7] Ibid. p., 41.

É que a escrita anterior à sua leitura já foi, ela mesma, solitária solidão. Solidão não de criação, mas de palavras que não regressam. Solidão não já do autor que vacila, mas da vacuidade da língua. Ainda nessa escrita já há algo que não acontece, já há algo que não se escreve. Também na escrita há duas vezes solidão.

A escrita, assim, como substantivo, é algo que não ocorreu nem ocorrerá jamais. Sua inexplicável, bela e obsessiva persistência não é mais que uma prova disso. Se fosse possível a escrita, já estaria escrita. Porém, na realidade, a escrita se derrama, se dissipa, é fantasma.

Porque:

Escrever terá a ver
Com algo que não ocorre
Nem ocorrerá jamais

Porque
O ponto final é tão absurdo
Como é qualquer vacilação
Que começa vocálica
E acaba padecendo
Por excesso de fé

E a fenda entre
O escrito e o por escrever
Não é que seja mais extensa
Senão que é
Cada vez mais fenda

Ademais
Tudo poderia perder-se
Um mal dia
Escrever
Poderia ser negar-se a esse dia

Ou mesmo
Dissipar-se com ele.[8]

---
[8] SKLIAR, op. cit., p. 66.

IV

Mas: Qualquer fragmento, em qualquer livro?

Sim, qualquer um.

Um fragmento em um livro é outra vida em outro tempo, em outro lugar. Esse livro é qualquer um, porque qualquer é o tempo, qualquer, o lugar, qualquer pode ser a vida de qualquer um.

Sim, qualquer livro. Por exemplo, os muito sublinhados, os muito amarrotados, os muito abertos. Ou os nunca abertos. Ou os livros que se escondem e há que sair a buscá-los. Ou os que insistem em ser única leitura. Ou os que te confinam a uma hora que não começa nem termina, porque te oferecem a inexplicável sensação do durante, da duração sem hora, dessa hora intrigante do sem antes e sem depois.

Não, qualquer livro, não. É que nem tudo pode ser livro, ainda quando vista essa roupagem. Pode haver letras, pode também haver a precisão de um ourives, mas não haver gesto. Pode começar com um trejeito, sim, mas, em seguida, acabar-se, diluir-se em uma farsa mortal de quem escreveu não para que você leia, senão para que você seja um refém sem voz. Pode ser que nem toda palavra fique impressa em seus ouvidos. Pode ser que esse livro não seja senão um fogo de artifício. Que te prometa felicidade, destino, conquista, a absurda negação da morte que não é, senão, a igualmente absurda impossibilidade de afirmar a vida.

Há livros que não, que não são gesto, mas condenação; livros que só querem deixar você ali onde você já está, preso de sua prisão, órfão de outras vidas. Livros escritos, sim, porém insossos, indigentes.

Ler é um gesto que algum dia saberá reconhecer porque há livros que sim, porque há livros que não. Assim como com as palavras soltas: se você gosta de "amor", não gosta de "infâmia", se gosta de "rosa", não gosta de "indústria", se gosta de "vento", não gosta de "ambição".

Gostar? O que quer dizer gostar nesse gesto de abrir um livro?

A leitura reconhece seus sabores. Aos poucos. Vagarosamente. A princípio, não sabe: mas cheira. Cheira o nariz dentro do livro, cheira o movimento das páginas, cheira esse odor misterioso do que se compreende e não se compreende de uma só vez. E se aspira o vendaval da escrita. Cheira-se, sabe-se reconhecer esse odor como um odor desconhecido, então se aspira a ternura de boas-vindas e a aspereza do adeus.

Depois, entre a umidade dos olhos e a vigília do tempo, começa-se a provar, a tocar, a percorrer o livro. Algumas palavras sabem a memória da amizade; outras, a aflição da promessa recém-pronunciada. Em outras palavras há sabor de avós e de pátios e de amores que sim e que não, cheiram-se gotas de chuva fria e dores quase sempre estrangeiras.

O gesto é: abrir um livro. Não há segundo gesto. Em princípio, não há segundo gesto, não. O segundo não é gesto, é sabor. Porém, ainda há que permanecer no primeiro gesto. Porque não se vê demais. Porque insistimos em que outro leia e não fazemos o gesto, nós mesmos. Não o fazemos.

Sem primeiro gesto, sem deixar de dar, não há escrita, não há leitura. Porque o primeiro gesto é abertura e detenção, pausa, pausa, muitas pausas.

Pausas de quê?

Da vertigem, que é um gesto do desespero por precipitarmos a morte. Da velocidade, que é um gesto cansado de si mesmo. Do turbilhão, que é um gesto que não reconhece nem seu passado nem seu porvir. Do atordoamento, que é um gesto inexato em um caminho impossível. Da pressa, que é um gesto que nem vem nem vai, que perdeu, não o rumo, mas seus pés. E do barulho, do tumulto, da gritaria, que não são gestos mas trejeitos absurdos, irreconhecíveis.

V

O gesto é, sempre: abrir um livro. Esse gesto é: a carícia, sim; a memória, sim; o deslizamento nem para fora demais, nem para dentro demais; o som, sim; o ritmo, sim; a voz, sobretudo, a voz. A voz que cada um haverá de ser.

É um gesto que abre um espaço algo mais tíbio e mais profundo que a pronúncia; mais suave e mais longo que a presença do silêncio; mais alto e mais indisciplinado que a pontuação.

É, um gesto, sim, um gesto. Se faz com a mão, mas, sobretudo, com o rosto. E, uma vez estando ali, no rosto, tudo ocorre descompassadamente: talvez chorar, porque algo-alguém morreu ali onde o olhar não pode deixar de ver; talvez rir, porque algo-alguém se disfarçou ou caiu no abismo do absurdo; calar, porque algo-alguém fala; escapar, porque o labirinto não te dá respiro e porque é demasiada a noite do que ali está escrito.

Algo, alguém?

Algo-alguém que você não foi nem será, nem poderá nem quererá, talvez, ser. E, no entanto, nessa distância que não é lonjura; nesse próximo que é proximidade, há comoção, há intimidade, há desejo de ser outro, há passado que é presente, há presente presente, há destinos aos borbotões. O gesto seguirá sendo, sempre, abrir um livro.

Talvez para fechá-lo.

Talvez para guardá-lo.

Talvez para voltar a dá-lo.

Talvez para relê-lo.

Talvez para perdê-lo.

Talvez para não encontrar-se.

É um gesto porque está na mão, está no rosto, porém, mais ainda, nos olhos.

E são os olhos que traduzem, os que conduzem as histórias até a interioridade do corpo. E, porque não há olhos iguais, é que há corpos distintos.

E o gesto, o primeiro, o de abrir um livro é, antes de mais nada, um gesto sensorial: abre-se um livro e, de uma só vez, abrem-se as pálpebras, sim, as pálpebras. E logo se abre a boca surpreendida ou ameaçada. Uma mão deu a você um livro e agora o seu corpo é a sensação de ler, não é outra coisa, senão a sensação de ler que está no corpo.

E o corpo começa nos olhos. Nos olhos que veem.

Os olhos veem o quê?

Não, não veem, são vistos. São vistos sem pressa, sem ostentação, porém, sem respiro. Não te dizem como há que se ver, mas sopram ao seu ouvido o que querem que você veja. Seria melhor não fazê-lo? Não te indicar, não te sugerir, não te desejar o que ver? Não, não vale a pena ensinar. Ensinar como indicação, como signo que aponta para algum lugar. Ensinar o modo pelo qual você eleja ser visto por outros outros.

Olhos vistos por crianças prodígios, mensageiros sem rumo, débeis homens enamorados de mulheres fugidias, avós que já não se recordam de si mesmos, mas que ainda amam o tempo em que isso, talvez, ocorreu; moças em pé de guerra e aos pés do desejo; escriventes que prefeririam não fazê-lo; cegos de bengalas e cegos de fúria; a insistência persistência da infância.

Olhos vistos por povoados de nomes impossíveis, por páramos, penhascos, edifícios em ruínas, oceanos que não vão nem voltam, labirintos, encruzilhadas, lugares próximos que, ao fechar do livro, se tornam alheios, inalcançáveis.

Olhos vistos pela guerra, decrepitude, assombro de um abraço, abandono, ciúmes, amargura, infinito, chuva que nunca deixará de recolher-se, tempo inventado em outro tempo, um que é sempre outro, o outro que é sempre outro e mais outro, e mais outro.

Porque: "Toda palavra designa o outro. De início, uma palavra altera, produz todas as alterações, contemporiza com o próximo, provoca alteridade. O movimento que nomeia o outro altera. O movimento que nomeia o outro altera esse movimento e o outro".[9]

Olhos vistos, inclusive, por tudo aquilo que não terá nome, mas que poderá, algum dia, dizer-se com sua própria voz, na sua vez, em seu ritmo, com essas palavras que só nascem se encarnam-se, se estão encarnadas, desossadas, decididas.

E, então, sim.

Agora que o universo entrou por seus olhos (de que outro modo mais belo você poderia ser visto?), agora, sim, os olhos veem seu próprio tempo, seu próprio espaço. Não cotejam, veem. Não se desiludem, veem. Não conceitualizam, veem.

---

[9] QUIGNARD, op. cit., p. 56.

Porém: Haverá que decidir entre o livro e o mundo? Haverá que deixar o livro para estar no mundo? Haverá que abandonar qualquer pretensão de mundo para manter-se no livro?

"Pois o livro é um mundo em falta. Quem lê a livro aberto, lê a mundo fechado."[10]

Abrir um livro. Esse gesto tão ínfimo, tão mínimo, que sua ausência não se vê, que sua falta não parece ser. Não abrir um livro passa despercebido, passa através do nada, passa e se vai e já quase não se recorda.

VI

Antes, muito antes de fazer o gesto, de dar a ler, de deixar um livro, escuto a temível e terrível afirmação. A criança não entende, é inútil o gesto. Ser criança supõe não entender. As crianças não entendem o que há em um livro? Será melhor que leiam depois, mais tarde, mais adiante, nunca?

Penso nos livros. Como entendo agora os "estúpidos adultos" que não dão a ler às crianças seus livros de adultos! Até bem pouco me indignava sua suficiência: "as crianças não o entendem", "é muito cedo para as crianças", "quando crescerem, descobrirão". As crianças não o entendem? As crianças entendem demais!".[11]

Já sei: você me dirá que esses olhos não veem, que esses olhos não podem ver. Isso não muda as coisas. Não muda o gesto. Muda, apenas, o modo como a mão, sempre oculta, quase sempre ausente, dará a ler.

Esses ouvidos não escutam, não podem escutar? Isso não muda as coisas. Porque o livro que se dá através da mão que desaparece, é uma mão que, então, deverá ensinar, ensinará por senhas.

Esse corpo não se move, está imóvel? Isso não muda as coisas. Haverá que se aproximar, haverá que lograr que a mão tensione um pouco mais seu movimento. E haverá que a retirar, talvez, mais depressa.

Não haverá que buscar desculpas, porque o gesto é único, mas não é apenas um. Haverá que disseminar o gesto, multiplicá-lo não por si mesmo, senão por suas variedades, suas variações: o gesto da mão que escreve, o gesto de dar a ler, o gesto de deixar ler, o gesto de ler, o gesto de abrir um livro. Ler é um gesto que apenas supõe, quisera a duras penas, *ressuscitar os vivos*.

O gesto, para quê?

Para não esquecer-se do humano.

Para que o humano não se negue ao humano.

Para não esquecer que estamos vivos.

---

[10] Ibid, p. 78.
[11] TSVIETÁIEVA, op. cit., p. 81.

Arte e paixão de um começo: a lição de escritura do Che[1]

Gregorio Valera-Villegas

> *Por que será que o Che tem este perigoso costume de continuar nascendo? Quanto mais o manipulam, o traem, mais ele nasce. Ele é o mais nascedor de todos. Não será porque Che dizia o que pensava e fazia o que dizia? Não será por isso que continua sendo tão extraordinário, em um mundo onde as palavras e os feitos raríssimas vezes se encontram e, quando se encontram, não se saúdam porque não se reconhecem?*
>
> Eduardo Galeano,
> "El nacedor"

> *Passou um caminhão do exército, o mesmo de ontem, na parte de trás dois soldadinhos enrolados numa manta. Não tive coragem de atirar neles Nem reflexos suficientes para capturá-los.*
>
> Ernesto Che Guevara,
> *Diario de Bolivia*, 3 de junho de 1967

Apresentação

Falar de Ernesto Che Guevara é uma tarefa complexa e demasiado difícil. Que dizer, se se pretende dizer algo novo, de um personagem como Che! Todo mundo pode contar algo de sua vida, de sua obra, de maneira justa e injusta, verdades e meias verdades. O simples nome já convida ao diálogo, ao debate ou à controvérsia de acordo com o caso.

---
[1] Tradução de Ingrid Müller Xavier.

O imaginário coletivo alça voo e remonta de imediato ao guerrilheiro heroico, ao símbolo da rebeldia por antonomásia; ao lutador abnegado por ideais de liberação, ao seu anti-imperialismo e à redenção dos povos oprimidos, marginalizados da Terra. Em seguida vêm as informações sobre sua morte, seu assassinato, sua aventura guerrilheira.[1]

Não se pode ver em Che um único personagem, ou melhor, um personagem de uma única faceta, mas de várias: a política, a guerrilheira, a rebelde. E também o mito, que o sistema capitalista comercializa na imagem superconhecida do fotógrafo cubano, Korda, e o diminui ao nível de *souvenir*. Porém, ainda assim, a imagem de Che em cartazes ou camisetas é ícone, símbolo de rebeldia e de inconformismo que, de alguma maneira, identifica quem a veste, não tanto político-partidária, mas contestação cívica.[2]

No nosso caso, e para fins deste texto, preferimos uma faceta de Che pouco conhecida, pouco estudada, a do intelectual e, especialmente, a do escritor, ou, talvez, mais precisamente, a de escritor por leitor ou vice-versa.

Desde um ponto de vista epistemológico/metodológico, trata-se de realizar uma hermenêutica da facticidade, real e situada. Isso supõe um duplo nível de interpretação, a saber: a realizada pelo sujeito/ator/autor e a que nós realizamos daquela realizada por ele e pelos testemunhos oculares e biógrafos.[3]

Da vida e obra de Che escritor, enquanto arte e paixão de um começo e lição de escritura, pode-se dizer que alguns de seus textos foram amplamente lidos por milhões, como é o caso dos seus diários, algumas cartas (cf. a do adeus a Fidel) e o ensaio *El socialismo y el hombre em Cuba*. Não obstante, sua obra escrita compreende uma gama variada de gêneros: o epistolar, textos autobiográficos (notas de viagem, diários), textos literários (poemas, relatos), crônica histórica, ensaios, conferências; alguns publicados, outros inéditos. A seguir uma seleção, muito incompleta,[4] com fins ilustrativos e de resenha do estudo deste trabalho:

---

[1] Entre as muitas coisas que fazem de Che um personagem histórico extraordinário tem-se a sua abnegação ao dedicar sua vida à luta pela liberação dos povos oprimidos (latino-americanos e africanos) que não eram seus (no sentido da nacionalidade). Em especial que, poucos anos após o triunfo da revolução em Cuba, ele tenha abandonado cargos importantes, honras e confortos merecidos, para continuar e entregar-se por inteiro àqueles ideais aos quais dedicou sua vida. Isso o converte no personagem que encarna o autêntico revolucionário, aventureiro e, porque não, romântico.

[2] Neste mesmo sentido, pode-se destacar o começar de novo de Che em prol de um ideal a esse respeito, pode-se citar o seguinte: "Até 8 de outubro podia-se duvidar de que houvesse seres capazes de lutar pelos outros, fazer uma revolução, alcançar o poder, abandonar tudo e começar de novo: renunciar ao temporal" (CASTILLO, Abelardo. *El Escarabajo Rojo* (Editorial), n. 35, 1967).

[3] Este trabalho faz parte de um estudo mais amplo que esperamos concluir em breve.

[4] A obra escritural de Che não foi totalmente publicada, faltam muitos textos, como é o caso do poema deixado para sua esposa Aleida, que permanecerá, por decisão dela, inédito até sua morte; bem como

- *Diccionario filosófico* (1946-1957). Parcialmente publicado.
- *Índice literario*[5] (1946-1957). Publicado sob o título "Apuntes de Leituras", na *Revista Casa de las Américas*, n. 184, La Habana, 1991.
- *La angustia (Eso es)*.[6] Em *Página/12*, Buenos Aires, 1992.
- *Diarios de motocicleta. Notas de viaje por América Latina*. La Habana: Ocean Press, 2004.[7]
- *La duda*. Em *Revista Opus Habana*, n. 4, La Habana, 1997.
- *La guerra de guerrillas*. La Habana: Ocean Sur, 2006.
- *Pasajes de la guerra revolucionaria*.[8] New York: Ocean Press, 2006.
- *Pasajes de la guerra: Congo*. México: Grijalbo Mondadori, 1999.
- *Apuntes críticos sobre la economía política*. New York: Ocean Press, 2006.[9]
- *El ano en que estuvimos en ninguna parte*, 1965. Escrito por Che quando participava da guerrilha do Congo.
- "La duda".[10] Em *Contexto Latinoamericano Revista de Análisis Político*, n. 5, 2007, p. 117-120.
- "La piedra".[11] Em *Contexto Latinoamericano Revista de Análisis Político*, n. 5, 2007, p. 113-1116.
- *Sobre literatura y arte*. La Habana: Arte y Literatura, 1997.
- *Diario del Che em Bolivia*. New York: Ocean Press, 2006.
- *Obras 1957-1967*. 2 v. 1970.
- *Pasajes de la guerra revolucionaria: Congo*. New York: Ocean Press, 2006.
- *Otra vez*.[12] La Habana: Ocean Sur, 2006.
- *Che desde la memoria. Los dejo ahora conmigo mismo el que fui* (seleção e prólogo de Victor Casaus). La Habana: Ocean Sur, 2007.
- *Una síntesis biográfica de Marx y Engels*. Bogotá: Ocean Sur, 2007.[13]

---

o inédito *Diario de un combatiente* (Anderson, 724). Uma das melhores edições de sua obra é a do Ministerio del Azúcar de Cuba, em sete volumes, cujo título é *El Che en la Revolución Cubana*.

[5] Originalmente: "Cuaderno alfabético de lecturas generales".

[6] Ficção.

[7] Há diversas edições por várias editoras. Uma das primeiras, se não a primeira, é *Notas de viaje*. La Habana: Abril, 1993. Os diários de Che são suas obras mais lidas e foram traduzidas para vários idiomas.

[8] O título da primeira versão é *Recuerdos de la guerra revolucionaria en Cuba* de 1963. Essa edição é a ampliada e corrigida por Che. Há edições anteriores como a da Editora Política, La Habana, 1997.

[9] Um olhar crítico sobre o *Manual de la Academia de Ciencias de la URSS*.

[10] Conto curto escrito no Congo.

[11] Conto curto.

[12] O diário, que havia permanecido inédito, da segunda viagem pela América Latina (1953-1956).

[13] Este é um texto que havia permanecido inédito, foi escrito por Che ao regressar do Congo. É um exercício biográfico que mostra o humanismo dos criadores do marxismo e, ao mesmo tempo, um conjunto de comentários e reflexões sobre as obras destes autores. O livro também apresenta uma

- *El cuaderno verde del Che*.¹⁴ Buenos Aires: Seix Barral, 2007.

Arte e paixão de um começo a contrapelo das idades de Che

De sua vida e escritura pode-se fazer uma periodização que destaque seu processo de formação intelectual. Periodização esta que atende a uma ordem cronológica de acordo com as idades de Che. Seu interesse é apresentar uma ordem demarcatória – com um critério de orientação geral para este trabalho –, constitutiva de uma identidade criativo-escritural, já que esta se edifica a contrapelo de tais idades e não segue uma sequência unilinear, mas multilinear e complexa. De maneira ziguezagueante e aos trancos, nelas vai conformando-se a identidade de escritor, de intelectual. Ao se caminhar por seus escritos privados e públicos vai sendo encontrada a expressão escritural de tal identidade. E, também, ao se refazer o caminho de suas leituras, as experiências intelectuais que elas lhe vão gerando, bem como o encontro e o contraste experiencial entre leituras, vivências e as escrituras ao longo de sua formação (e autoformação ou *bildung*). De modo a chegar ao seguinte:

1. Idades da infância e adolescência, de 0 a 15 anos.
2. Idades da primeira juventude, de 16 a 25 anos.
3. Idades da segunda juventude, de 25 a 30 anos.
4. Idades de adultez, de 30 até sua morte aos 38 anos.

Na primeira fase, começa a cimentar-se o Che leitor, como leitor inquieto. Ele foi convertendo-se em um leitor inquieto, que acaba por fazer da leitura uma leitura inquieta(nte).¹⁵ A esse respeito se afirma: "Quando Ernesto chegou aos 12 anos, possuía uma cultura correspondente a um rapaz de 18. Sua biblioteca estava abarrotada de toda espécie de livros de aventuras, de novelas de viagens".¹⁶ Essa cifra evidencia uma leitura voraz e intensa. "Lê *As vinhas da ira* de Steinbeck, Mallarmé, Engels, Marx, Lorca, Verlaine, Antonio Machado. Descobre Ghandi que o emociona profundamente. Seus amigos recordam-no recitando Neruda, certamente, mas também os poetas

---

lista de sugestões de leituras com fins pedagógicos. Esta última parte do livro é uma reminiscência, ou melhor, uma aplicação de seu *Diccionario filosófico*, seus *Cuadernos de Lectura* e o plano de uma edição de leituras sobre filosofia que propôs, em uma carta, a Armando Hart.

¹⁴Caderno que pode ser considerado como mostra de seus *hypomnémata*. Contém uma seleção de poemas de alguns dos poetas mais significativos para Che: Pablo Neruda, León Felipe, Nicolás Guillén, César Vallejo.

¹⁵Cf. VALERA-VILLEGAS, Gregorio. *Vida, formación y saber de sí. Fenomenología del sujeto lector*. Caracas: Ediciones del CELARG, 2010.

¹⁶ TAIBO II, Paco Ignacio. *Ernesto Guevara también conocido como el Che...*, p. 25. É um testemunho de Ernesto Gueva Lynch, pai de Che.

espanhóis".[17] Esta inquietude pela, sobre e desde a leitura começou em sua tenra idade e formou parte dele durante toda a sua vida.[18] Che foi um leitor inquieto se aceitarmos nossa definição, dada em outro lugar:

> [...] é aquele que gosta de ler, que desfruta ler, que anda buscando o tempo e o lugar adequado para submergir-se na leitura. Não lê por encomenda, mandato, obrigação exterior, porque alguém ordene ou porque as circunstâncias o obriguem a fazê-lo, lê pela paixão de ler, pelo menos quase sempre. A leitura realizada por este sujeito se reveste para ele numa experiência fecunda; seu ser é profundamente tocado. Após fazê-la já não é o mesmo, algo lhe aconteceu.[19]

A leitura inquieta, com ênfase no interesse intelectual, é conformada desde um *habitus*, no sentido de Bourdieu, uma vez que se configura como maneiras de agir, sentir, refletir no seio de um grupo familiar e de um grupo ou setor social, como podemos inferir da citação testemunhal anterior. Igualmente, pode-se dizer que, aliada à noção de *habitus*, podemos referir-nos aqui ao conceito aristotélico de *héxis*,[20] traduzido como hábito adquirido, ou disposição adquirida mediante a prática. A *héxis* leitora ou da leitura, e também da escritura com suas particularidades, é uma disposição (entendida como uma condição ativa), que em termos aristotélicos seria um ponto médio entre o ato e a potência, sempre por fazer de um fazer-se e ser-se, e um exterior e um interior do leitor e suas circunstâncias, ou, em palavras de Ortega y Gasset, uma exteriorização e um ensimesmamento e, outra vez, exteriorização. Por isso, essa leitura inquietante, conformada como *habitus* e *héxis*, seguramente, lhe proporciona uma caixa de ferramentas, no sentido de Foucault, para interpretar o mundo, e inclusive sua própria experiência vital.

Aos 16 anos já dá mostras inequívocas de um leitor inquieto, em seu processo de conformação de um *habitus* e uma *héxis* de leitura e escritura. Assim:

> [...] começa a compor um dicionário filosófico a partir de suas leituras, trata-se novamente de ordenar a desordem, de impor ordem ao caos. Irá continuá-lo durante um par de anos. Tenta sistematizar leituras, deixar registros de ideias. Utiliza um simples

---

[17] Ibid., p. 26.

[18] Um testemunho conta que: "Lia o tempo todo, em cada momento livre, entre uma reunião e outra, quando ia de um lugar para outro". Aleida March, esposa de Che, e se refere à época em que cumpria múltiplas e complexas atividades no alto governo de Cuba.

[19] VALERA-VILLEGAS, Gregorio. *Vida, formación y saber de sí. Fenomenología del sujeto lector...*, p. 25

[20] *Habitus* é a tradução latina do grego *héxis*. Cf. ARISTÓTELES. *Ética Nicomaquea*. Madrid: Gredos, 1995.

sistema alfabético. "Platão" e aí vão as notas, "paranoia" e aí vão; têm além do mais uma utilidade prática para seu autoconsumo *e o dos estudantes*, como diria mais tarde a Eduardo Galeano. Manterá o costume de registrar as leituras junto com o de anotar um comentário sobre os livros. Só uma personalidade caótica pode ser tão ordenada em suas leituras. Os "cadernos filosóficos" mostram o interesse pelo marxismo, que vai crescendo ao longo dos anos, e que inclui textos de Stalin, biografias de Lênin, uma revisão de Engels e de Marx. Expurga *Mi lucha* de Hitler e os escritos de Mussolini. Lê Zola sobre o cristianismo e se submerge em uma leitura atenta de Freud, Nietzsche, Bertrand Russell e H.G. Wells. Anderson registra a maneira como seu irmão Roberto se surpreendia de Ernesto repassar minuciosamente a História contemporânea, uma coleção em 24 volumes da biblioteca familiar. Com o passar do tempo ia tomando notas e mais notas, à medida que modificava sua percepção e retornava às leituras sobre um mesmo tema.[21]

Inquietude, *habitus* e *héxis* vão conformando-se e conformando o leitor e escritor. Sistematiza suas experiências leitoras mediante índices, dicionários, resenhas e notas; mais tarde fará algo parecido com seus textos. Sistematiza sua experiência leitora, para refletir e para convertê-la em uma autêntica experiência, para ser e pensar de outro modo.

Quanto à conformação do Che como leitor, e especialmente como escritor, cabe assinalar aqui o cultivo da memória. Memória e narração, memória e escritura, memória e reconhecimento, identidade, memória e narração. Em Che a recordação é intencional, explícita, escrita, notificada. Anota o vivido para recordar, para dar a conhecer, para dar notícia de que algo aconteceu, lhe aconteceu. Anota, glosa, resenha não só para aprender e formar-se, mas também para escrever, para reescrever, para dizê-lo melhor, para cuidar o anotado, o escrito. A escritura para Che não é algo banal, não é uma coisa instrumental, mecânica; ao contrario, é um algo, uma expressão, uma manifestação importante de algo que há que cuidar para que diga o que tenha que dizer, para expressar um pensamento, um sentimento, uma paixão, uma convicção que não pode ser deformada, incorretamente apresentada e tergiversada. O leitor imaginário, por assim dizer, de seus textos públicos, e também o leitor conhecido, sabido, sentido é cuidado, atendido para que possa ler o que se lhe é dado a ler.

A memória do vivido a ajuda mediante a relação anotada, notificada e relatada. A escritura é relação da memória, do vivido por ele, ou de acontecimentos do entorno de sua própria vida. Também há a escritura de referência de particulares acontecimentos que usa para ilustrar um assunto maior, de maior

---

[21] TAIBO II, Paco Ignacio. *Ernesto Guevara también conocido como el Che...*, p. 28.

relevância. De igual modo, toma notas em seus cadernos para tê-las presente, para não esquecer o lido, o estudado, o vivido, o acontecido. Escreve para dar testemunho àqueles que não estão ou que virão. Escreve também suas cartas, para o recado cortês ou carinhoso aos ausentes. Assim, encontramos nas cartas, à maneira de síntese, muitas destas formas de sua escritura, porque Che foi um escritor de cartas extraordinário.

Na fase seguinte, idades da primeira juventude, dos 16 aos 25 anos, se situam as primeiras expressões da escritura de Che; destacam-se alguns textos como: *Notas de viaje* e *Otra vez*. São textos de caráter autobiográfico em que Che dá conta de suas experiências de viagens pela América Latina. Como manifestação de ordem iniciática, temos a elaboração do *Diccionario filosófico*,[22] iniciado em torno dos 17 anos. Seu caráter iniciático pode justificar-se uma vez que é mostra de seus posteriores interesses intelectuais, nos quais o estudo de filosofia constituirá um eixo fundamental de sua formação intelectual e de prática política.

Esses interesses intelectuais e de formação no estudo de filosofia serão complementados com sua paixão pela literatura argentina, latino-americana e universal, história, arqueologia, entre outros temas e disciplinas. Cabe destacar o caráter autodidata[23] de sua formação nesses âmbitos. Seu processo de leitura e de estudo é rigoroso e sistemático apesar da "desordem" – muitas vezes presente na formação autodidata – expressa na sistematização em um texto ou *Índice de livros*.[24]

Sua formação, ou melhor, autoformação, combina-se com o que Che denomina suas "vivências inapagáveis". Viajar e ler, anotar,[25] para depois experienciar, no sentido da hermenêutica gadameriana, (ou esta passagem entre o que antes se pensava, os preconceitos que se tinha, e o que se chega a pensar e a ser) no exercício de escritura. Este viajar não é apenas ir de um lugar a outro e o vivido, em tom de risco, de aventura, mas passar de um estado a outro

---

[22] Inédito. Manuscrito consultado em: "Fondos del 'Archivo Personal del Che' del Centro de Estudios Che Guevara, en La Habana, Cuba".

[23] Autodidata no sentido de educação extraescolar; isto é, para além dela (ainda que não necessariamente excluindo-a, mas na que participam companheiros, amigos, familiares e os próprios interesses que vão sendo despertados na pessoa em seu particular processo vital e formativo.

[24] Inédito. Título original *Cuaderno alfabético de lecturas generales*, onde comenta e resenha alguns livros. Como dado curioso pode-se assinalar que, no apartado dedicado a Verne, anota 23 novelas. Cf. TAIBO II, Paco Ignacio. *Ernesto Guevara también conocido como el Che*. México: Planeta, 2003.

[25] Anotar é aqui uma ação de pôr notas em um escrito (um caderno de notas, uma espécie de "diário de bordo", no caso de Che) sobre o vivido na jornada diária. E também um anotar o lido, uma citação textual, um poema, um verso que constituirão umas *hypomnémata*.

em seu processo formativo, em sua subjetividade. Assim, os lugares por onde passa deixam marca no viajante, motivos de experiência, de reflexão. Viajar, ler e escrever em um personagem como o Che constituem lugares, situações e, no caso da leitura, pedaços, fragmentos ou discursos de um texto, de um autor (filósofo, poeta, narrador, etc.) que o impactam, que deixam traços, daí a anotação, como se dissesse: para que não me esqueça, para recordá-lo mais tarde, para tê-lo presente, para pensar e tornar a pensar, para dizer deles, para dizer desde eles, para dizer o neles não dito.[26]

Estudante universitário, em 1950 realiza sua primeira viagem pelo norte da Argentina. A narrativa dessa experiência encontra-se em *Apuntes de viaje*;[27] texto produto de sua experiência de "raidismo"[28] (uns 4.500 km). A viagem compreendia: Córdoba, Santiago del Estero, Tucumán, Catamarca, La Rioja, San Juan, Mendoza, San Luis, Buenos Aires e Miramar. As únicas províncias que ficariam por visitar seriam Salta e Jujuy, no Norte, e as duas do litoral; continua sua prática de escritura, ensaia a metáfora, a descrição, a narrativa. Eis um extrato:

> Nesta parte o panorama de Santiago recorda algumas zonas do norte de Córdoba, do qual está separado por uma mera linha imaginária. Às margens do caminho se levantam enormes cactos de 6 metros, que parecem enormes castiçais verdes. A vegetação é abundante e se veem sinais de fertilidade, mas pouco a pouco o panorama vai variando, o caminho se torna mais empoeirado e escabroso, a vegetação deixa para trás os *quebrachos* e já insinua seu domínio a *jarilla*;[29] o sol cai a pino sobre minha cabeça e ricocheteando contra o solo me envolve em uma onda de calor [...][30]

Este exercício tem um antecedente, o relato *Angustia (Eso es cierto)*, escrito em 1950, durante uma viagem marítima, de Comodoro Rivadavia, sul da Argentina, até Trinidad e Tobago, no Caribe. Ali, naqueles navios mercantes da marinha argentina, trabalha como enfermeiro, no tempo livre lê, estuda temas

---

[26] Esta foi uma prática iniciada na infância, segundo testemunha sua irmã Celia Guevara: "Ernesto tinha o costume desde pequeno de escrever tudo, fazia resumos de livros, porque gostava muito de ler" (CUPULL, Adys; GONZALES, Froilán. *Cálida presencia. Cartas del Che a Tita Infante*. Bolivia: Gente Común, 2009, p. 11).

[27] Foram publicados no livro biográfico escrito por seu pai: GUEVARA LYNCH, Ernesto. *Mi hijo el Che...*, p. 286-299.

[28] Viagem de bicicleta, uma bicimoto neste caso, expressão de uma prática dos que vagam de um lugar a outro; da viagem aventura.

[29] Jarilla é uma espécie vegetal austral, bem como o quebracho. (N.T.).

[30] Cf. GUEVARA LYNCH, Ernesto. *Mi hijo el Che...*, p. 291.

de medicina, e escreve. Neste relato de ficção também está presente a marca autobiográfica, e parece ter sido inspirado em um acontecimento vivido por ele em Trinidad e Tobago. E também ali aparece o que será uma constante de sua obra escrita: os elementos de reflexão filosófica.

Essa viagem pelo norte da Argentina é, pode-se dizer, uma preparação, porque contribui à ideia de uma viagem maior, que realiza pela América Latina em companhia de seu amigo Alberto Granado. Esta segunda viagem representa a expressão de uma viagem de formação que Che, conscientemente, reconhece como tal.[31] Ela representa a expressão primeira da relação: viajar e ler, anotar, para depois, experienciar no exercício de escritura mostrada em *Notas de viaje*.[32]

Assim para Che, viajar, como expressão de um *bildungsroman*, representa uma viagem de formação por entregas, buscas intermináveis, lutas, desafios e (re)descobrimentos, análise, fortalecimento de convicções. E por isso narra, se narra, para dar testemunho em suas crônicas autobiográficas. Viajar ajuda formar o escritor em amadurecimento, sua arte e paixão de um começo. O viajante deixa aflorar o escritor. Viajar, ler e escrever se amalgamam em seu *bildungsroman*.

O diário, como texto autobiográfico, não pode ser entendido como uma mera relação histórico-cronológica do que foi ocorrendo dia após dia, e aquelas vicissitudes que o autor considera mais importantes, como um diário de bordo. Não, com efeito, Che faz um primeiro esboço ou versão sobre a própria marcha, um *road notebook*, por assim dizer, e depois realiza outra versão, passada a limpo, uma reescritura, uma interpretação do escrito e vivido. O caso de *Notas de viaje* não será uma exceção, mas se constituirá uma prática permanente, a ela se devem suas obras *Pasajes de la guerra revolucionaria*, em Cuba, e *Pasajes de la guerra revolucionaria*, Congo, publicado em 1999. Com seu *road notebook*, *Diario del Che en Bolivia*, essa prática se interrompe, não teve tempo para fazê-lo, lhe foi arrebatada com sua morte.

A fase terceira, idades da segunda juventude, dos 25 aos 30 anos, pode ser caracterizada como de viajar, ler, escrever. A escritura se expressa através de seu epistolário, suas notas de viagem, diários e crônicas. A carta vai acompanhá-lo toda a vida, inclusive nas circunstâncias mais adversas. As cartas representam seu afã e inquietude de dar conta e, também, uma maneira de cuidar as relações, especialmente as íntimas, de seu especial afeto.

---

[31] "[...] o personagem que escreveu estas notas morreu ao pisar novamente a terra Argentina, aquele que as ordena e lhes dá polimento, 'eu', não sou eu; pelo menos não sou o mesmo eu interior. Esse vagar sem rumo por nossa 'Maiúscula América' me transformou mais do que acreditei" GUEVARA, Ernesto "Che". *Diarios de Motocicleta. Notas de viaje por América Latina...*, p. 26.

[32] GUEVARA, Ernesto "Che". *Diarios de Motocicleta. Notas de viaje por América Latina...*

Essa fase pode ser dividida em dois momentos ou subfases: a) a da viagem de formação, e b) a do cronista, ensaísta e teórico da guerra de guerrilhas (a práxis de combatente e líder da guerra de guerrilhas).

A primeira subfase se caracteriza por viajar, experienciar, ler, escrever, observar/estudar e tentar exercer a medicina, sua nova profissão. À medida que vai viajando, a mudança de cenários geográficos, políticos e sociais o obriga a refazer seus planos. Ali, o cenário de tentativa de mudança social e política (Bolívia e Guatemala), as derrotas, o detido estudo sobre os processos sociais e históricos, a curiosidade pelo arqueológico, genealógico do passado nosso americano, as tentativas, quase sempre fracassadas, de exercício da medicina, as dificuldades e as situações prementes de sobrevivência.

Desde o ponto de vista do interesse principal de nosso estudo, Che escritor (leitor, intelectual) e sua formação, nessa subfase está representado pela obra *Otra vez* como expressão de sua segunda viagem por Nossa América.[33] É um texto inconcluso, lê-lo nos obriga à cumplicidade com o autor/protagonista em sua travessia/*bildung*: "Este ano pode ser importante para meu futuro. Já deixei os hospitais. Escreverei com mais detalhes". Segue-se a voragem da partida a Cuba na expedição do iate Granma sob a liderança de Fidel Castro. Leiamos um parágrafo:

> Às quatro da tarde assoma o trem na quebrada onde está La Paz. Uma cidade pequena, mas muito bonita, se espalha entre o acidentado terreno ao fundo, tendo por sentinela a figura sempre nevada do Illimani. A etapa final de uns quantos quilômetros tarda mais de uma hora em completar-se. O trem, que parece que iria escapar tangencialmente à cidade, retorna e continua sua descida.[34]

Mostra de uma prosa sóbria, equilibrada, uma composição que prende o leitor. Essa subfase constitui um lapso importante no processo de formação intelectual de Che. Continua sua formação de leitor itinerante, aqui o texto filosófico, ali o texto literário, acolá o histórico, o sociopolítico e o informe científico médico. A carta é uma constante na constituição escritural de Che, em suas distintas facetas como a de viajante e a de explorador da herança/memória ancestral americana. Leiamos um fragmento de uma delas:

> Mãezinha, à minha mãezinha. Cheguei a Salvador e a polícia sequestrou-me alguns livros que trazia de Guatemala, mas passei, consegui o visto para entrar de novo neste país, e agora correto,

---

[33] Ao finalizar sua educação médica, inicia de imediato a segunda viagem. Em 7 de julho de 1953 sai de Buenos Aires rumo a Caracas em companhia de seu amigo Carlos "Calica" Ferrer. A escritura do diário finda em 15 de fevereiro de 1956, dia do nascimento de sua primeira filha, Hildita, no México.

[34] GUEVARA, Ernesto Che. *Otra vez*. La Habana: Ocean Sur, 2006.

e me mandei para conhecer umas ruínas dos pipiles que são uma raça dos tlascaltecas que se foram a conquistar o sul (o centro deles estava no México) e aqui permaneceram até a chegada dos espanhóis. Não têm nada a ver com as construções maias e menos ainda com as incas. Depois fui passar uns dias na praia enquanto esperava a resolução sobre meu visto que pedi para ir visitar umas ruínas hondurenhas, que são realmente esplêndidas [...][35]

Na última fase, idades de adultez, dos 30 até sua morte aos 38 anos, podem ser destacados – desde o ponto de vista de sua formação intelectual e de escritor – a composição de artigos de análise sociopolítica, artigos científicos, artigos de opinião política, as crônicas históricas, os ensaios, os relatos de ficção, e novamente os diários. A essa fase pertence também a luta guerrilheira e seu triunfo na Revolução Cubana, sua atuação na construção da sociedade socialista em Cuba, e sua participação na luta pela liberação armada do Congo e da Bolívia.

Na Guatemala, antes de partir para o México, Che escreve um par de artigos de análise sociopolítica: *El dilema de Guatemala* e *La clase obrera de los EE.UU... amiga o enemiga?* O primeiro está orientado a compreender a necessidade de apoio ao governo progressista de Jacobo Arbenz, com base na experiência das derrotas sofridas em países latino-americanos e na Espanha na Guerra Civil.

O segundo, como seu título sugere, está orientado a compreender o papel que poderia desempenhar a classe operária da América do Norte no processo de liberação da América Latina. Em ambos os artigos Che se mostra o analista agudo, incisivo, implacável, que pretende mover o leitor em direção a posições claras e firmes de viés nacionalista, latino-americanista, liberadora e progressista.

No texto *Otra vez* pode-se acompanhar a travessia de Che no México, após sua partida da Guatemala. No país asteca sua estada será caracterizada, *grosso modo*, por: leitura incessante e estudos sobre literatura, filosofia, história, arqueologia; breves incursões na investigação científica médica e a fotografia,[36] essa última como fonte de ingressos nas andanças cotidianas pela sobrevivência na macrocidade mexicana.

De igual modo, nesta fase se encontra a crônica histórica como *Los pasajes de la guerra revolucionaria*.[37] O texto foi elaborado com base em seu *Diario de un combatiente* (não publicado), aqui também repete a prática de escrever com base em suas anotações anteriores escritas no calor dos acontecimentos. É de

---

[35] Carta de Che à sua mãe durante sua estada na Guatemala, foi enviada sem data, mas escrita aproximadamente ao final de abril. Cf. GUEVA LYNCH, Ernesto. *Aquí va un soldado de América...*, p. 45.

[36] A arte da fotografia foi outra das paixões de Che; durante suas viagens, o texto escrito ia acompanhado do registro fotográfico. Isso permite falar de múltiplos olhares em sua viagem de formação.

[37] Texto crônica que compreende os dois anos em que durou a luta de *Sierra Maestra* (de 2 de dezembro de 1956 até o triunfo da Revolução Cubana, em janeiro de 1959).

se destacar que o Che como escritor cuidava muito de seus textos. De fato esse livro, em sua versão atual, é o produto de uma das correções realizadas pelo autor da versão publicada em 1963.

Che, como escritor e intelectual orgânico, deve também ser visto como um pensador, um teórico e um ensaísta em floração. Nesse âmbito, pode-se destacar as obras: *Guerra de guerrillas*, *El socialismo y el hombre en Cuba*, *Apuntes críticos a la economía política*.

Em *El socialismo y el hombre en Cuba*, publicado pela primeira vez em 1965, antes de sua imediata incorporação à luta revolucionária no Congo, Che expõe suas concepções filosóficas, éticas e políticas desde conceitos como a consciência e a transcendência, em função da formação do novo homem. Leiamos um fragmento:

> [...] tentarei, agora, definir o indivíduo, ator desse estranho e apaixonante drama que é a construção do socialismo, em sua dupla existência de ser único e membro da comunidade. Creio que o mais simples é reconhecer sua qualidade de não feito, de produto não acabado. As mazelas do passado se trasladam ao presente na consciência individual e há que se fazer um trabalho contínuo para erradicá-las. O processo é duplo, por um lado atua a sociedade com sua educação direta e indireta, por outro, o indivíduo se submete ao seu processo consciente de autoeducação.

A obra é uma expressão do cultivo do ensaio por parte do Che escritor e mostra o nível de desenvolvimento intelectual, filosófico e político de seu autor e, ao mesmo tempo, permite aproximar-se de uma compreensão de seu processo de (auto)formação expresso, a esta altura, no viver, lutar, pensar, ler, escrever, formar-se e formar.

A terceira obra, como ensaísta e teórico, *Apuntes críticos a la economía política*,[38] escrita durante os anos 1965 e 1966, pode ser considerada um exercício hermenêutico crítico de seu estudo da economia política. Obra polêmica e controversa na qual mostra suas diferenças em relação às práticas assumidas pelo sistema soviético. É também um ensaio em que propõe suas hipóteses acerca da transição ao socialismo em um mundo subdesenvolvido e o papel do sujeito individual e coletivo na transformação social, econômica e política.

A época da publicação das duas últimas obras referidas coincide com sua saída de Cuba para iniciar o que se conhece como a luta internacionalista de Che; primeiro no Congo e depois na Bolívia. É um período muito breve de escassos três anos, 1965 a 1967, em que, em outubro de 1967, como bem se sabe, é capturado e assassinado na Bolívia.

---

[38] Neste texto, Che nos surpreende com a originalidade de sua síntese biográfica de Marx e Engels e pelo fato de tê-lo previsto como um dos primeiros capítulos do livro que ia escrever sobre economia política, segundo o plano esboçado para o livro.

A experiência do Congo para Che não se limita ao meramente militar, mas nela estão presentes seus estudos (de filosofia especialmente), suas leituras. Sua escritura não se detém apesar das circunstâncias. Dela podemos destacar duas mostras representativas de seus relatos de ficção: *La duda* e *La piedra*.[39]

La piedra, escrito meados de 1965, é um relato com elementos autobiográficos, de exercício sobre si mesmo desde o outro que se é, com base em figuras metafóricas e simbólicas, em ferramentas filosóficas, a ironia, a dor vivida, o luto e a solidão em um momento recente.[40] Leiamos alguns parágrafos:

> Disse-me como se deve dizer estas coisas a um homem forte, a um responsável, e agradeci. [...] Além do mais havia que esperar a confirmação para estar oficialmente triste. Perguntei-me se podia chorar um pouquinho. Não, não devia ser, porque o chefe é impessoal [...] – Foi um amigo da família, telefonaram avisando-lhe que estava muito grave, mas eu havia saído este dia. – Grave, de morte? – Sim [...]. Já se havia ido o mensageiro da morte e não havia confirmação. Esperar era tudo o que cabia. Com a notícia oficial decidiria se tinha direito ou não de mostrar minha tristeza [...]. O sol da manhã golpeava forte após a chuva. Não havia nada estranho naquilo. Todos os dias chovia e depois saía o sol e apertava e expulsava a umidade. Pela tarde, o arroio estaria outra vez cristalino, embora nesse dia não houvesse caído muita água nas montanhas; estava quase normal [...] Assim andava eu por minhas rotas de fumaça quando me interrompeu, gozoso de ser útil, um soldado. – Não perdeu nada? – Nada – disse, associando-a à outra de meu devaneio. – Pense bem. – Apalpei meus bolsos; tudo em ordem. – Nada. – E esta pedrinha? Eu a vi no chaveiro. – Ah, caralho. Então golpeou-me a reprovação com força selvagem. Não se perde nada necessário? Vegetativamente sim, um ser moral não, creio que não, ao menos [...]. Apenas duas pequenas recordações levei para a luta: o lenço de gaze, de minha mulher e o chaveiro com a pedra, de minha mãe, este muito barato, ordinário; a pedra soltou-se e a guardei no bolso [...].[41]

---

[39] Este âmbito de sua obra escritural foi visto, por alguns de seus estudiosos e biógrafos, como textos testemunhais e não como obras narrativas de ficção; devido, talvez, a uma espécie de subestima inconsciente do texto narrativo literário, ou por ter uma ideia da ficção como mentira, e não como expressão de um autêntico *como si*, isto é, como expressão de algo verossímil ou de um pode ter sido, manifestação de uma imaginação criadora que, mesmo quando se baseie em acontecimentos que ocorreram, permite uma recriação artística particular de um criador. É o caso de González e Capull em sua obra citada.

[40] A iminente morte de sua mãe.

[41] Em *Contexto Latinoamericano Revista de Análisis Político*, n. 5, 2007, p. 113-115.

La duda é um texto de dor, de sangue, de morte iminente, de medo e de compaixão, com presença de elementos religiosos, mitológicos; um texto filosoficamente existencialista.

Depois do Congo, vem a Bolívia, campanha esta alvo de muitas controvérsias sobre a decisão tomada, especialmente pela morte intempestiva e prematura de Che. Aqui não se pretende analisar o assunto, falta muito por investigar (muitos documentos permanecem confidenciais), tampouco nos referiremos às ações de guerra e à morte de outros guerrilheiros. Mas se fará referência à atividade escritural de Che, a suas leituras e cadernos de anotações.

Na leitura de suas notas de viagem/combate pode-se percorrer sua presença, sua vida nesta campanha frustrada. Ali a emboscada, as dificuldades de ordem logística e político-militar, lá a tragédia da luta, o luto intempestivo pelas mortes inesperadas, que se encerram com a de nosso escritor/autor inconcluso.

Para fechar e abrir: a lição de escritura de Che

A seguir apresentaremos um conjunto de reflexões preliminares sobre o assunto que nos ocupa: o processo de formação do Che escritor, intelectual (orgânico), e leitor. Elas podem ser entendidas como a lição de escritura de Che.[42]

1. A inquietude leitora de Che vai acompanhada sempre de uma escritura do eu, do si mesmo como outro, para se analisar, julgar-se e buscar chegar a ser o que se é, seu próprio *bildungsroman*.
2. O Che como leitor inquieto, leitura inquieta(nte), se mostra com sua eterna companhia, a mochila de livros, que vai com ele inclusive nas mais diversas circunstâncias; em uma espécie de eu, minhas circunstâncias e meus livros.
3. Acompanham a leitura sua escritura, ou vice-versa: as notas de leitura, as notas de viagem, as notas de campanha militar. Essas notas se convertem, em muitos casos, em uma radiografia de si.
4. A leitura e a escritura, o viajar e o pensar o ajudam a se conformar primeiro como intelectual, e depois como intelectual orgânico, no sentido de Gramsci.
5. A obra escritural (cartas, notas de viagem, crônicas, ensaios, discursos, relatos, poemas) se nutre, como textos primeiros e primários, das anotações, notas de leitura, planos de leitura e cadernos de estudo;[43] que o convertem em um

---

[42] Se por lição se entende, *lectio* do latim, leitura, ou a compreensão dos textos escritos por Che segundo a postura de quem o lê e interpretamos. De igual modo, como exemplo ou atuação de Che como intelectual e escritor, que nos serve de ensino/herança para fazê-la nossa reinventando-a. Como modelo de aprendizagem para o autogoverno. E, finalmente, como o desenvolvimento do cultivo de uma arte que se aprende de maneira inconclusa.

[43] "Seus escritos da Bolívia estão formados por três cadernos de notas, um verde, um vermelho e outro cor-de-rosa. Ao capturá-lo, foram apropriados pelo exército boliviano. À diferença de *El Diario del Che en* Bolivia (exclusivamente político-militar), este outro material permaneceu na penumbra de um gabinete militar durante anos como "troféu" e "butim de guerra". [...] Desses

leitor inquieto, um escritor intrépido, um estudioso incansável.[44]

6. *El diário de Bolívia* é um texto inconcluso, não por não ter podido terminá-lo, pelas razões conhecidas, mas porque eram anotações/rascunhos para um futuro livro corrigido e reescrito por Che como era sua prática escritural. Anotar, ler/reler, reconfigurar/recriar.
7. Che é um escritor em amadurecimento eternamente inconcluso. E um crítico implacável de sua própria obra.
8. Como leitor/escritor é inconcluso, inquieto e sistemático como mostram seus cadernos de notas encontrados em sua mochila na campanha de Bolívia. Em um dos quais apresenta seu plano geral de leitura (de viés principalmente filosófico, econômico e literário) e notas para futuros textos a escrever.

---

cadernos, um está dedicado à poesia. [Outro está dedicado a um plano de estudo sobre o materialismo histórico] [...] No caderno vermelho se encontram os extensos extratos de autores lidos por Guevara e suas reflexões sobre eles. As citações estão escritas com tinta azul, as avaliações de Che sobre os autores, como não podia ser de outro modo, em vermelho [...] Os autores lidos, extratados e comentados por Che nestes Cadernos são: o sociólogo norte-americano C.Wright Mills, o filósofo húngaro György Lukács; Friedrich Engels; seu amigo Fidel Castro; o dirigente bolchevique russo León Trotsky; os professores soviéticos de filosofia Mark Moisevich Rosental, G.M. Straks e Mikhaíl Aleksandrovich Dynnik, finalmente o ensaísta boliviano (integrante do PC Boliviano) Jorge Alejandro Ovando Sanz". KOHAN, Néstor. Guevara desde el siglo XXI. *La Gaceta de Cuba*. Disponível em: <http://www.uneac.org.cu/index.php?module=contenido&id=guevara>. Acesso em: fev. 2010). O caderno vermelho foi publicado na Itália com o título *Prima di morire. Appunti e note di lettura* [Antes de morrer. Apontamentos e notas de leitura]. Milano, Feltrinelli, 1998. Ainda não publicado em castelhano.

[44] De tempos em tempos aparecem novos materiais inéditos do Che, que expressam seu labor de estudioso, de estudante eterno, com clara consciência do ofício.

O sério e o alegre na escrita da filosofia

Paula Ramos de Oliveira

> *Ninguém pode entender uma resposta sem*
> *previamente ter sentido a pergunta a que ela responde.*
> ORTEGA Y GASSET, 2000, p. 87[1]

Sobre perguntas e respostas

Iniciamos com essa epígrafe porque ela nos coloca no centro de onde queremos partir na presente reflexão ao nos sugerir que no espaço que há entre uma pergunta e uma resposta habita tanto algo da ordem do entendimento quanto da do sentimento.

O trecho que compõe a epígrafe é a primeira parte de uma aula de um curso de Metafísica, ministrado por Ortega y Gasset, na Universidade de Madrid, nos anos 1932 e 1933.[2] Nela o professor anuncia que, ao longo de seu curso, esperava que os alunos viessem a entender a seguinte frase: "vamos estudar Metafísica e isso que vamos fazer é uma falsidade" (ORTEGA Y GASSET, 2000, p. 87).

Que tipo de sensação pode suscitar em nós uma afirmação como essa? O filósofo espanhol diz, logo a seguir: "Trata-se de uma afirmação à primeira vista chocante, mas a perplexidade que produz não lhe retira a dose de verdade que possui" (ORTEGA Y GASSET, 2000, p. 87). Tal curso pretendia ser a resposta para a pergunta que estava presente na afirmação com a qual iniciou a fala para seus alunos. Como queria que entendessem sua resposta, tratou então de criar condições para que também sentissem a pergunta dele. E como começou? Com uma frase. Uma simples frase, mas não uma frase simples. Também não uma frase qualquer, mas sim uma capaz de surpreender seus ouvintes e de instigá-los a algo mais.

É verdade: a frase nos choca e nos causa perplexidade. Mas o que mais? Não se sabe, pois as sensações que uma fala como esta pode provocar no outro dependem de todo o contexto no qual esse mesmo outro está inscrito. Além do mais, há sensações

---

[1] Agradeço as contribuições de Walter Omar Kohan – como sempre inestimáveis – a este texto. Com elas pude sentir melhor a minha pergunta e entender melhor a minha resposta.

[2] Nota da tradutora do referido texto – Olga Pombo.

que surgem misturadas e pode até ficar difícil, muitas vezes, afirmar a predominância de uma em detrimento de outras, uma vez que é possível que apareçam em tensão ou mesmo em uma feliz harmonia, formando outra paisagem.

O fato é que o conhecimento produzido pela razão tem ressonâncias dos sentimentos e das sensações de quem o produz e nos sentimentos e nas sensações de quem o recebe – uma recepção que, por sua vez, acaba sempre por transformar o que foi recebido. Talvez por isso não seja tão simples formular perguntas e respostas.

Uma inquietação

Em nossos últimos estudos buscamos pensar a relação da filosofia com a fotografia, com a poesia e com o teatro.[3] Desse percurso brotou um outro desejo que foi o de procurar pensar uma inquietação: por que parece que no reino da filosofia habitam apenas ilustres inteligentes, e os demais que tentam nele entrar reclamam da dificuldade que sentem nesta atividade que acaba por se caracterizar como dolorida e nada prazerosa? Sim, pois percebemos os filósofos como sendo sempre muito sérios e seus textos também. Parece-nos, então, que a filosofia mergulha em sua seriedade. Deste modo, nos sentimos instigados a perguntar: Será que há espaço na filosofia para algo mais do que o sério sem que com isso ela perca a sua seriedade?

(Re)Encontramos o ensaio "Elogio do riso" (2003), de Jorge Larrosa, que aborda o riso como componente do sério e problematiza o fato de no campo pedagógico o riso ser ignorado ou até mesmo proibido, estimulando-nos a pensar com ele as razões dessa omissão ou proibição. Algo do mesmo gênero parecia excluído da filosofia – ou ao menos ignorado ou secundarizado –, mas não seria exatamente o riso. E assim foram surgindo para nós algumas outras palavras – humor, prazer, felicidade, bem-estar, alegria. Poderiam ser elas, tal como o riso, componentes do sério? A questão ficou em suspenso.

Em seguida, lembramos do ensaio de Adorno (2001) intitulado "A arte é alegre?" e nos chamou a atenção o filósofo ter resolvido iniciá-lo com os seguintes versos de Schiller: "Séria é a vida, alegre é a arte". Por outro lado, o próprio Schiller, diz Adorno (2001, p. 11), parece ter se inspirado em Ovídio quando este disse "*Vita verecunda est, Musa jocosa mihi*", ou "Minha vida é contida, a musa me é um divertimento".

Se afirmamos que a "arte é alegre" ou que "séria é a vida" é apenas porque, como sujeitos, ousamos dizer que a arte e a vida dizem-se de determinada maneira. Do mesmo modo, como somos nós, sujeitos, quem as

---

[3] Temas estudados no âmbito do Grupo de Estudos e Pesquisas Filosofia para Crianças (GEPFC/FCLAr-UNESP).

sujeitamos às nossas caracterizações, também podemos questioná-las, por exemplo, como Adorno fez ao colocar um ponto de interrogação em um dos versos de Schiller ou como nós podemos fazer questionando se realmente a vida é séria. Afirmando ou questionando, porém, carregamos de sentidos estas palavras: a vida, a arte, o sério e o alegre. Há sentidos que rondam a afirmação de Ovídio, o qual, por sua vez, inspira Schiller a usar tais palavras e a organizá-las desta maneira específica. Do mesmo modo essas mesmas palavras têm determinados sentidos quando utilizadas por Adorno. E por que esses sentidos nos moveram a uma reflexão que mistura uma nova palavra – a filosofia – a esse conjunto?

Se substituíssemos arte por filosofia, como ficaria a organização destas palavras? Poderíamos dizer que a filosofia é alegre? E, se sim, onde residiria essa alegria na filosofia? Percebemos que não poderíamos simplesmente fazer tal transposição, mas Ovídio e Schiller continuavam a nos instigar porque observamos que em ambos havia um mesmo movimento. "Séria é a vida" combina com "minha vida é contida"; "alegre é a arte" combina com "a musa me é um divertimento". Os termos não são os mesmos e nem são tratados em relações exatamente iguais – é verdade. Mas, apesar disso, nos dois casos a primeira proposição sugere algo que se fecha – a vida é séria; a vida de Ovídio é contida – e a segunda algo que se abre – a arte é alegre; a musa é, para Ovídio, um divertimento.

Temos ali pressuposta uma determinada relação da vida com a arte. E a filosofia, como se relaciona à vida?

Da relação da filosofia com a vida

No prólogo de *A gaia ciência*, Nietzsche (2001, p. 9) nos diz que esse seu livro

> [...] parece ter sido escrito na linguagem do vento que dissolve a neve: nele há impaciência, inquietude, contradição, atmosfera de abril, de maneira que continuamente somos lembrados tanto da proximidade do inverno como da vitória sobre o inverno, a qual virá, tem de vir, talvez já tenha vindo [...] A gratidão emana aí sem parar, como se tivesse ocorrido o mais inesperado, a gratidão de um convalescente – pois a convalescença era esse inesperado.

E mais adiante:

> Apenas a grande dor, a lenta e prolongada dor, aquela que não tem pressa, na qual somos queimados como madeira verde, por assim dizer, obrigada a nós, filósofos a alcançar nossa profundidade extrema e nos desvencilhar de toda confiança, toda benevolência, tudo o que encobre, o que é brando, mediano, tudo em

que antes púnhamos talvez nossa humanidade. Duvido que uma tal dor nos "aperfeiçoe" –; mas sei que nos *aprofunda*.[4] (p. 13).

Em Nietzsche vemos um exemplo – entre tantos outros – da estreitíssima relação que há entre filosofia e vida. Deste modo, a produção historiográfica da filosofia não poderia deixar de trazer implicações diretas de tal relação.

Disposto a escrever uma historiografia alternativa, por meio de um trabalho arqueológico, Michel Onfray (2008, p. 12) questiona as razões que nos levam a esconder o processo de construção de uma história da filosofia que acaba sendo apresentada como um *corpus* unificado.

> É espantoso que a filosofia, tão pronta a criticar os historiadores ou os geógrafos sobre a maneira de praticar sua arte, os cientistas sobre a de considerar os usos corretos da epistemologia, caia por sua vez na esparrela de evitar aplicar em sua paróquia o que ensina às capelas da vizinhança! Pois não é do meu conhecimento que a filosofia exerça as certezas de sua seita submetendo a história de sua disciplina ao fogo cruzado de um trabalho crítico capaz de se dar conta da maneira pela qual é escrito.

Por que razões a filosofia coloca empecilhos ao ensino de sua historiografia? Qual é o interesse em dissimular os segredos de fabricação de um *corpus* unificado? O que esconde a vontade de manter afastado da razão raciocinante o processo de construção de uma história da filosofia apresentada como única, canônica e objetiva, unívoca e incontestável?

Uma história da filosofia, como afirma Onfray (2008, p. 13), é também história e, como tal, sua escrita é a dos vencedores – e não a dos vencidos: "De fato, vivemos sob o reinado dos vencedores: a filosofia é escrita por pessoas que são nitidamente juízes e partes interessadas" (p. 51). Ou seja, como vencedores seus juízos não estão isentos de intencionalidades particulares. É certo que essa afirmação vale para os vencidos também, mas apenas os vencedores tornam-se juízes.

E se há uma historiografia dominante que silencia, esquece e apaga determinados nomes e pensamentos, certamente ela se sustenta em alguns critérios para dizer o que permanecerá e o que ficará silenciado.

Mas, por outro lado, é a própria filosofia, como atividade crítica, que nos permite romper com esse estado de coisas.

Roland Barthes (1982, p. 160) nos diz:

> [...] o mundo existe e o escritor fala, eis a literatura. O objeto da crítica é muito diferente; não é "o mundo", é um discurso, o discurso

---

[4] Grifo do autor.

> de um outro: a crítica é um discurso sobre um discurso; é uma linguagem *segunda*[5] ou *metalinguagem* (como diriam os lógicos), que se exerce sobre uma linguagem primeira (ou *linguagem-objeto*). Daí decorre que a atividade crítica deve contar com duas espécies de relações: a relação da linguagem crítica com a linguagem do autor observado e a relação dessa linguagem-objeto com o mundo. É o "atrito" dessas duas linguagens que define a crítica [...]

Também poderíamos dizer: "o mundo existe e o filósofo fala, eis a filosofia". Porém, na atividade filosófica, percebemos igualmente a presença de duas linguagens que se atritam – filosofia é discurso que se produz na relação daquele que filosofa com o mundo e, ao mesmo tempo, pode ser uma atividade crítica, no sentido de que é possível – e comum – que seu discurso se produza sobre outros discursos, dialogando com eles e abrindo pontos de luz onde antes parecia haver somente escuridão.

É nesta perspectiva que perguntamos: a "fabricação de um *corpus* unificado" teria se amparado em tons e em formas dominantes na filosofia? Se filosofia é discurso que se produz na relação daquele que filosofa com o mundo, como este discurso se produz para se tornar filosofia?

Da seriedade da filosofia

> "Gaia ciência": ou seja, as saturnais de um espírito que pacientemente resistiu a uma longa, terrível pressão – pacientemente, severa e friamente, sem sujeitar-se, mas sem ter esperança –, e que repentinamente é acometido pela esperança, pela esperança de saúde, pela embriaguês da convalescença. Não surpreende então que venha à luz muita coisa irracional e tola, muita leviana ternura, esbanjada até mesmo de pêlos hirtos e poucos dispostos a deixar-se acariciar e atrair. Todo este livro não é senão divertimento após demorada privação e impotência, o júbilo da força que retorna, da renascida fé num amanhã e no depois de amanhã, do repentino sentimento e pressentimento de um futuro, de aventuras próximas, de mares novamente abertos, de metas novamente admitidas, novamente acreditadas (NIETZSCHE, 2001, p. 9-10).

"Muita coisa irracional e tola", "este livro não é senão divertimento"... Estaria o filósofo querendo dizer que esse seu livro – considerado por ele o mais pessoal (SOUZA, 2001, p. 334) – tem elementos que não seguem o tom dominante na filosofia? O divertido deve pedir licença para entrar na filosofia? A sua variedade formal – "[...] versos humorísticos, aforismos, textos argumentativos, diálogos,

---
[5] Grifos do autor.

parábolas, alegorias e poemas em prosa" (SOUZA, 2001, p. 334) – tem, em alguma medida, relação com tais qualificações do próprio Nietzsche?

Para nós o tom dominante na filosofia é o sério. A filosofia fala de coisas sérias e isso significa que fala de coisas importantes, que importam, que têm peso e valor. Porém, temas sérios podem ser tratados de maneira não séria e, por isso, a filosofia procura também um jeito sério de falar sobre coisas sérias.

A seriedade da filosofia revela-se então pelo modo compenetrado, profundo e compromissado com que se relaciona com seus temas igualmente sérios. Mas consideramos digno de nota que o sério também possa ser compreendido como sisudo e que sisudo seja um dos sinônimos de carrancudo.

Um medo da filosofia?

Segundo Adorno (2001, p. 11-12) Schiller separa vida e arte em duas esferas distintas:

> Nenhuma deve imiscuir-se na outra. Justamente por seu edificante descompromisso, a arte deve ser incorporada à vida burguesa e a ela subordinada como seu complemento antagônico. Já se pode prever a organização do tempo livre que daí resultará: Um Jardim de Elísio [...]. Ele está preocupado com os efeitos da arte. Com toda a nobreza de seus gestos, Schiller no fundo antecipa a situação da indústria cultural quando a arte é receitada como vitaminas a cansados homens de negócios.

Um pouco mais adiante, porém, afirma:

> Mas há algo de verdade na trivialidade da alegria da arte. Se ela não fosse, sob alguma mediação qualquer, fonte de alegria para muitos homens, não teria conseguido sobreviver na mera existência que contradiz e a que opõe resistência. Mas isto não lhe é algo do exterior e, sim, uma parte integrante de sua própria definição. [...] O fato de, por sua própria existência, desviar-se do caminho da dominação a coloca como parceira de uma promessa de felicidade, que ela, de certa maneira, expressa em meio ao desespero. [...] Em seu esforço para se desembaraçar de seus elementos miméticos, a arte trabalha em vão para libertar-se do resíduo de prazer, suspeito de trazer um toque de concordância. Por tais razões, a tese da alegria da arte tem que ser tomada num sentido muito preciso. Vale para a arte como um todo, não para trabalhos individuais. Estes podem ser totalmente destituídos de alegria, em conformidade com os horrores da realidade. O alegre na arte é, se quisermos, o contrário do que se poderia assumir como tal: não se trata de seu conteúdo, mas de seu procedimento, do abstrato de

> que sobretudo é arte por abrir-se à realidade cuja violência ao mesmo tempo denuncia (p. 12).

Recorremos a estes trechos de Adorno porque, embora longos, concentram elementos que gostaríamos de pensar. Para nós a filosofia também "sobrevive na mera existência que contradiz e a que opõe resistência" e traz igualmente uma promessa de felicidade ao desviar-se do caminho da dominação. Mas há algo de alegre na filosofia?

Assim como Adorno afirma que a tese da alegria da arte vale para a arte como um todo – e não para trabalhos individuais –, queremos pensar a alegria na filosofia como um todo e não em trabalhos individuais.

Sim, porque já em seu início vemos (ONFRAY, 2008) que a filosofia tematizou não só a alegria, como a felicidade, o prazer, o bem-estar. Segundo Onfray, Leucipo teria sido o primeiro filósofo hedonista. Não o afirma inaugural, mas pelo menos encontra nele "o primeiro vestígio coerente". Está em um fragmento de Clemente de Alexandria a expressão "alegria autêntica" e "remete à afirmação de um aristotélico, Lykos, do qual ficamos sabendo que, como Leucimo (*sic*) [...], ele acha que a alegria autêntica é o propósito da alma e é obtida na relação e na contemplação das coisas belas" (p. 47).

Não podemos dizer, porém, que a filosofia é alegre apenas por tematizar a alegria. Parece-nos que se há alegria na filosofia ela está para além de seu conteúdo. Por outro lado, não podemos deixar de pensar que, para os gregos, uma das qualidades dos sábios era saber viver bem e viver bem inclui a alegria, a felicidade, o prazer e o bem-estar.

> Oh, esses gregos! Eles entendiam do *viver*! Para isto é necessário permanecer na superfície, na dobra, na pele, adorar a aparência, acreditar em formas, em tons, em palavras, em todo Olimpo da aparência! Esses gregos eram superficiais – *por profundidade*! (NIETZSCHE, 2001, p. 15).

Curiosa essa afirmação de Nietzsche. Ela nos sugere uma determinada relação da filosofia com a vida. O filósofo disse que os gregos sabiam viver e eram superficiais por profundidade, mas disse também que a dor não aperfeiçoa, mas aprofunda.

Há alegria em "entender do viver". A filosofia pode nos ajudar a viver bem sem que isso possa significar, por parte dela, "um toque de concordância", como dizia Adorno em relação à arte? Teria a filosofia este medo de integrar-se à realidade e de não lhe opor resistência?

Tal como dissemos antes, podemos entender sério como profundo, mas também como sisudo. A seriedade da filosofia exige a profundidade, mas, ao mesmo tempo, nos parece que essa profundidade não precisa ser sisuda. Pode também ser uma profundidade alegre – o que é o mesmo que dizer que a filosofia pode ter uma seriedade alegre ou ser séria e alegre.

A expressão da arte reside na representação que faz da realidade; já a filosofia coloca essa realidade em forma discursiva. Ambas têm seu conteúdo de verdade e de ocultamento. Como a filosofia expressa o sério e o alegre nessa sua forma discursiva?

Filosofia como atrito

Sêneca (2009, p. 80) considera a leitura indispensável e indica para nós seu primeiro motivo: "[...] para evitar que me contente comigo mesmo".[6] Ler o mundo, como o faz a filosofia, também é uma maneira de não nos contentarmos conosco. E isso pode ser motivo de alegria.

Entre aquele que fala e aquele que ouve ou entre aquele que escreve e aquele que lê há um texto falado ou escrito que se dá para ser ouvido ou lido.

Barthes (2008, p. 9)[7] nos diz:

> Se leio com prazer essa frase, essa história ou essa palavra, é porque foram escritas no prazer (este prazer não está em contradição com as queixas do escritor). Mas e o contrário? Escrever no prazer me assegura – a mim, escritor – o prazer do meu leitor? De modo algum. Esse leitor, é mister que eu o procure (que eu o "drague"), *sem saber onde ele está*. Um espaço de fruição fica então criado. Não é a "pessoa" do outro que me é necessária, é o espaço: a possibilidade de uma dialética do desejo, de uma *imprevisão* do desfrute: que os dados não estejam lançados, que haja um jogo.

Barthes nos sugere uma similitude de prazer entre a leitura e a escrita porque leitor e escritor coincidem. O escritor está contente consigo mesmo. O leitor igualmente. Não há ainda abertura para a crítica, para o "atrito".

A filosofia começa quando faz uma inflexão em direção ao outro através da textualidade que produz.

O eu e o outro. No meio um espaço de fruição. E, de repente, sentimos: nossa pergunta e nossa resposta – sim, porque, de algum modo, ambas habitam o mesmo lugar – podem estar neste espaço.

A fruição na filosofia

Às vezes no ensino de filosofia vemos um conteúdo ser banalizado com o objetivo de encantar o outro ou então a filosofia é apresentada de uma determinada forma para atingir o mesmo objetivo. Outras vezes vemos um conteúdo

---

[6] LXXXIV – Do ler e do escrever.
[7] Grifos do autor.

ser tratado de um modo que a filosofia parece ser um campo apenas da alçada de seres iluminados e nestes casos, normalmente, acaba sendo inevitável ocorrer um engessamento da filosofia. Ou seja, no primeiro caso a filosofia se abre, mas é uma abertura a uma alegria forjada; no segundo caso a filosofia mantém sua seriedade, mas se fecha nela – aprofunda-se, mas de forma sisuda.

Inspirados por Barthes, poderíamos afirmar que, no que diz respeito à produção historiográfica da filosofia, o escritor – aquele que produz filosofia – cria um espaço de fruição com seu texto e, neste sentido, dirige-se ao outro, mas a um outro que não conhece. Eis então a "*imprevisão* do desfrute". Antes de se dar a ler, o escritor segue contente consigo mesmo porque ainda não se deparou com o atrito de seu leitor. E esse contentamento apresenta-se, de algum modo, de forma contida, pois para ser filosofia precisa ser séria.

O que é um espaço de fruição? Um lugar onde cabe algo que pode ser usufruído com prazer. Remete a posse, usufruto, gozo.

Textos escritos com alegria, tristeza, dor, prazer ou textos que tematizam essas mesmas questões trazem a mesma imprevisão de desfrute. Mas há seriedade e alegria no fato de a filosofia criar, em sua prática e em sua historiografia, um espaço de fruição quando por esse mesmo espaço permite que alguém sinta o prazer, a alegria de poder se apossar seriamente das respostas de outros depois de ter sentido as perguntas deles, podendo mesclá-las com as suas.

Tanto o sério quanto o alegre na filosofia são potentes, especialmente quando surgem juntos, mas há pelo menos duas situações em que podem despotencializar a escrita e a leitura da filosofia: quando a alegria é forjada, a seriedade não tem possibilidade de aparecer nas palavras, e quando a filosofia veste sua capa sisuda, quem não surge entre as letras é a alegria.

Não sabemos, porém, que sensações o sério e o alegre – potentes – da escrita da filosofia podem desencadear no leitor. Não há causalidade entre escrita e leitura. Uma leitura alegre pode desmontar toda fruição escondida na escrita. Da mesma forma, a alegria pode não ser percebida numa leitura sisuda até a cegueira. Afinal, trata-se da vida afirmada em cada ato de escrever e de ler. Vida da filosofia: vida da escrita, vida da leitura, alegria e sisudez de uma e outra, vida – e também morte – da filosofia.

Referências

ADORNO, Theodor W. A arte é alegre? Tradução de Newton Ramos-de-Oliveira e revisão de Antônio Álvaro Zuin, Bruno Pucci e do tradutor. In: RAMOS-DE-OLIVEIRA, Newton; ZUIN, Antonio Álvaro Soares; PUCCI, Bruno (Orgs.). *Teoria Crítica, Estética e Educação*. Campinas, SP: Autores Associados; Piracicaba-SP: Ed. UNIMEP, 2001. p. 11-18.

BARTHES, Roland. *Crítica e verdade*. Tradução de Leyla Perrone-Moisés. São Paulo: Perspectiva, 1982.

BARTHES, Roland. *O prazer do texto*. Tradução de J. Guinsburg. São Paulo: Perspectiva, 2008.

LARROSA, Jorge. Elogio do riso. In: LARROSA, Jorge. *Pedagogia Profana*: danças, piruetas e mascaradas. Tradução de Alfredo Veiga-Neto. Belo Horizonte: Autêntica, 2003. p. 167-182.

NIETZSCHE, Friedrich. *A gaia ciência*. Tradução de Paulo César de Souza. São Paulo: Companhia das Letras, 2001.

ONFRAY, Michel. *Contra-história da filosofia I: as sabedorias antigas*. Tradução de Mônica Stahel. São Paulo: WMF Martins Fontes, 2008.

ORTEGA Y GASSET, José. Sobre o estudar e o estudante (Primeira lição de um curso). In: ARENDT, Hannah; WEIL, Eric; RUSSELL, Bertrand; ORTEGA Y GASSET, José. Seleção, prefácio e tradução de Olga Pombo. *Quatro textos excêntricos*. Lisboa: Relógio D´Água, 2000. p. 87-103.

SÊNECA, Lúcio Anneo. *Aprendendo a viver*. Tradução de Lucia Sá Rebello e Ellen Itanajara Neves Vranas. Porto Alegre, RS: L&PM, 2009.

SOUZA, Paulo César. Posfácio. In: NIETZSCHE, Friedrich. *A gaia ciência*. Tradução de Paulo César de Souza. São Paulo: Companhia das Letras, 2001. p. 333-340.

Vozes de *infantia*

O suplício da infância: notas sobre Bergman e a condição de *infans*

Plínio W. Prado Jr.

I

1. O cinema de Ingmar Bergman pode ser visto como uma obra (uma *operação*) *em busca da infância*. A infância é aí ao mesmo tempo o horizonte (um não lugar, a *utopia*) e a origem, a fonte, a energia da qual a obra se alimenta explicitamente.

Nessa sentido, é legítimo falar de um *devir-infância* da escritura cinematográfica bergmaniana.

E isso significa: que essa escritura, interrogando as regras e os pressupostos admitidos do "que é o cinema", procura acolher *na* sua própria forma algo que tende a *excedê*-la – e que concerne justamente à *infantia* que vamos evocar.

2. Qual a relação com o pensamento, com a filosofia? – Filmar é pensar (por exemplo: proceder à anamnese do "que é um filme"). Todo verdadeiro cineasta é um pensador (como o escritor, o pintor, o músico). Simplesmente, a matéria com a qual ele trabalha (pensa) não são conceitos, mas imagens, movimento e tempo.

A escritura cinematográfica é fundamentalmente inscrição do movimento (*kinema*, em todos os sentidos do termo: enquadramento, zoom, movimentos de câmera, de personagens, de objetos, de luz, sequência, montagem, ritmo...) e, portanto, *constituição do tempo*.

O pensamento que está à obra aí, operando *na* prática dessa inscrição, é um pensamento *do* cinema (que a escritura cinematográfica na sua prática suscita, inventa, elabora).

3. Segue-se daí que poderemos falar do *devir-infância* do pensamento *do* cinema bergmaniano.

A sua concepção do cinema como "cinema de câmara", sua fascinação pelo rosto humano ("Nosso trabalho começa com o rosto humano..."), sua arte do close-up, o seu interesse profundo pelo movimento dos afetos – tudo isso constitui um dispositivo de escritura do movimento, uma *kinematographia*, o campo de uma prática, no centro da qual se encontra o motivo da *infância*.

Trata-se aí justamente de inscrever o movimento *com* a infância (como fonte, nascente) e *em direção à* infância (como horizonte).

II

4. Uma palavra para situar a perspectiva na qual nós alegamos aqui a ideia de infância.

Infância é o nome do enigma de se ter vindo ao mundo cedo demais, impreparado ("prematuro", escreve Freud). De ter sido originariamente exposto sem defesa, nu, abandonado aos outros (adultos), *antes* de poder dispor dos meios de reagir, de responder-lhes ou de resistir-lhes. De ter nascido dos outros e para os outros *antes* de nascer para nós mesmos.

Infância nomeia esse desamparo original (a *Hilflosigkeit*, no léxico freudiano).

5. *Eu*, o suposto "sujeito", só terei nascido *mais tarde*, com a aquisição da linguagem articulada e a educação (o amestramento: *die Abrichtung*, dizia Wittgenstein), deixando assim (num certo sentido) a infância inicial. Mas tarde demais: minha vida, meu destino terão tomado, sem o meu conhecimento, um aspecto determinado, um certo rumo. E essa *infância* em mim, esse corpo-psique destinado, que não pode ser, contudo, conhecido nem ignorado, ficará aí, ativo e eficaz, toda a minha vida.

O "sujeito" restará, portanto, em *dívida* com relação a infância originária e irredutível, "ineducável" (Freud). Infância *constitutiva* da sua formação, que ele teve, entretanto, que barrar e recalcar, sacrificar para poder se constituir como tal.

Ele restará por isso mesmo refém do que teve que ser ignorado e esquecido para que ele pudesse nascer/vir ao mundo. Tal é a dívida.

6. *Hipótese geral*: só a arte, a literatura e o pensamento podem, se não resgatar, pelo menos honrar essa *dívida* com relação à infância. Pois só eles, se aventurando para lá dos limites do comunicável, podem tentar escutar e dar forma a esse *resto* que, em cada um, permanece inexprimível, *in-fans*, e pede, entretanto, para ser posto em palavras, em sons, em imagens.

Se um tal trabalho é viável, é porque o labor de *escrever* (encenar, narrar, pensar...) se guia finalmente por um acordo, uma "afinação inconsciente" (Proust) com o *outro* do espírito: a sua infância imemorial e inesquecível, recurso e força da arte, da literatura e do pensamento.

III

7. É possível postular, certamente, uma afinidade especial entre *infância* e *cinema*. Não apenas no sentido óbvio, observável, do fascínio das crianças pelos filmes e do poder enorme de sedução e de sugestão das histórias *animadas* sobre a sensibilidade infantil (que Bergman capta, por exemplo, na abertura da *Flauta encantada* [*Trollflöjten*, 1975]). Mas mais intimamente, segundo a relação interna que há entre *o que não fala* ou *não articula* (o que em cada um resta *infans*) e o que é da ordem da *escritura*, estilo ou expressão: imagens, sons, gestos, entonações, ritmos que tocam diretamente à vida afetiva.

Mais profundamente ainda, essa relação íntima confere à escritura, no caso à escritura cinematográfica, um privilégio absoluto (que evocávamos acima): o de poder sondar e escutar a *infantia* e testemunhar de uma dívida para com ela.

É evidentemente o que faz Bergman, que reivindica de maneira praticamente explícita esse triplo sentido da afinidade *infância/cinema*.

Não é um acaso se as suas reminiscências, suas Confissões, o seu exercício de escritura autobiográfica, se intitula *Laterna Magica* (1987).

8. A infância no "cinema de câmara" de Ingmar Bergman não é, portanto, apenas um tema, um motivo central dos filmes; ela inspira e guia igualmente a *maneira* de tratar o motivo, o seu estilo e o seu tom. Ela é a força que alimenta o trabalho da escritura, a reserva de energia (em imagens, lembranças, gestos, cores, experiências, sentimentos...) na qual esse trabalho vai expressamente buscar sua inspiração.

A própria paixão infantil de Bergman pela lanterna mágica (que funciona biograficamente como uma espécie de *objeto transicional*) e a "vocação" de cineasta infatigável que se revela aí (escritor, roteirista, diretor...) já são respostas a um apelo (*vocatio*) que provém de feridas da infância ("*The traumatic experiences of childhood...*", confessa ele na *Laterna Magica*, 1987).

9. O *infans* na cena bergmaniana é extremamente vulnerável e vive num universo feito de humilhação, punição, abandono e súplica; não sem mentiras, isto é, fábulas, imaginação (a força dos fracos), maquinando suas próprias astúcias, inventando suas estratégias de resistência e seus mecanismos de retorsão (o mais formidável de todos: a lanterna mágica, justamente).

(Uma reminiscência de infância narrada em *Laterna Magica* é, desse ponto de vista, sobrecarregada de sentido. Trata-se de uma cena de punição: o pequeno Ingmar, castigado pelos pais, era fechado num armário no escuro no qual, segundo os contos da cozinheira, vivia um pequeno ser que comia os dedos dos pés das crianças desobedientes. Angústia e terror. Até o dia em que a criança teve a ideia de esconder uma lanterna de bolso; quando os adultos a encarceravam, ela apanhava a lanterna e, no compartimento escuro, projetava o facho de luz sobre a parede: "imaginando que eu estava no cinema". Invenção do cinema, da lanterna mágica, no seio da punição: ardil, retorsão, resposta à violência parental.)

10. Tudo isso é estudado rigorosamente (dramaticamente) pelo "cinema de câmara", com uma precisão de cirurgião da alma. Como atestam os filmes amplamente autobiográficos, "confessivos", como *Fanny e Alexander* (*Fanny och Alexander*, 1982) ou já *Morangos silvestres* (*Smultronstället*, 1957), os roteiros de *Melhores intenções* (*Den Goda viljan*, 1992) e *As crianças do domingo* (*Söndagsbarnde*, 1992), e, de maneira particularmente intensa e aguda, *O silêncio* (*Tystnaden*, 1963) e *Persona* (1966).

Mas a investigação, a ecografia bergmaniana da alma *infans* atingirá o seu ponto culminante em *Sonata de outono* (*Höstsonaten*, 1978), como nós procuraremos sugerir.

IV

11. Isso colocado, o ponto essencial, todavia, será o seguinte: no decorrer dessa busca da infância, de filme em filme, ao longo do seu próprio *devir-infância*, a escritura cinematográfica bergmaniana escruta, descobre e analisa, no mais íntimo da infância, a sua condição de *supliciada*.

Em outras palavras, há uma relação intrínseca entre a *kinematographia* bergmaniana e a infância supliciada. A infância como o nome ou a figura disso que, em cada um, é fatalmente, desastradamente supliciado.

É o que *se pensa* através da prática do escritor-encenador-cineasta e que nos é dado a pensar através dos seus filmes (à contracorrente dos lugares-comuns habitualmente creditados pela *doxa* midiática e "especializada" a propósito das "relações adulto/criança", da "educação", do "vínculo materno", etc.).

14. Um modelo de estudo cinematográfico da infância supliciada: *Sonata de outono* (*Höstsonaten*, 1978).

A história se reduz a um mínimo necessário para que a Cena (a cena da *infância*) possa emergir: uma mãe vem visitar sua filha e seu genro, após sete anos de ausência.

O filme parece ser ele próprio estruturado como uma sonata clássica: Prólogo (A), Desenvolvimento (B), Epílogo (A'). Ele obedeceria aparentemente à *dialética* da sonata, segundo a qual o terceiro momento (A') é suposto a vir resolver a dissonância desenvolvida no segundo (B).

A Cena de que falamos, bem que antecipada e preparada pelas sequências precedentes, vai se abrir realmente no meio do segundo momento: durante uma noite de insônia coletiva, filha e mãe se encontram inesperadamente na sala, sós; a mãe lança então para a filha subitamente a questão fatal: "Você me ama?". Começa aí uma das mais insuportáveis cenas de catarse da história do cinema.

Mãe e filha vão se engajar juntas numa anamnese dramática do *suplício* da infância (não apenas o sofrido pela filha, mas igualmente o provado pela mãe-criança). Dessa descarga de afetos juntas, de uma intensidade insustentável, se elevará como num coro trágico um lamento relativo à *condição de infância*.

15. A intensidade da violência catártica da Cena é indescritível, inarrável. Ela se acha, todavia, perfeitamente inscrita na escritura da encenação cinematográfica. É que esta privilegia o *mostrar* (*showing*), em vez do *narrar* (*telling*), ou, em termos platônicos, a *mimesis* no lugar da *diegesis*: o suplício da infância é revivenciado sob os nossos olhos e ouvidos, aqui e agora.

É aí que vemos na obra a *kinematographia* bergmaniana em particular toda a sua arte de *coreografar* as expressões dos rostos e suas infinitas nuances. "O rosto é a alma do corpo", escrevia Wittgenstein; e só há alma *animada*, isto é, excitada por uma força afetiva que vem modificar a sua disposição.

Para o projeto bergmaniano de aceder aos afetos os mais desconhecidos, escondidos nos recônditos do corpo-alma que eles agitam, o rosto é fatalmente a via real, e o close-up a operação cinemato-gráfica por excelência.

É justamente essa identidade entre rosto ("placa nervosa") e força intensiva que Deleuze, se apoiando sobre Bergson, reúne sob o conceito de *imagem-afecção*.

16. Mas o que "dizem" mãe e filha desamparadas, no lamento relativo à *condição de infância*?

A deploração testemunha da calamidade que é o domínio, a confiscação que exerce um adulto sobre a infância, a existência infantil. Um desastre do qual o adulto não tem a medida, ele próprio abrigando em si, sem saber, uma infância supliciada. O suplício infantil, tal é a herança mais bem partilhada no mundo, transmitida (infligida) regularmente de geração em geração.

"Você conseguiu me mutilar para a vida, como você se mutilou você mesma", diz a filha para a mãe horrorizada. "Pessoas como você constituem um perigo mortal, seria preciso impedir-lhes de causar danos." "Uma mãe e uma filha: que terrível amálgama de sentimentos, de confusão e de destruição. Tudo é possível, tudo se passa em nome do amor..."

O amor, como se sabe, é um crime perfeito. ("Violência das carícias" de uma mãe sobre um filho: a tirania possessiva de Catarina da Vinci sobre Leonardo, segundo Freud.)

17. Nós notamos que na Cena central de *Sonata de outono* o suplício da infância é revivenciado, sob os nossos olhos e ouvidos. É que o suplício, a carga

de afetos que ele cristaliza, *não passa*: como a *infantia*, ele não tem idade, e resta e restará aí, do primeiro ao último sopro de vida.

Quando, no encontro, o face a face entre mãe e filha, essa carga de afetos acaba por explodir violentamente, essa deflagração atinge um clímax a tal ponto insustentável que ela ameaça romper o próprio fio da encenação cinematográfica.

É nesse exato instante que a mãe abandona inopinadamente a cena e *foge* (da confrontação, do face a face, da anamnese, da *análise*). Ela *repete* assim o mesmo gesto, revive o mesmo comportamento que foi o seu a vida toda (e do qual a filha não cessou de acusá-la durante a confrontação ao longo da noite de insônia).

Mas assim que a mãe se vai, a filha recomeça a restaurar, a tecer, a alimentar novamente o cordão: ela recomeça a escrever para a mãe uma carta (como no Prólogo) pedindo-lhe para voltar. O Epílogo repete o Prólogo e trai a estrutura cíclica, fechada, repetitiva, da *Sonata*.

18. Como o pequeno Freud (neto), a filha de *Sonata de outono* se livra aqui, como ao longo de toda a sua vida, ao jogo da bobina com a figura materna: *fort/da*, partir/voltar, ausência/presença, desaparecer/reaparecer.

Pois a calamidade em questão (o suplício infligido à infância) instaura entre mãe e filha uma relação paradoxal: elas não podem nem conviver nem se deixar, nem reatar nem se separar. Desde que elas tentam uma saída, o polo contrário se apresenta, se impõe, e elas são condenadas a recomeçar o ciclo, a repetir o círculo. É que não há saída: a relação é aporética. Esse *double-bind* é justamente a cifra de uma existência mutilada.

E é precisamente por causa dessa aporia que a estrutura de *Sonata de outono* não é dialética, como exigiria a forma clássica da sonata.

Em outros termos: algo acontece ao longo de *Sonata de outono*, um *excesso*, uma descarga afetiva de uma intensidade tal – a ferida de infância – que ela não é reabsorvível pela dialética dissonância-resolução. Não há aí resolução, *Auhebung*; no final nada foi suplantado, superado/conservado.

Resta a fuga brusca da mãe, condenando todo o processo a uma espécie de *compulsão de repetição*. O *Zwang* (força irreprimível, coerção), do qual Freud dizia em *O íntimo inquietante* (*Das Unheimliche*) que ele "confere a certos aspectos da vida psíquica o seu caráter demoníaco". Uma *compulsão de destino*.

Leituras

ARTAUD, Antonin. *Le Théâtre de la cruauté* (in *Le théâtre et son double*), 1938.

BARTHES, Roland. "Pour une histoire de l'enfance", 1955.

BARTHES, Roland. *Fragments d'un discours amoureux*, 1976.

BARTHES, Roland. *Le discours amoureux*, séminaire à l'École pratique des études 1974-1976, suivi de *Fragments d'un discours amoureux : inédits*, 2007.

BATAILLE, Georges. *La Littérature et le mal*, 1957.

BERGMAN, Ingmar. *Laterna Magica*, 1987.

BERGMAN, Ingmar. *Images: my life in film*, 1994.

BERGMAN, Ingmar. *Sonata de outono (Höstsonaten)*, 1978.

BERGMAN, Ingmar. *The Ingmar Bergman Archive*, 2008 (somme avec DVD regroupant des " making of " de *Sonate d'automne* et de *Sarabande*).

DELEUZE, Gilles.*Cinéma* 1 (*L'image-mouvement*) et 2 (*L'image-temps*), 1983-1985.

FREUD, Sigmund. *Três ensaios sobre a teoria do sexual* (Drei Abhandlungen zur Sexualtheorie), 1905.

FREUD, Sigmund. *Uma lembrança de infância de Leonardo da Vinci* (*Eine Kindheitserinnerung des Leonardo da Vinci*), 1910.

FREUD, Sigmund. *Para introduzir o narcisismo* (*Zur Einführung des Narzissmus*), 1914.

FREUD, Sigmund. *Metapsicologia* (*Die Metapsychologie*), 1915.

FREUD, Sigmund. "Uma criança é batida: contribuição para o conhecimento da génese das perversões" (*Ein Kind wird geschlagen*), 1919.

FREUD, Sigmund. *O íntimo inquietante* (*Das Unheimliche*), 1919.

FREUD, Sigmund. *Além do princípio do prazer* (*Jenseits des Lustprinzips*), 1920.

LAPLANCHE, Jean. *Problématiques VI : L'après-coup*, 2006 .

LAPLANCHE, Jean. *Sexual. La sexualité élargie au sens freudien*, 2007.

LECLAIRE, Serge. *On tue un enfant*, 1975.

KAFKA, Franz. *In der Strafkolonie* (1914, 1917), *La Colonie pénitentiaire*, 1966.

KAFKA, Franz. *Carta ao pai* (*Brief an den Vater*), 1919.

LAVIE, Jean-Claude. *L'amour est un crime parfait*, 1997.

LYOTARD, Jean-François. *Le Postmoderne expliqué aux enfants*, 1986.

LYOTARD, Jean-François. *Lectures d'enfance*, 1991.

LYOTARD, Jean-François. *Moralités postmodernes*, 1993 .

LYOTARD, Jean-François. "L'acinéma" (1973), *Des dispositifs pulsionnels*, nouvelle éd., 1994.

LYOTARD, Jean-François. "Idée d'un cinéma souverain", *Misère de la philosophie*, 2000.

LYOTARD, Jean-François. "La phrase-affect", *Misère de la philosophie*, 2000.

LYOTARD, Jean-François. "Emma", *Misère de la philosophie*, 2000.

PRADO Jr., Plínio W. "Le reste d'enfance", suivi de "Agonie" de J.-F. Lyotard (http://www.atelier-philosophie.org/pdf/Reste_d_enfance_et_Agonie.pdf)

PRADO Jr., Plínio W. "La dette d'affect", *L'exercice du différend – J.-F. Lyotard*, 2001.

PRADO Jr., Plínio W. "Exercice de dépropriation. Pessoa, la littérature et la philosophie", *Cahiers Critiques de Philosophie*, 2006.

PRADO Jr., Plínio W. *Aprender a viver*. Wittgenstein e o "não-curso" de filosofia (*Apprendre à vivre*. Wittgenstein et le "non-cours" de philosophie), W. O. Kohan (dir.), *Filosofia, aprendizagem, experiência*, 2008.

PRADO Jr., Plínio W. "*La norme et l'idiome*. Notes sur Wittgenstein, le dressage et l'*infans*" Revue *Le Télémaque*, 2010.

SCHRADER, Paul. *Transcendental Style in film: Ozu, Bresson, Dreyer*, 1972.

WINNICOTT, Donald W. "Transitional Objects and Transitional Phenomena. A Study of the First Not-Me Possession", 1951.

WITTGENSTEIN, Ludwig. *Investigações filosóficas* (*Philosophische Untersuchungen / Philosophical Investigations*), 1953.

WITTGENSTEIN, Ludwig. *Last Writings on the Philosophy of Psychology. Preliminary Studies for Part II of Philosophical Investigations*, 1948-1949.

Um ensaio sobre a experiência, a infância do pensamento e a ética do cuidado: pensar a diferença e a alteridade na práxis educativa[1]

Pedro Angelo Pagni

Ao analisar os acontecimentos do nascimento e da morte como limiares da vida e móveis de uma experiência do pensar, o presente ensaio pretende discutir os modos de cuidados com o outro e com si mesmo propiciados por esses acontecimentos, assim como as suas implicações éticas e políticas, na atualidade, quando assumidos pelos sujeitos da práxis educativa.

A escolha desse tema para análise se justifica na medida em que a educação em geral ter sido concebida, desde a sua gênese na modernidade, como sinônimo de cuidado para que o homem se converta em humano e saia do estado no qual nasce. Embora a educação se proponha a cuidar do homem desde o seu nascimento, formando-o tanto para enfrentar os desafios da vida quanto para ingressar no mundo, especificamente, a educação escolar se caracterizou por prepará-lo mais para essa última tarefa do que para a primeira. É assim que a escola moderna auxiliou a fazer com que os homens nascessem para o mundo por intermédio da aquisição da língua, dos hábitos, dos costumes e, enfim, da cultura, como afirmou Arendt (1997). Assim, a escola provocaria um segundo nascimento, almejando proteger os seres nascentes das ameaças que o primeiro nascimento pode representar para si mesmos e, principalmente, para o mundo, já que os exporiam à vida nua e ao seu governo. Dessa perspectiva, a autora procurou evitar teoricamente que a educação escolar concorresse para a atual indiferenciação entre o privado e o público, para a homogeneidade característica da sociedade de massas, como expressão dos modernos totalitarismos, defendendo a ideia de um compartilhamento, na relação com o outro, daquilo que é comum

---

[1] Dedico este ensaio àquelas que me inspiraram a escrevê-lo: Ana Sophia, com quem aprendo cotidianamente a experiência com a diferença, e Neuci, que a compartilha comigo, me fazendo vivê-la de um modo intenso, amoroso e livre. Agradeço também aos meus amigos, particularmente, Fernando Bárcera, Divino José da Silva e Rodrigo Gelamo, pela companhia e pela amizade constante nessa tarefa de ser digno em relação a esse acontecimento.

e que pode ser partilhado nessa instituição. Todavia, como o que é compartilhado decorre dos acontecimentos e de certa abertura ao novo – e não somente da perpetuação da tradição –, torna-se imprescindível à educação escolar preservar um campo de interseção da arte de viver com o mundo para o qual prepara os seres nascentes na passagem da vida privada para a esfera pública.

É nesse campo de intersecção que o tema deste ensaio parece adquirir sentido. Isso porque, na escola, transitam e atuam sujeitos que em suas ações não deixam intocada essa repartição entre o mundo e a vida, realizando advertida ou inadvertidamente um trânsito entre um e outro e constituindo um campo de tensão entre eles que, se percebidos em sua ocorrência, dão-lhes o que pensar mediante os acontecimentos e experiências que aí emergem, transformando a si mesmos e forçando as práticas e os saberes escolares a se modificarem ou a reconhecerem os seus limites. Nesse campo de tensão, de embate e de luta, o educador poderia descobrir, nas formas de um cuidado para com o outro e na expectativa da igualdade que nutre essa relação, a diferença entre as subjetividades e os modos de subjetivação implicados na ação educativa, abrangendo não apenas os seus modos de agir no mundo, como também, e principalmente, as suas atitudes éticas diante da vida.

É essa diferença que interessa a este ensaio e ao pensar filosófico, caso se considere que a educação escolar efetivamente auxilia na passagem dos mais novos da vida privada para a pública, mas que se mantém atenta aos diversos estilos de vida e aos modos de subjetivação que nela perduram. Isso porque tal atenção em relação às diferenças parece importante para manter uma atitude de respeito às singularidades e à multiplicidade cultural que constitui a sociedade, se quisermos que a escola apenas seja o começo de uma formação que se prolongue até o fim da vida e também se encontra em outras de suas esferas. E é justamente essa diferença que escapa a uma pedagogia ou, mais especificamente, a uma arte técnica que postula tornar igual o nível de conhecimento do aluno ao do educador, pois, ela se relaciona a um *éthos* a ser construído, antes do que a uma *episteme* a ser adquirida, que perduram por toda a vida, não se restringindo ao tempo e ao espaço escolar. Assim, gostaríamos de evidenciar neste ensaio aquilo que escapa à regulamentação, à normalização e ao planejamento das práticas e saberes escolares, por se tratar do fortuito, do acaso e da vida – o que advém e provoca o acontecimento –, pois entendemos que provocariam nos sujeitos na práxis educativa um se preocupar consigo mesmos, como um ato de pensar-se que implicaria, eticamente, transformar a si próprio.

Nesse sentido, o cuidado com o outro implícito na ação pedagógica de um desses sujeitos, o educador, pressupõe um cuidado ético de si mesmo,[2] similar

---

[2] Por essa perspectiva do cuidado de si, parece ser possível examinar os jogos de poder e de verdade de modo não mais a se restringir à análise das práticas coercitivas, como também ao analisar as práticas de si, como um problema ético de definição de práticas de liberdade, a partir de uma

àquele que pode ser suscitado no outro dessa relação, em seus alunos. Afinal, não é pelo fato de aprender a cuidar dos outros que esse sujeito estabeleceria as suas ligações com a ética, mas é justamente porque ele cuida de si que lhe é anterior ontologicamente. Essa é a hipótese que procuramos discutir neste ensaio, com o objetivo de convidar os sujeitos da práxis educativa – particularmente, os educadores – ao trabalho de alteridade exigido por essa experiência na medida em que os remete a uma figura do começo e da infância do pensamento, na sua relação com o outro, na práxis educativa, instigando-os a pensarem nos limites de sua linguagem para elaborar os acontecimentos do nascimento e da morte e nas possibilidades de alguns de seus gêneros, como os da literatura, para testemunhá-los.

Nascimento, morte e cuidados éticos

A necessidade de o educador se ocupar de sua própria transformação e de continuá-la até o fim, ainda que sob outro enfoque e com outras referências, já foram postulados por outros autores – dentre os quais destacamos Kohan (2003). Considerar essa possibilidade, deslocando-a para a perspectiva e a problemática enunciadas, implicaria em admitir que, para além de uma série de saberes, de habilidades e de competências para o exercício de seu ofício – sem dúvida, importantes para elaborar as técnicas e os instrumentos necessários para a preparação dos mais novos para o mundo –, seriam necessários ainda a experiência, um pensar engajado na sua decifração e certa sabedoria para a condução da própria vida que auxiliariam o seu trânsito e posicionamento perante o mundo. Esses requisitos transbordariam as práticas e os saberes estritamente escolares, dessa forma, colocando em circulação outras práticas e saberes distintos daqueles extremamente valorizados na atual educação escolar, concorrendo com esses e oferecendo aos alunos não apenas a possibilidade de se qualificarem para o mercado, como também de se formarem e se cultivarem a si mesmos, sendo essa relação com o educador um dos campos privilegiados para o aprendizado da ética, seja para um, seja para o outro.

---

estética da existência. Isso significa que o exercício das práticas de si deva ser considerado como práticas de liberdade, isto é, que possam ser escolhas éticas no sentido da potencialização da vida e do aprimoramento da existência, pois, para Foucault (2004a, p. 267): a liberdade é a "condição ontológica da ética" que, por sua vez, é a "forma refletida da liberdade". Por sua vez, o exercício das práticas de si como práticas de liberdade é um modo de existência que se contrapõe à imobilidade das relações de poder e à sedimentação dos estados de dominação, visando resistir a elas, por meio do ensaio de novas relações e da experiência da recriação de si, mediante o cuidado para consigo e com os outros. Para isso, é necessário que o sujeito que participa de tais relações e estados se ocupem de si, como um imperativo ontológico e ético imanente ao sujeito, fazendo-o voltar o seu olhar e os seus pensamentos sobre as verdades e os valores morais assimilados em sua existência, para que possa escolher os seus melhores guias e aprender a cuidar dos outros.

É nesse campo que as experiências fazem emergir nesses sujeitos, mas, especialmente, no educador, ante a sua não apreensão pela linguagem, um estado de *infans*, isto é, de ausência de fala articulada (PAGNI, 2006), colocando-os em certa posição de abertura para aprender a novidade, para revolver os restos de sua memória e transformar a si mesmos. Tal estado auxiliaria os educadores a se aproximarem do outro, do aluno, com o qual se relaciona e com quem se familiarizam na medida em que se aproximam de sua língua e de seu modo de existir, ao mesmo tempo em que se espantam, já que nessa aproximação se deparam com uma diferença e impossibilidade de identidade plena.

O nascimento é uma das experiências da qual nos aproximamos como educadores. Embora tenhamos nascido em um mundo com sua língua e tradições, literalmente, o nosso nascimento jamais é rememorado por completo, a não ser pelas marcas inscritas em uma memória imemorial, revivida ante o nascimento de um filho ou filha, de um ser novo, de outro que renasce em nós. Esse acontecimento traz as marcas dessa experiência originária de nosso nascimento, uma *arché* ao mesmo tempo estranha e familiar, experimentado agora não como uma vinda ao mundo, mas pelo sentimento de cuidado com esse ser novo e pela responsabilidade em proteger-lhe e apresentar-lhe a língua e as tradições do mundo no qual nasceu: para habitá-lo e, quiçá, transformá-lo, alimentando a tensão entre a continuidade e a descontinuidade de sua história, própria à infância. Nesse sentido, de acordo com Bárcena (2004, p. 41), a noção de natalidade se relaciona à de infância, onde encontra a expressão de uma "vivência do tempo não totalitária, convocando uma aprendizagem da finitude", sem contar que é uma "fratura do tempo revolucionária da realidade", exprimindo uma poética-política. Afinal, se a infância seria um estado no qual algo vai tomando forma, a natalidade é o momento em que algo novo se inicia, não podendo se compreender uma noção sem a outra, pois é necessário o nascimento para que a vida humana adote uma forma e, ao mesmo tempo, formas para que o mesmo inicie algo novo no mundo. Por isso, em uma infância sem natalidade não haveria criação, reproduzindo a formação sempre igual e a cultura existente; por sua vez, em uma natalidade sem infância não haveria aprendizagem nem preparação, tudo ocorreria naturalmente sem rupturas, a partir de um vazio e de um constante começar no zero.

Nas palavras do autor:

> *Nacer es* llegar. *Pero lo que propiamente nace con el nacimiento es nuestro cuerpo. Nacemos como cuerpo y siendo cuerpo. A ese primer nacimiento tendrá que añadirse después, no sin un cierto dolor pero también con naturalidad, nuestro nacimiento desde las palabras, desde la posibilidad de nombrar y decir el mundo y lo que él nos pasa. No nace la infancia, sino que esta anuncia la palabra que todavía no es*

> *y sin embargo será. No se llega a ningún lugar sino es desde algún otro sitio y gracias a un viaje. Toda llegada, que implica un proceso de expectativas, deseos, incertidumbre y miedo, supone también la exigencia de un aprendizaje. Un aprender de nuevo, un aprender lo nuevo y, por tanto, aprender probablemente también una lengua y una mirada distintas. Llegar implica aprender de nuevo a hablar y mirar* (BÁRCENA, 2004, p. 35, grifos no original).

O nascimento precede a infância. Já que a infância consiste na ausência e na possibilidade da palavra e de dizer ao mundo o que se passa conosco, o nascimento é um entrar no mundo, suscitando a esperança naqueles que estão nele, porque lhes fazem recordar a proximidade de seu fim (a morte) e a expectativa de outros modos de existir, melhores que os atuais. Isso porque todo nascimento é nutrido por uma ideia de continuidade e de ruptura com o presente, na expectativa de que os nascidos incorporem as tradições das gerações mais velhas, mas também as atualize e as renove, dando ao mundo um novo curso. Nesses termos, para o autor, a infância é o tempo que sucede ao nascimento e no qual se experimenta a linguagem dessas tradições e a sua atualização, conforme os desígnios da história e das singularidades humanas que se formam desde essa experiência, do pensamento e do agir no mundo. Dessa perspectiva, tal experiência do tempo finito, ao implicar certa consciência de início e de término, parece conferir a possibilidade de um constante renascimento, ao menos metaforicamente falando, desse pensar e desse agir, em vistas da liberdade suscitada pela eventual criação de outras realidades e de modos de existências. Uma liberdade que se apresenta como uma condição ontológica da ética e qualidade de uma estética da existência, mesmo quando o educador tenha que se ocupar de preparar o ingresso dos mais novos no mundo, inserindo aí seu modo de ser e de viver nas práticas e saberes escolares que procuram proscrevê-lo em nome da objetividade da ciência, da técnica e de certo profissionalismo.

Do mesmo modo que o nascimento, a morte é outro acontecimento do qual apenas nos acercamos nessa experiência do tempo finito e, de modo mais incisivo, para deparar-nos mais ainda com a nossa própria finitude. Isso porque ela é um entrecorte dos sentidos que entendíamos assegurados, abala nossas estruturas e nos faz olhar de modo distinto para as nossas vidas ou, melhor, o que dela nos resta. Por vezes, é justamente sobre isso que nos resta que nosso olhar parece se dirigir. Restos considerados sem importância e incabíveis em nossa memória e para a nossa racionalidade, porque vistos como fora dela e concebido como não idênticos a um eu que pressupõe a unidade da razão e a identidade em relação a si mesmo, passam a serem revolvidos, desesperadamente, em busca de encontrarmos o que deixamos para trás e nos fazem falta nesse momento.

Às vezes, são nesses restos que encontramos as percepções, as imagens e os sentidos disformes que nos diferenciam do que somos no presente e do que inventamos que fomos num passado pouco distante. Eles nos colocam em contato com o que poderíamos ter sido se nos guiássemos mais por eles do que por aquilo que foi exigido de nós para que nos adaptássemos ao existente e nos identificássemos com um si mesmo formalmente instituído. Revolvendo esses restos da memória, considerados em outros tempos menores para o nosso processo de subjetivação, esse olhar mira outro modo de existir e de ser. Metaforicamente falando, dirige as mãos que, com os cacos e as sobras da memória, recriam, senão a nós mesmos, ao menos sentidos nunca antes pensados, que intensificam a vida ou, se preferirmos, o tempo que ainda nos resta.

Analogamente à Pênia que, ao recolher os restos de comida e de bebida, mirou a Póros embriagado e se deitou com ele para conceber *Eros, o deus do amor*, na conhecida narrativa de Diotima a Sócrates, essa experiência da morte do outro faz renascer em nós o desejo que se acreditava perdido nas frivolidades cotidianas: pode ser signo de renascimento, colocando-nos a pensar não somente em nossa finitude, como também em como podemos viver e viver melhor no tempo que nos resta, e não somente o sobreviver, que reproduz a mendicância de Pênia.

Nessa relação com a morte, não é a infância entendida como um tempo finito que carece da experiência acumulada que emerge, mas é a compreendida como um olhar que repousa sem palavras sobre esses restos, como uma singular experiência do pensar a nossa existência. Uma experiência que parece ser tão contundente e, ao mesmo tempo, adentrar em uma cicatriz tão aberta quanto uma experiência histórica ainda não elaborada, relativa ao holocausto nazista, aos campos de concentração e de refugiados, nutrindo com ela uma relação íntima: não casual. Pois é como se ela nos convidasse a cuidar de nós mesmos, do que nos resta, tão esquecido para que pudéssemos cuidar dos outros, porque é a marca extrema de nosso fracasso nessa tarefa e de nossa impotência diante de um acontecimento que, por mais que nos resguardemos de todos os cuidados, se mostrou inevitável. Por um lado, esse convite decorre desse choque de interromper nossa segurança de nós mesmos e pensamento habitual, nos prostrando frente ao estranho e ao inominável. Talvez ele seja um modo contemporâneo de fazer com que levemos adiante a recomendação do cuidado de si socrático, relatado por Foucault (2004b).

Se Sócrates recomendou prudência a Alcebíades perante a explicitação de seu desejo de governar a *pólis* e exigiu um cuidado em relação a esse desejo emergente de si mesmo para que ele não se convertesse em arrogância e em tirania sobre os outros, tampouco em renúncia de si, nunca como antes tal recomendação parece-nos tão importante. Isso porque hoje em dia vivemos sob a égide de um excessivo cuidado de si sem si mesmo ou, para sermos mais precisos, de um cultivo de si esvaziado de sentidos na medida em que, em função do discurso sobre a verdade instituído e o totalitarismo disfarçado no qual estamos metidos, são dados de fora, do sistema. Por outro lado, ele clama por um desejo de mudança, provendo uma atitude iluminista no presente, sem nos livrar por completo do medo do desconhecido e do inominável, mas movendo-nos a não querer ser governados sob determinadas formas que usurpem do poder e gerem estados de dominação. Ela redefine outro lugar para a filosofia e, por que não, para a filosofia da educação, talvez, preconizando como a única saída ainda válida para elas a crítica e a resistência aos estados de dominação. Dessa forma, essa singular experiência do pensar nos coloca diante de uma atitude ética, sem precedentes, exigindo que nos ocupemos de nós mesmos.

O comprometimento com essa atitude ética decorrente da percepção de nossa finitude e de nossa infância pode nos fazer perceptível à dor e ao sofrimento alheio, em uma relação de familiaridade com aquilo que sentimos. Se fôssemos capazes de exercitar nossa imaginação, e não somente nossa memória, essa familiaridade poderia nos fazer sentir e nos colocar em uma relação de alteridade com pessoas que sofrem nos atuais campos de refugiado, que dormem ao relento sem qualquer perspectiva de vida nas ruas das grandes cidades, ou mesmo que vivem como imigrantes longe de suas pátrias. Despertaria em nós um sentimento de compaixão e uma atitude de indignação em relação ao existente, diante das consequências de uma racionalização e de uma frieza produzidas pelo chamado desenvolvimento tecnológico e pela globalização da economia. Ela nos faria perceber, quem sabe, o quanto essa sensibilidade à dor e ao sofrimento alheio, especialmente aquelas que ocorrem em outros continentes ou que não vemos em nosso próprio país, foram recobertas por um discurso pouco efetivo sobre a pluralidade cultural que exige o diálogo como um dos gêneros das linguagens necessárias à inclusão social; porém, que reitera aquilo que Adorno e Horkheimer (1986) denominaram de frieza burguesa e Lyotard (1997) de inumano do sistema. Indicaria certo insucesso dessa enunciação do múltiplo da cultura para compreender o presente e, principalmente, desse gênero da racionalidade e da linguagem para reconciliar as diversas culturas em uma língua supostamente universal e em uma razão una.

Nesse sentido, parece que falta, a tal elaboração teórica, a compreensão dos limites da tradutibilidade de experiências como as do nascimento e da morte, sensíveis, em conceitos filosóficos e teóricos, remetendo-nos a uma filosofia e a uma teoria menores, infantes, a um mundo em que esses conceitos não foram completamente pensados e estão sempre em construção ou, melhor seria dizer, em ficção. Isso não significa que tal julgamento tenha como fim a formação de nosso gosto, tendo em vista o sentimento do belo ou, ao menos, a sua promessa, fundando outra forma de humanismo. Mas o de experienciar a fundo o sentimento do sublime, diante da ausência de palavras para conceptualizar essa experiência e de tomá-la como um acontecimento, sem saber *a priori* o seu desdobramento, tampouco *a posteriori* se os conceitos ou alguma forma de expressão serão possíveis.

Isso implica viver a angústia de não saber se aquilo que pensamos ou ensaiamos terá ou não consequências práticas, expressará de fato o que sentimos, em nosso silêncio quase voluntário, porém, necessário a esse ato de julgar. Contudo, importa é que essa escolha e essa atitude decorram das próprias entranhas, como uma escolha política a mais clara possível no que se refere aos sentidos que desejamos e que criamos, quando esse desejar e criar estão intimamente relacionados a outros modos de existência. Assim, não seria possível traduzir integralmente essas escolhas e, muito menos, essa atitude em significados denotativos ou conotativos, em proposições prescritivas ou normativas e, muito menos, em um gênero discursivo que se proponha a conceitualizar experiências como a com a morte pelo sujeito que as vivem subjetivamente para ser colocada em circulação e comunicada aos demais mediante uma pragmática que estaria livre da violência. Ao contrário disso, essas escolhas estariam nutridas antes pela opção por um estilo de vida e de um *éthos* e implicaria necessariamente uma *coragem de verdade* mais pautada em uma atitude ética no sentido da *parrhesía*[3] ou do dizer franco, nos termos analisados por Foucault (2004b; 2009) do que em seu sentido eminentemente epistemológico, prescindindo mais de uma análise *dramática* do discurso do que de uma pragmática de sua enunciação[4].

---

[3] De acordo com Foucault (2009, p. 82): *'La* parrhesía *[...] es pues cierta manera de hablar. Más precisamente, es uma manera de decir la verdad. En tercer lugar, es una manera de decír La verdad de modo que, por el hecho mismo de decirla, abrimos, nos exponemos a un riesgo. Cuarto, la* parrhesía *es una manera de abrir ese riesgo ligado al decír veraz al constituirnos en cierta como interlocutores de nosotros mismos cuando hablamos, al ligarnos al enunciado y la encinciación de la verdad. Para terminar, la* parrhesía *es una manera de ligarnos a nosotros mismos en la forma de un acto valeroso. Es el libre coraje por el cual uno se liga a si mismo em acto de decír la verdad. E incluso es la ética Del decir veraz, en su acto arriesgado y libre.*

En esa medida, para esa palabra que, en su uso limitado a la dirección de la consciência, se traducía como 'hablar franco', creo que podemos, si se [le] da esta definición un poco amplia y general, proponer [como tradución] el término 'veradicidad'. El parrisiasta, quien utiliza la parrhesía*, es el hombre verídico, esto es: quien tiene coraje de arriesgar al decir veraz, y que arriesga ese decir veraz em um pacto consigo mismo, em su caracter, justamente, de enunciador de la verdad."*

[4] Para Foucault (2009): "*el análisis 'de la pragmática del discurso es el análisis de los elementos y de los mecanismos mediante los cuales la situación en que se encuentra el enunciador va a modificar lo que puede ser el valor o el sentido del discurso.*"(FOUCAULT, 2009, p. 84). Ao contrário disso, diz ele: "*Con la parrhesía vemos aparecer toda una familia de hechos de discurso que, si se quiere, son muy diferentes, casi lo inverso, la proyección en espejo de lo que llamamos pragmática del discurso.* [...] *En la parrhesía, el enunciado y el acto de la enunciación van a afectar, de una manera u otra, el modo de ser del sujeto, y a hacer a la vez, lisa y llanamente – si tomamos las cosas bajo su forma más general y neutra –, que quien ha dicho la cosa haya dicho efectivamente y se ligue, por un acto más*

Nesse sentido, o que está em jogo é o sujeito enunciador do discurso e a sua transformação enquanto tal, seu devir, assim como os instrumentos da razão utilizados para isso, conjuntamente com os gêneros discursivos que permitam que esses mesmos sujeitos se exponham, se arrisquem e tenham *coragem de dizer a verdade*, mesmo quando esta seja tão angustiante, porque diretamente ligada à sua vida singular e à experiência do pensá-la na medida em que se vê atravessada por acontecimentos como os do nascimento e da morte, ou mesmo quando a morte abala o próprio nascimento, advindo como um luto prematuro (real ou fictício), ou que este ocorra com um efetivo aprendizado com a diferença, que faz com que exercitemos a alteridade, por meio de certo recurso ao poético e à literatura testemunhal.

Testemunho, acontecimento e infância

Ao recorrer à literatura testemunhal para analisar o que ainda resta de Auschwitz, Giorgio Agamben (2005) analisa a gênese semântica da palavra testemunho para caracterizar os relatos escritos pelos sobreviventes dos campos de concentração, e mostrar os seus limites e possibilidades para *dizer* esse acontecimento marcante. Segundo esse filósofo italiano, a palavra testemunho deriva de duas expressões latinas: a palavra *terstis* que, etimologicamente, significa "aquele que se situa como terceiro em um processo ou em um litígio entre as duas partes envolvidas na contenda"; a palavra *superstes*, "que faz referência àquele que viveu determinada realidade, passou até o final por um acontecimento e está em condições de oferecer um testemunho sobe ele" (AGAMBEN, 2005, p. 15). Para esse autor, este último sentido do testemunho não teria muito a ver com o primeiro na medida em que "não busca estabelecer os fatos com vistas a um processo (não é suficientemente neutral para ser *terstis*)", tampouco "busca o juízo e, menos ainda, o perdão", pois o que interessa "é o que faz com que o juízo seja impossível", uma zona cinzenta em que as vítimas se convertem em verdugos e vice-versa, onde o juízo se torna difícil porque não pode ser abrigado pelo jurisprudência, evitando esgotar o problema e permanecendo no campo da ética – que quase sempre é confundido com o do direito. A literatura de Primo Lévi, por exemplo, teria esse sentido, embora também fosse um terceiro (*terstis*) que poderia testemunhar no outro sentido, mas que preferiu esse, como uma forma de expressar uma verdade ética, decorrente de uma experiência singular dos sobreviventes e que se caracteriza por ter uma parte cinzenta, intestemunhável. Esse testemunho não serviria

---

o menos explícito, al hecho de haberla dicho. Pues bien, creo que esta retroacción, que hace que el acontecimiento del enunciado afecte el modo de ser del sujeto, o que al producir el acontecimiento del enunciado el sujeto modifique, afirme o, en todo caso, determine y precise cuál es su modo de ser en cuanto habla, caracteriza otro tipo de hechos de discurso muy diferentes de los de la pragmática" (FOUCAULT, 2009, p. 84).

ao propósito jurídico almejado pelo primeiro sentido da expressão latina – de julgar, de aplicar a pena e de legitimá-la numa verdade que, em tese, poria fim ao problema –, tampouco ao sentido grego de *martis*, isto é, de mártir. Isso porque tanto a verdade pleiteada por um quanto o lugar do martirizado postulado pelo outro sentido só caberiam aos mortos, e não aos sobreviventes, que prenhes de um impulso de responsabilidade e, ao mesmo tempo, de sentimento de vergonha, justamente por terem sobrevivido, testemunham o acontecimento, do qual ainda não se livraram. É esse paradoxo, por assim dizer, que acompanha o testemunho e que consiste em "testemunhar o intestemunhável".[5] Dessa forma, na interpretação de Agamben (2005), o testemunho traria, para usar uma expressão lyotardiana, um diferendo em relação a sua plena expressividade ou, para considerá-lo como Felman e Laub, traria um *shoá*, isto é, um acontecimento de impossível ser expresso tanto de dentro quanto de fora dele – impossibilidade esta que não poderia ser simplesmente salva por um poema ou uma poética, mas, ao contrário, fundaria a sua possibilidade.

Embora não estejamos nos referindo aqui a um acontecimento da magnitude de Auschwitz, como Agamben (2005), mas a acontecimentos de menor magnitude que se contrapõe à naturalização da vida e à normalização das diferenças, essa análise parece importante para caracterizar a literatura testemunhal como uma forma de resistência aos estados de dominação que se instauram nos microcapilares do mundo atual, inclusive na esfera privada, ao mesmo tempo em que possibilita um modo de escrita de si em que o autor se arrisca a dizer, corajosamente, a verdade. Uma verdade que também não é jurídica, mas ética, a qual ele carrega como alguém que busca testemunhar o intestemunhável do acontecimento pelo qual passa ou passou, num movimento de aproximação e de distanciamento, em que consiste a escrita literária e que coloca em xeque a ambição da fixidez conceitual postulada pela filosofia.

É o que pode ser observado nos livros *Nacimientos*, de Pierre Péju, e *O filho eterno*, de Ricardo Tezza. Ambos os livros abordam o tema da paternidade e, particularmente, de pais que têm que enfrentar o que seria um desarranjo da ordem natural do tempo, diante da morte prematura de uma filha, e a normalização que se expandiu para todas as esferas da vida, após o nascimento de um filho com trissomia. Os seus autores procuram elaborar o luto que sobrevém ao nascimento dos filhos, como boa parte dos pais que os idealizaram para depois

---

[5] Diz Agamben (2005, p. 34): "*El testigo testimonia de ordinario a favor de la verdad y de la justicia, que son las que prestan a sus palabras consistencia y plenitud. Pero em este caso el testemonio vale em lo esencial por lo falta em él; contiene, em su centro mismo, algo que es intestimoniable, que destruye la autoridad de los supervivientes. [...] Quien asume la carga de testimoniar por ellos [los muertos] sabe que tiene que dar testemonio de la imposibilidad de testemoniar. Y esto altera de manera definitiva el valor del testemonio, obliga a buscar su sentido em uma zona imprevista*".

caírem em si diante do modo como aqueles vão se lhes apresentando em sua formação, porém, narrando as suas experiências singulares, respectivamente, em relação à interrupção prematura desse processo formativo, sobre a quase nada se pode fazer, e à sua anunciada limitação desde o princípio, contra a qual só resta lutar para fazer o melhor possível como pai. Ambos os lutos são enfrentados pelos autores pela escrita e pela literatura.

Em um caso, o de Péju, esse luto parece ocorrer na medida em que procura narrar a similaridade entre a impotência sentida diante da morte da filha e os limites da escrita para exprimir o que se passa com ele, transportando-se, como pai e escritor, a um estado de infância entendida aqui como uma experiência inefável, passível apenas de ser testemunhada como uma perda, nos termos antes enunciados. Analogamente ao nascimento de um filho, diz ele:

> *Nos decimos que un día, un texto nacerá, quizá una noche así, una noche de dolor de escribir, de dolor reversible inmediatamente en placer, una noche de agitación en la imposibilidad de las palabras, en la que nos sentimos poderosos con una buena dosis de tinta negra en el interior del cuerpo de la pluma, poderosos con la punta de oro de la plumilla que primero acaricia y después araña y graba la blanca extensión. Las líneas como hendiduras y todas aquellas tachaduras, aquellos surcos en los que esconderme, en los que huir ya agotarme, aun a riesgo de agotarme, aun a riesgo de desmoronarme por la mañana sobre el montón deprimente de lo mal dicho. Texto nacido muerto, mal nacido texto que pronto se abandona* (PÉJU, 2004, p. 124).

Nesse sentido, a escrita de um texto pode ter a mesma sorte do nascimento de um filho, pode nascer vivo ou morto, guardando em si mesmo uma surpresa ao escritor, similar ao do pai. Está sujeita a acontecimentos que não podem ser previstos em seu processo de produção, tampouco no de circulação. De acordo com Péju (2004, p. 125), os escritores não são mais que "pais que trazem ao mundo órfãos", sem se ater à autonomia que o produto da escrita pode assumir em relação a ele, analogamente aqueles filhos que foram abandonados ao nascer. Assim, interroga tanto a produção quanto o destino do produto da escrita, assinalando o seu sentido infantil que perpassa tanto a produção quanto a circulação da escrita. Isso porque, de seu ponto de vista,

> *[...] los niños son solo "infantiles" porque su presencia hecha de piel cubierta de vello, de voz aguda, recela y revela en los primeros años una especie de "principio de nacimiento". ¡Han nacido hace tan poco tiempo! Es como ese nacimiento llegase realizándose en la primicia de sus gestos. Ese nacimiento es invisible tal cuando explican al mundo, tal como lo descubren, tal como sufren, obligándonos a recoger, sin entender muy bien, las gotas de su asombro y de su pena. Infancia hecha de ensayos, de fluctuaciones, de intento áreles. El niño pude decir todas las palabras que ignora: en su boca toman sentido, un sentido distinto que nos desconcierta* (PÉJU, 2004, p. 125).

Contudo, quem agora diz as palavras não é mais uma criança, mas um pai que não consegue dar sentido às palavras brotadas em sua boca, por meio da escrita, tampouco provocar o desconcerto almejado pela sua narrativa, prostrado em sua própria infância, isto é, em sua ausência de palavras articuladas diante do acontecimento que passou, assim como ao escritor, só lhe restaria buscar aquilo que ainda pode dizer, mesmo sabendo de seu limite. Talvez, porque não tenha mais aquele poder infantil de dar sentidos às palavras e de desconcertar com elas os outros, mas somente esse poder limitado que, como escreve Péju (2004, p. 125):

> En su desnudamiento de ciego, cada padre sólo ha podido ver, y desde lejos, la venida al mundo de los niños. Pero el padre, ese ser al que les faltan las palabras, ese ausente, puede, a pesar de todo asistir a los nacimientos múltiples que perduran en la infancia.
>
> La escritura sólo consiste en revelar dichas apasiones modestas, en asistir, mal que bien, al comienzo perpetuo.
>
> Escribir, en suma, no si quiere ni páginas ni tinta. Ver nacer, hacer nacer, ver alejarse, ver desaparecer y, en cualquier caso…perder.

Este seria, para o escritor, o sentido do escrever, isto é, o sentido de sua abertura aos acontecimentos, por um lado, da possibilidade de vê-los nascer e, ao mesmo tempo, de fazê-los nascer por intermédio da escrita; por outro, vê-los distanciar-se e ganharem autonomia como filhos. Em qualquer dos casos, um processo que implica uma perda para os pais: seja literal como foi a dele, seja metafórica como a de todos os demais. Como os pais, o escritor poderia testemunhar não apenas os nascimentos, mas também as suas perdas, vivendo o luto necessário em relação ao seu poder infantil e assumindo o parco poder de dizê-las por intermédio da escrita, defrontando-se com a inefabilidade dos acontecimentos e com si mesmo, em um devir que o faz renascer para suportar o peso da existência e, quem sabe, infantilmente, resistir ao existente. Os educadores poderiam aprender com essa experiência da perda como um modo de deslocar-se de sua ambição em ver apenas nascimentos e de querer fazer nascer um modelo seguro ou forma idealizada de sujeito nos outros, sem interpelar se seria buscada por si mesmo e sem colocar em xeque os preconceitos em relação à infância e ao seu aluno que, em nome de certa liberdade, se apresentam na sua práxis educativa.

Embora o aprendizado da perda por Péju (2004) seja literalmente irreparável, a dos pais, dos escritores e, acrescentamos, dos educadores podem não sê-lo. Nesse sentido, parece interessante abordar o modo como Tezza (2008) narra a sua perda, como pai, em relação não propriamente à vida, mas a uma ideia de criança, normal, inteligente, hábil, assim como o aprendizado que tem na relação com seu filho com trissomia, que possibilitam descobrir na infância eterna deste último um móvel para descobrir o novo e pensar os acontecimentos responsáveis pela transformação de si. A infância de um filho eterno que, por meio de uma experiência com a diferença, lhe ensina um olhar atento, aberto e flutuante à novidade e ao acontecimento, possibilitando uma prática um pouco mais livre como pai e escritor na medida em que abandona a sua obsessão por aquela ideia de filho e por sua normalidade, apenas para livrar-se da vergonha e da culpa.

Isso começa a se tornar mais evidente, no livro, quando o seu autor narra as dificuldades que tinha para lidar com esse acontecimento que se sobrepôs ao nascimento de seu filho, necessidade de vê-lo reduzido a uma ideia de criança e de normalidade, constrangido pela vergonha, sentimentos difusos que, na idealização, encontram imediatamente a segurança para não se confrontar com a vida e com as vicissitudes do mundo que se lhe apresentam. Contudo, diz ele, esse confronto ocorrerá mesmo contra a sua vontade, *diz ele*, desde o princípio, a começar pela atitude da mulher que, sabendo dos riscos, age no sentido de estar atenta a qualquer sinal que possa comprometer a saúde do filho. O próprio filho, aliás, "parece muito saudável para uma criança com aquela folha corrida genética" (TEZZA, 2008, p. 39).

Aos poucos, o narrador repousa seu olhar sobre essa particular vicissitude do nascimento, confrontando o ideal que tinha de criança – o de realidade ainda demorará um pouco mais –, reconhecendo que o problema não é o filho, mas ele. É ele quem clama por normalidade, e não o filho. Escreve ele,

> Vai começar a corrida de cavalos pelas regras dos outros. Na verdade – é preciso não mentir – pelas regras que ele mesmo aceitou. A idéia de transformação ainda não passa pela cabeça dele – apenas a condenação da essência. Ele ainda imagina que continua a mesma pessoa, dia após dia; é como se arrastasse consigo o fantasma de si mesmo, cada vez mais pesado, mês a mês. Melhor largá-lo para trás, descolar-se como um truque de cinema e, levíssimo, recomeçar. Mas o que fazer com o filho nessa transformação libertadora? Ele pesa muito; é preciso arrastá-lo. Ou, pelo menos, saber afinal quem é o intruso (TEZZA, 2008, p. 69).

Nesse sentido, acompanha a sua mulher de consultório em consultório, em busca de tratamentos milagrosos e treinamentos para o filho, capazes de minimizarem os atrasos motor, intelectual e de fala diagnosticados como norma e que o coloca na traseira da "corrida de cavalos pelas regras dos outros". A esperança é a de que, com isso, ele termine a corrida, ainda que um pouco mais tarde que os outros, e nisso concentram os esforços de seu pai e, principalmente, de sua mãe. E o pai recorre aos livros de psicologia do desenvolvimento, até desistir deles diante das dificuldades de seu filho, mas não deixa de se apegar no poder miraculoso da ciência e da técnica que, não obstante a frieza daqueles que o exercem, trazem ao menos alguns resultados favoráveis, desapegados do apelo à religião. Por outro lado, como o pai reconhece, nesse contínuo processo de normalização do filho, é ele quem necessita de avaliação, de tratamento e de treinamento. Afinal, até então havia sido um escritor que não conseguiu publicar quase nada e, em pleno processo de renascimento, precisa arrumar uma carreira: que só a encontrará, um pouco mais tarde, após o mestrado, como professor universitário, tentando conciliá-la com a de escritor.

O reconhecimento de sua dependência do filho começa a ser notada após o nascimento de sua filha, diz ele, "normal", satisfazendo parcialmente seu desejo desesperado de normalidade, porém, isso não foi suficiente para expurgar sua culpa e seus medos.

> Durante muitos anos, já escritor conhecido, relutará em falar do filho – já não é mais, ele sabe, uma fuga, o adolescente cabeceando para negar a realidade pura e simples; é a brutalidade da timidez que, inexoráveis, exigem explicações até o fundo de um fracasso. Melhor poupar os outros; é sempre bom manter viva a intimidade. O fracasso é coisa nossa, os pássaros sem asas que guardamos em gaiolas metafísicas, para reconhecermos a nossa medida (TEZZA, 2008, p. 119).

Quem o ajuda a ver esse fracasso, a enfrentar seus medos e reconhecer seus limites é, admite o autor, a sua relação com o filho. É nessa relação com o filho que percebe a sua limitação não apenas como pai que clama por normalidade e que quer integrá-lo forçosamente à norma, sem resistência, como também a força dessa resistência, expressa na teimosia da criança, na limitação intelectual, linguística e artística, que também são as suas. Ao mesmo tempo, o filho também vai se desenvolvendo, sem a ânsia de superar essas limitações, ao seu tempo e com seus limites, dando uma sensação de que o pai também poderia se modificar e ter certa leveza, mesmo no reconhecimento de seus fracassos e da obsessão infantil pelo próprio trabalho.

Como em outras ocasiões, também nesse momento da narrativa, uma das técnicas que utiliza como meio, senão de amenizar essa realidade, ao menos para manter certa alegria, é a escrita literária. E a realidade que se impõe é o que lhe dava aparência de normalidade à vida de Felipe, a saber: a sua frequência a uma escola comum. Contudo, a escola também passa a reclamar a transferência do filho para outra escola, uma escola especial, devolvendo ao pai todo tormento representado pela diferença. Talvez, pensa o pai, se tivesse dedicado mais tempo aos exercícios e ao treinamento do filho na mais tenra, culpa-se, ele teria conseguido acompanhar o ritmo da escola comum. Entretanto, diz ele, "a obsessão infantil com o próprio trabalho, a brutal insegurança de quem escreve, estivesse acima de seu próprio filho [...] – eu tenho um limite: fazer bem feito, o que sei e posso fazer, na minha medida" (TEZZA, 2008, p. 159). Mas não seria assim também para o filho, fora das exigências de normalidade ao qual o pai procura adequá-lo? Não seria isso que tanto o pai quanto o filho almejam na relação entre eles e com o mundo, com a diferença de que o primeiro teria a possibilidade de tornar-se consciente dessa resistência às normas enquanto que o segundo apenas resistiria por sua própria condição e outra lógica?

Essas questões, porém, só parecem fazer sentido nessa história quando o pai sente efetivamente a ausência de seu filho, numa ocasião em que este se perde na cidade, reconhecendo o seu talento dentro de uma lógica distinta daquela pressuposta pela normalidade e, mais, vivendo a experiência que, no presente, o faz sofrer toda dor e a proximidade da morte. Em suas palavras: "voltando para casa sem o filho, o mesmo filho que desejou morto assim que nasceu, e que agora, pela ausência, parece matá-lo" (2008, p. 169).

Esta parece ser a experiência decisiva que, como em Péju (2004), o faz compreender essa outra lógica que respeita a condição do filho e a sua, após reencontrar a criança, caindo finalmente em si:

> Nos últimos vinte anos o pai foi acompanhando sempre que pôde o avanço da tecnologia para estimular o filho, começando pela televisão, desde criança. E, sub-repticiamente, a tentativa de acompanhar o menino exerceu também uma influência inversa, a do filho sobre o pai, também um pai com dificuldade para a vida adulta madura, seja isso o que for, pensa ele sorrindo – e talvez a filha, que não tem nada com isso, sofra as conseqüências de ter um pai que se recusa a crescer. [...] O tempo presente é um tatear no escuro, o pai se desculpa (TEZZA, 2008, p. 192).

É com esse tatear que o pai percebe que, enquanto mantiver na cabeça a sombra da normalidade, será infeliz, já que para o seu filho esse quadro de valor é inexistente: "Vamos (será preciso dizer): abandone de uma vez por todas essa corrida de cavalos que moveu a sua vida" (TEZZA, 2008, p. 199). É preciso coragem para tal e em busca dessa qualidade, o narrador, o pai, parece encontrar no filho sinais de maturidade que, talvez, ele próprio tenha que aprender. Reconhece que esses sinais existem, em seu Peter Pan, mas como representação do pai. Contudo, embora o menino tenha dificuldade para aceitar novidades ou mudanças de rotina, num universo repetitivo, o pai vislumbra o futebol como um estímulo poderoso para essa maturidade possível, ao menos para Felipe, seu filho.

O pai enumera as qualidades desse desporto, de um modo bastante próprio, destacando as suas qualidades no desenvolvimento da personalidade, por meio das derrotas e vitórias de seu time, assim como a socialização e até mesmo a alfabetização, porque esse campo é o único que o filho se abre ao aprendizado das letras, mas o mais importante talvez seja o da novidade que essa atividade carrega, justifica ele, racionalmente.

> Talvez, o pai sonha, confuso, os milhões de pessoas que superlotam os estádios em busca desse breve encantamento: do simples futuro, do poder de flagrar o tempo, esse vento, no momento mesmo em que ele se transforma em algo novo, uma sensação de que a vida cotidiana é incapaz de dar. A milimétrica abstração entre o agora e o depois passou enfim a fazer parte da vida do menino; um campeonato de futebol é a teleologia que ele nunca encontrou em outra parte (Tezza, 2008, p. 219-220).

Sonhos de um pai, representação e racionalização do real que passam longe da cabeça de seu filho? Pode ser, mas o mais importante é o sentido que ambos dão ao jogo, na frente da televisão: "o jogo começa mais uma vez. Nenhum dos dois tem a mínima ideia de como vai acabar, e isso é muito bom" (Tezza, 2008, p. 222).

O que mais chama a atenção do leitor nessa enumeração das qualidades do futebol e, particularmente, da possibilidade de trazer a novidade é que elas foram uma descoberta que na infância eterna de seu filho encontraria a sua própria infância, partilhando com ele esse lugar, num exercício de alteridade que lhe permitiria testemunhar e pensar o acontecimento com a novidade que se lhe apresenta e com a dignidade que merece. E parece ser isso que faz ao narrar a sua experiência com seu filho eterno que, embora não tenha saído de sua própria infância, ensina a pais – como Ricardo Tezza e como eu – que a novidade e que os acontecimentos que lhes possibilitariam a pensar, a cuidar e a transformar a si mesmos para então cuidar-lhes estaria nesse jogo em que as diferenças se constituem no móvel dessa relação, enquanto que as regras e as normas passam apenas a balizá-la, sem a ânsia de moldá-la e de fixá-la.

São testemunhos como esses que poderiam tornar os educadores mais sensíveis em relação ao seu estado de infância e, senão mais preparados, ao menos mais bem dispostos – com mais coragem, quem sabe – para pensar as diferenças na ação pedagógica, dispondo-se a esse exercício de alteridade no qual aprende com o outro a cuidar de si pressuposto pelo cuidado ético requerido pela educação. Ainda que essas experiências advenham de uma arte de viver que se interponha à educação escolar, tais recursos à literatura testemunhal poderiam tornar esta última um pouco mais paradoxal e, por isso mesmo, mais propícia para o desenvolvimento de um pensar capaz de permitir a continuidade dessa transformação de si por meio do confronto com a própria infância: seja a mais inefável que traz consigo a experiência da perda, seja a mais pujante que faz com que nos abramos para o ato de pensar o acontecimento.

Referências

ADORNO, T. W.; HORKHEIMER, M. *Dialética do esclarecimento*. São Paulo: 2. ed.; Rio de Janeiro: Jorge Zahar Editor, 1986.

AGAMBEN, G. *Homo sacer III: lo que queda de Auschwitz*. 2. ed. Valencia: Pre-textos, 2005, V. III.

ARENDT, H. La crisis en la educación. In: *Entre el pasado y el futuro*. Barcelona: Península,, 1996, p.185-208.

BÁRCENA, F. *El delirio de las palavras: ensayo para uma poética del comienzo*. Barcelona: Heder Editorial, 2004.

FOUCAULT, M. A ética do cuidado de si como prática da liberdade. In: *Ditos & Escritos*. Vol. V. São Paulo: Forense Universitária, 2004a, p. 264-287.

FOUCAULT, M. *A hermenêutica do sujeito*. São Paulo: Martins Fontes, 2004b.

FOUCAULT, M. *El gobierno de si y de los otros*. Buenos Aires: Fondo de Cultura Económica, 2009.

KOHAN, W. O. *Infância. Entre Educação e Filosofia*. Belo Horizonte: Autêntica, 2003.

LYOTARD, J. F. *O inumano: considerações sobre o tempo*. 2. ed. Lisboa: Editorial Estampa, 1997.

PAGNI, P. A. Infância. In: CARVALHO, Adalberto Dias (Coord.). *Dicionário de Filosofia da Educação*. Porto: Porto Editora, 2007b, p. 212-219 [verbete].

PÉJU, P. *Nacimientos*. Salamanca: Ediciones Tempora, 2004.

TEZZA, R. *O filho eterno*. 6. ed. Rio de Janeiro: Record, 2008.

Pedagogia dos sentidos: a infância informe no método Valéry-Deleuze

Sandra Mara Corazza

O barro

Nossa espécie é pesada. Suas criaturas são carregadas de formas. Vivemos de alguma forma. Pensamos conceitos que sintetizam formas. Calculamos formas. Tateamos para reconhecer formas. Cheiramos formas. Ouvimos alguma forma. Entramos ou saímos de forma. Estamos ou não em forma. Pelas formas, somos informados. Formas nos igualam. Encurtam caminhos. Garantem a comunicação. Apaziguam conflitos. Até nos alegram. Formas são odes do espírito humano à facilidade. É possível produzir uma enciclopédia só com formas. Porém, nem sempre foi assim. Houve um tempo em que fazíamos "deuses de pedra ou de madeira que nem mesmo se assemelhavam aos homens; alimentávamos, veneravámos essas imagens que eram imagens apenas de muito longe; e o fato digno de nota é que, quanto mais informes eram, mais foram adoradas, o que se observa também no trato das crianças com suas bonecas e dos amantes com suas amadas, e que é uma característica profundamente significativa. (Talvez acreditemos receber de um objeto tanto mais vida quanto mais vida somos obrigados a dar-lhe)" (VALÉRY, 1998, p. 209). Além disso, se você acha que "o barro toma a forma que você quiser"; "você nem sabe estar fazendo apenas o que o barro quer" (LEMINSKI, 1983).

O ato

De onde surgem as formas? Como se dá o ato de ver, de falar, de interpretar, de escrever num não lugar, numa não relação? Como pensar do lado de-Fora (FOUCAULT, 1990)? "O que é o ato de criação"? "O que significa ter uma idéia"? "O que acontece quando alguém diz: tive uma idéia" (DELEUZE, 2003, p. 291; 1994, p. 16; 1988, p. 215 segs.)? "O que é o ato de pensar (ou de escrever ou de criar)"? Será "deter-se, e depois partir novamente"? (VALÉRY, 2008, p. 70)? Em outras palavras: como é possível o surgimento do novo e a produção do informe?

A genética das formas é tratada pelas teorias dinâmicas do pensamento das ciências, das artes e da filosofia. Na história dessa *Unitas multiplex* (diria Valéry), encontramos: a Embriologia e a Robótica; a *Naturphilosophie* (Naturalismo) e a Ciência dos Sistemas; o Cognitivismo e a Teoria da Gestalt; a Epistemologia Genética e o Pensamento da Complexidade; a Gnosiologia e a Filosofia da Composição; a Fenomenologia e a Filosofia da Diferença; entre outras (LESTOCART, 2008). Tais teorias convergem no entendimento que o pensar depende mais de um processo do que do objeto considerado; mais de um método de criação do que de resultados; mais de experimentações do que da aplicação de teoria à prática; mais de problematizações do que de descobertas. Dessa maneira, trata-se de um saber-processo, derivado da pesquisa do "elemento genético", como "o diferenciador da diferença" (MACHADO, 2009, p. 311), a qual comporta duas operações principais: crítico-genealógica e experimental-exploratória (DELEUZE, 1976; 2006; GAÈDE, 1962, p. 245-309).

O Método Valéry-Deleuze, que aqui nos ocupa, é tributário dessas pesquisas e, como tal, diante da infância, desenvolve uma morfogênese: cria fenômenos de organização para dar conta dos autoengendramentos da forma; bem como dos momentos fecundos e movimentos virtuais do espírito humano, numa invenção recorrente de si e da realidade. – "Todo filósofo, depois que terminou com Deus, com Si-Mesmo, com o Tempo, o Espaço, a Matéria, as Categorias e as Essências, volta-se para os homens e suas obras" (VALÉRY, 1998, p. 190-191). Método do cuidado-de-si, já que ao desenvolvimento das técnicas agrega o autoconhecimento da maquinaria complexa do espírito: "As 'Idéias'" são "meios de transformação – e, por conseguinte, partes ou momentos de alguma mudança. Uma 'idéia' do homem 'é um meio de transformar uma questão'" (VALÉRY, 2007, p. 123).

Método que varia "com cada autor" e faz "parte da obra" (DELEUZE; GUATTARI, 1992, p. 217), criado pelo fluxo de experiências renováveis, sensibilidade e ação das disposições sensório-motoras e capacidades intelectuais: linguagem, raciocínio, coordenação, planificação, explicação, cálculo, medição, compreensão, notação, operações lógicas, relações simbólicas, geometria das imagens, acordos e contrastes racionais, sequências infinitas, equivalências, repetições, variações (DARRIULAT, 2007; HAYASHI, 2010; LESTOCART, 2010; MASTRONARDI, 1955). Método gerado por um pensamento-cérebro, auto-organizado pelo corpo, como afirma Bergson (1999, p. 13): "É o cérebro que faz parte do mundo material, e não o mundo material que faz parte do cérebro. Suprima a imagem que leva o nome de mundo material, você aniquilará de uma só vez o cérebro e o estímulo cerebral que fazem parte dele"; como replicam Deleuze e Guattari (1992, p. 259): "É o cérebro que pensa e não o homem, o homem sendo apenas uma cristalização cerebral"; e como exemplifica Valéry (*apud* MASTRONARDI, 1955, p. 38): "A prosódia, por exemplo, é governada pelos pulmões e pela boca. As ideias gerais não têm nada a fazer ali dentro". Método cerebral, cuja condição necessária é um plano de práticas, que faz advir o sentido, o valor e o possível de um corpo, a partir de processos definidos, por meio dos quais nos implicamos na vasta rede dos elementos informes das forças do mundo de-Fora: feito de significações pré-linguísticas; agitador de interações violentas com o pensamento; que evolui em permanência e forma novos mundos (HEUSER, 2010, p. 81 segs.; MACHADO, 2009, p. 161 segs.).

Método formalista, que desenvolve um novo funcionalismo dos pontos singulares do processo de vida: "método concreto", "serial: "muito rigoroso em seu conjunto"; "fundado sobre as singularidades e as curvas"; "totalmente diferente do método de teses"; e, ainda, "método" ou "princípio de Foucault", para o qual, "toda forma é um composto de relações de forças" (DELEUZE, 1991, p. 28-29; p. 31; p. 34; p. 50-51; p. 86; p. 132; p. 134; p. 137-138). Método das forças, que engendra uma *poiesis* de infância, no cruzamento entre filosofia, arte e ciência, via procedimentos, personagens e paisagens derivados de um pensamento-conquista (não dádiva), para o qual: "até aqui, o acaso ainda não foi eliminado dos atos; o mistério, dos procedimentos; a embriaguez, dos horários; mas não garanto nada" (VALÉRY, 2003, p. 42).

O informe

Os olhos, a voz

Para Deleuze (1991), no livro *Foucault*, embora toda forma (estratificada de saber) seja precária, pois "depende das relações de forças e de suas mutações", ela é dita em dois sentidos: na organização (ou formação) de matérias; na finalização (ou formação) de funções. Temos, assim, nos estratos e em seus agenciamentos concretos – que Foucault denomina dispositivos –, formações discursivas de enunciados e formações não discursivas de visibilidades: enunciável e visível; luz e linguagem; ver e falar. Essas matérias formadas e funções formalizadas servem para reduzir a multiplicidade humana, restringir-lhe a espaços determinados e impor-lhe condutas. Embora haja correspondência entre elas, as duas formas (de conteúdo e de expressão) são irredutíveis (FOUCAULT, 1988). Como então, indaga Deleuze, explicar sua coadaptação?

Por meio da determinação de um conjunto de relações de forças (ou de poder), num elemento não-estratificado – como o seu lado de-Fora, enquanto "abertura do futuro" –, abstraímos as formas em que as matérias fluentes e as funções difusas se encarnam. Não encontramos mais o arquivo audiovisual (de segmentaridade rígida ou mais flexível), mas puras matérias (não formadas, não organizadas: receptividade de ser afetado) e puras funções (não formalizadas, não finalizadas: espontaneidade de afetar). Ou seja, nos deparamos com o "diagrama informal" (mapa, cartografia, *phylum*) que ignora as distinções entre o ver e o dizer; opera em pontas de descodificação e de desterritorialização; jamais esgota suas forças ("móveis, evanescentes, difusas"), levando-as a entrarem em outras relações, desde que o seu devir não se confunda com a história das formas: "o devir, a mudança, a mutação concernem às forças componentes e não às formas compostas" (DELEUZE, 1991, p. 78 segs.; DELEUZE; GUATTARI, 1997, p. 227-232).

Como máquina abstrata (imanente, singular, criativa) – "quase muda e cega, embora seja ela que faça falar e ver" (DELEUZE, 1991, p. 44) –, o diagrama é multiplicidade espaçotemporal: real, sem ser concreto; atual, mesmo que não efetuado; datado, nomeado, coextensivo a todo corpo social. Enquanto "causa imanente não-unificadora", age nos interstícios das máquinas materiais (agenciamentos concretos, territoriais) e os abre para a microfísica, o molecular, o cósmico, os devires. Porém, mesmo agindo no informe, mantém a distinção entre variáveis de conteúdo e de expressão; só que, desta vez, tal distinção é recriada no estado de traços: "traços de conteúdo (matérias não formadas ou intensidades)", que arrastam a matéria-movimento (não matéria morta, bruta nem homogênea); e "traços de expressão (funções não formais ou tensores)", que arrastam a expressividade-movimento (não metalinguagem sem sintaxe) (DELEUZE; GUATTARI, 1997, p. 218-220; p. 228-229).

Altamente instável e fluido, o diagrama não cessa de formar matérias visíveis e de formalizar funções enunciáveis, isto é, "de misturar matérias e funções de modo a constituir mutações". Age desse modo não para representar um mundo já existente, mas para produzir novos mundos, novas realidades, novas verdades. É que o diagrama não "é sujeito da história nem a supera. Faz a história desfazendo as realidades e as significações anteriores, formando um número equivalente de pontos de emergência ou de criatividade, de conjunções inesperadas, de improváveis *continuuns*. Ele duplica a história com o devir". Por isso, para os agenciamentos formais, há história; enquanto para os diagramas informes, há devir e mutações. "Considerando-se o saber como problema, pensar é ver e falar, mas pensar se faz no entremeio, no interstício ou na disjunção do ver e do falar. É, a cada vez, inventar o entrelaçamento, lançar uma flecha de um contra o alvo do outro, fazer brilhar um clarão de luz nas palavras, fazer ouvir um grito nas coisas visíveis" (DELEUZE, 1991, p. 45; p. 124).

Os olhos, a mão

Pensar o informe, para Valéry (2003), no livro *Degas Dança Desenho*, é ver que há "coisas – manchas, massas, contornos, volumes – que têm, de alguma maneira, somente uma existência de fato". São coisas percebidas, mas não conhecidas, que não podem ser reduzidas a uma lei única; nem ter o todo deduzido de suas partes; tampouco ser reconstruídas por operações racionais. O pensamento do informe é dado pela distância entre intelecto e sensação, entre uma visão habitual e uma visão vazia: "uma obra de arte deveria sempre nos ensinar que não tínhamos visto o que vemos". Quando vemos, por meio do intelecto, nosso erro reside na pressa de atingir o conceito: "a maioria das pessoas vê aí com muito mais freqüência com o intelecto do que com os olhos. Em vez de espaços coloridos, tomam conhecimento de conceitos".

As formas nascem do movimento, ou seja, "há uma passagem para os movimentos em que as formas se transformam, com a ajuda de uma simples variação do tempo de duração" (VALÉRY, 1998, p. 33-35; p. 43). Passagem que provém de duas ações opostas, embora complementares: a desconstrução e a reconstrução do olhar puro sobre coisas, cuja única propriedade é ocupar lugar no espaço e que podem ser classificadas conforme a facilidade ou a dificuldade que oferecem à compreensão: "Eis-me aqui, diz o construtor, sou o ato" (VALÉRY, 2003, p. 103). O informe nada mais é do que a ação de começar pelo começo, por um ponto de partida não significativo da percepção, pelo qual apreendemos fenômenos ainda não interpretados; sentidos não atribuídos; valores não acrescentados ou associados: o Real de Grau Zero.

No primeiro procedimento do mecanismo de ver o informe, acumulamos elementos de contato de uma determinada forma, adquirindo, ponto por ponto, o conhecimento e a unidade de um corpo regular. Nosso olhar (cego) esquece o nome das coisas, não se endereça a ninguém, não emite pré-julgamentos. O ver se faz acompanhar pela ação de tocar; mesmo que essa ação não antecipe a sensação empírica, em função da primazia da mecânica cerebral que opera sobre o verificável. Porque percebemos o informe, acabamos construindo nossa própria visão, a partir dos toques realizados; porque não o compreendemos com o auxílio do conhecimento, vê-lo requer que nos demoremos na sensação que dele temos. No segundo procedimento, fazemos intervir a colaboração do corpo, do olho, da mão: "A vontade não pode atuar no espírito, sobre o espírito, a não ser indiretamente, por intermédio do corpo" (VALÉRY, 1998, p. 123). Se o informe é sempre visto pela primeira vez, por ser singular – algo único, que não foi visto jamais, e que não se parece com nada conhecido –, quanto mais o expressamos da nossa maneira, mais singular ele se torna. Ao encarnar a visão sobre um suporte (folha, areia, tela), com a mão (caneta, pincel, pena), reconstruímos, outra vez, nossa visão; ao passar da sensação visual e tracejamento mental ao trabalho manual, tornamos precisa nossa percepção; já que não podemos desenhar alguma coisa "sem uma atenção voluntária que transforme de forma notável" o que antes acreditávamos "perceber e conhecer bem".

Através do desenho, o informe parece tomar uma forma fixa. Descobrimos, então, que ignorávamos alguma coisa ou que nunca a havíamos visto antes: "Há uma imensa diferença entre ver uma coisa sem o lápis na mão e vê-la desenhando-a. Ou melhor, são duas coisas muito diferentes que vemos. Até mesmo o objeto mais familiar a nossos olhos torna-se completamente diferente se procurarmos desenhá-lo" (VALÉRY, 2003, p. 69). Porém, desenhar o informe é sempre fixá-lo? Certamente não, pois mesmo o objeto próximo torna-se outro, se nos aplicamos a desenhá-lo: a mão também guia a visão, como um diálogo entre o Eu que vê e o Eu que desenha: "O filósofo não concebe facilmente que o artista passe de maneira quase indiferente da forma ao conteúdo e do conteúdo à forma; que lhe ocorra uma forma antes do sentido que dará a ela, nem que a idéia de uma forma seja igual para ele à idéia que requer uma forma". É que, "talvez só concebamos bem o que tivermos inventado" (VALÉRY, 1998, p. 203; p. 205). DELEUZE; GUATTARI (1992, p. 250) afirmam: "A pintura é pensamento: a visão existe pelo pensamento, e o olho pensa".

Esses dois procedimentos do informe são, ainda, produtos do acaso, por trazerem a desordem de algo desdobrado: vemos pela primeira vez e de uma vez por todas; suprimimos objetos de referência; lançamos, sobre algum suporte, não só o que vimos, mas também aquilo que queremos fazer ver. Criamos algo, em suma, constituído por nossa visão e vontade de expressão; não como aqueles fotógrafos que buscam a representação exata das coisas vistas, mas como pintores que desenham. A inflexão ou o retorno ao informe constitui, dessa maneira, uma virada em direção a um estado original da percepção e à expressão primitiva de traços, retrabalhados por séries mentais. O valor do "artista essencialmente artista" reside na singularidade da sua maneira de ver e de traçar. Como Degas diz a Valéry: o desenho não é a forma e sim "o modo de ver a forma". – "Emanação de vida mais do que a forma" (VALÉRY, 2003, p. 95; p. 119; p. 122).

O método

Com Valéry e Deleuze, dispomos um método (*poiético*) do informe, o qual, mesmo com o sacrifício de seus matizes, pode articular-se como segue.

1. *Educação profunda*. Se as "tradições ou práticas escolares não nos impedissem de enxergar o que é e não reunissem os tipos de espírito segundo seus modos de expressão, em vez de reuni-los pelo que têm a expressar, uma História Única das Coisas do Espírito substituiria as histórias da Filosofia, da Arte, da Literatura e das Ciências". Nessa história, uma "educação profunda" (indiferente aos mitos e crenças) levaria à distinção entre uma infância adivinhada ou prevista e aquela que vemos: "as impressões do olho são para nós signos, e não presenças singulares, anteriores a todos os arranjos, resumos, escorços, substituições imediatas que a educação elementar, nos inculcou". – "A educação profunda consiste em desfazer-se da educação primeira" (VALÉRY, 2003, p. 111; 1998, p. 35).

2. *Prazer e necessidade*. A infância não mais pensada "a não ser sobre modelos" (VALÉRY *apud* LESTOCART, 2010, p. 1), diante da necessidade de expressá-la sem representação simbólica: ato de criação necessário, porque "um criador não

é um ser que trabalhe pelo prazer"; "um criador só faz aquilo do qual tem absoluta necessidade" (DELEUZE, 2003, p. 294); ou mesmo porque nada há de "mais admirável do que a passagem do arbitrário para o necessário, que é o ato soberano do artista, pressionado por uma necessidade, tão forte e tão insistente quanto a necessidade de fazer amor" (VALÉRY, 2003, p. 149). Extração, assim, da infância como deleite ou *doxa* tirânica de um sistema controlado, feito por palavras de ordem: informações ou comunicações, que dizem o que julgam que devemos crer; como devemos nos comportar; ou como fazer de conta que acreditamos (DELEUZE; GUATTARI, 1995, p. 11 segs.). Primeiramente, consideração do indefinido "um infantil", tal qual é: alguém que não possui um nome ou propriedade particular, incognoscível, um ser vago. A seguir, as questões: quem é esse anômalo? Como podemos ver esse *outsider*? Como expressá-lo? Tratamento desse indivíduo excepcional, não como forma (por ser figurativa), mas exclusivamente enquanto força. Para relevar as ambiguidades do informe, como se o pintássemos, exercícios de visão e de desenho: conservação da cor, sutileza de traços, instabilidade sensorial; tentando dar dele uma impressão bruta e existência efetiva, em vez da significação (como objeto), implicada na generalização pelo conceito, que configura um código, avalizado pelo conhecimento comum.

3. *Máquina abstrata e agenciamentos*. Infância composta por um conjunto de matérias não formadas que têm graus de intensidade e "funções diagramáticas que só apresentam equações diferenciais ou, mais geralmente, 'tensores'" (DELEUZE; GUATTARI, 1997, p. 227). Infância tratada como obra de arte, que "se torna uma máquina destinada a excitar e combinar as formações individuais" dos espíritos (VALÉRY, 1998, p. 101). Verificação de cada um dos agenciamentos de infância, em sua maior ou menor afinação com a máquina abstrata (ou informe): em que grau apresenta linhas sem contorno, que passam entre os estados de coisas? Quanto frui da potência de metamorfose correspondente a sua matéria-função? Visto que a causa imanente do informe não cessa "de medir as misturas, as capturas, as intercessões entre elementos ou segmentos das duas formas" [de expressão e de conteúdo] (DELEUZE; GUATTARI, 1997, p. 230; p. 231), procedimento de qualificação: análise (qualitativa e quantitativa) da máquina em uma tipologia de máquinas abstratas. Qual máquina abre os agenciamentos? Qual sobrecodifica ou axiomatiza a infância?

4. *Ética de pesquisa; axiologia da forma*. Indagação sobre a distância que cada agenciamento de infância guarda com a máquina: "um agenciamento está tanto mais próximo da máquina abstrata viva quanto mais abre e multiplica as conexões, e traça um plano de consistência com seus quantificadores de intensidade e de consolidação" (DELEUZE; GUATTARI, 1997, p. 230). Substituição das conexões criadoras por bloqueios, estratos, buracos negros, linhas de morte? Efetuação, no agenciamento, da própria máquina? "É como se houvesse coeficientes de

efetuação do diagrama, e quanto mais alto o grau, mais o agenciamento se difunde nos outros, adequando-se a todo o campo social" (DELEUZE, 1991, p. 50). Se as forças, em uma determinada formação histórica, somente compõem uma forma, ao entrarem em relação com as forças de-Fora (que não param de derrubar os diagramas), investigação das relações entre elas: qual forma-infância resulta desse composto de forças? Essa forma enriquece e preserva as forças ativas do humano, tais como: "força de imaginar, de recordar, de conceber, de querer"; "a força de viver, a força de falar, a força de trabalhar" (DELEUZE, 1991, p. 132; p. 140)? Com quais novas forças a infância vem entrando em relação? Pode daí advir uma nova Forma-Infância, que não seja mais a Criança nem o Infantil?

5. *Crise e incompletude*. Condições para um pensamento que não separa "o compreender do criar" ou "o construir do conhecer". Logo, prática de interpretar a infância como um ato de resistência; como uma ideia que é possível ter na vida; como consciência de uma operação de pensamento, na qual, "as empresas do conhecimento e as operações da arte são igualmente possíveis; as trocas felizes entre a análise e os atos, singularmente prováveis: pensamento maravilhosamente excitante" (VALÉRY, 1998, p. 219; p. 111; 2008, p. 76). Exigência de uma crise, que nos aparta das convicções e mesmo das incertezas, trazidas pela observação imediata ou pelas informações; das imagens de infância obsessivamente fixadas; dos registros, planos, objetivos. Em desordem – "o espírito tende a passar da desordem à ordem" (VALÉRY, 1934, p. 77) –, dobramento e desdobramento da infância, por meio de: fragmentos esparsos; blocos dispersos; des-associações de ideias; entrelaçamento de temas e de relações; imagens multidimensionais; desenhos da complexa rede de pistas que sugerem a incompletude, antes do que a possibilidade de conclusão. Demonstração que a arte de pensar a infância não segue a lógica dedutiva nem o reconhecimento platônico das formas; mas, antes, o exercício de construir uma razão, que se executa ao transformar, distinguir e avaliar os sistemas de símbolos, nos quais a escritura é uma forma de pensamento.

6. *Prisma da criação e protocolo interno*. Comprovando a máxima valeriana – "a tolice não é meu forte" (VALÉRY, 1997, p. 15): interrogação e experimentação contínua de ideias, operações do intelecto e problemas filosóficos sobre o terreno do sensível e do vivido. "Não existe coisa informe, tolice colorida, anamorfose arbitrária que não se possa impor à atenção e até à admiração, por via descritiva ou explicativa" (VALÉRY, 2003, p. 114). Processo autorreflexivo de tensionamento da infância: conhecimento de mecanismos, possibilidades e limitações do espírito; análise, disciplinada e cuidadosa, das fontes do pensamento; registro de movimentos, em busca de algo que é problema. "Para agir sobre o corpo, o espírito deve descer de grau em grau em direção à matéria e se espacializar" (BERGSON, 1969, p. 34). Trabalho cotidiano do cérebro, em sua capacidade de manipular os estímulos; expressão de um vivido, intraduzível em fundamentos;

registro das possibilidades de inspiração, que nascem do trabalho; tradução de regras e transmissão das formas de consciência para séries cognitivas, disjunções conscientes e, sobretudo, gradações e enlaces in-conscientes.

7. *Morfogênese e construção.* "Quero emprestar do mundo (visível) apenas forças – não formas, mas material para fazer formas. Não a história – Não os Cenários – Mas o sentimento da própria matéria, rocha, ar, águas, matéria vegetal – e suas virtudes elementares. E os atos e as fases – não os indivíduos e sua memória" (VALÉRY, 1997, p. 119). Impulso para a forma própria, do qual deriva o que Valéry (1977, p. 257; 2000, p. 242) chama a "Voz" (conceito retirado da sonoridade de Kandinsky): jogo dinâmico de ressonâncias, que retraça um processo de transformação do Eu pelo mundo (meio físico ou social), através da meditação criativa e sua transcrição pela escritura. Formação sistemática das formas, pela pesquisa das transformações e modulações de um caos primitivo, contínuo formado por um descontínuo. Tipo de construção, organizada e lenta, feita pouco a pouco, por meio da distribuição e espalhamento do espírito: uma máquina, que inverte o sentido da operação introspectiva habitual e abandona a mitologia de uma filosofia lírica, para dar lugar ao intelecto, princípio do pensamento em sua forma mais elevada (*nous*).

8. *Olho agonizante.* Aceitação que o conhecimento e a percepção não resultam dos órgãos sensoriais do corpo, mas que, ao contrário, vemos mais "coisas do que sabemos a respeito delas" (VALÉRY, 1998, 69; p. 37). "O olhar estranho sobre as coisas, esse olhar de um homem que não reconhece, que está fora desse mundo, olho fronteira entre o ser e o não-ser – pertence ao pensador. Ele é também um olhar de agonizante, de homem que perde o reconhecimento. Nisso o pensador é um agonizante, ou um Lázaro, facultativo. Não tão facultativo" (VALÉRY, 1997, p. 130). Visão contextualizada e instrumental do pensamento como inteligência, que requer consciência das variáveis, para examinar mudanças possíveis: o construir existe entre um projeto ou uma visão determinada e os materiais escolhidos. Além do olho, os esquemas mentais e a estrutura neuronal do cérebro tecem a trama do texto ou da imagem. Nem superfície, nem tela, nem página, nem quadro: só momento de matéria e de pensamento. O desenvolvimento virtual do espírito: próximo às transformações topológicas, aos usos das matemáticas não-lineares e à teoria do caos, que permitem perceber a realidade em outro nível. Realidade supostamente mental que permanece física: no "país do pensamento", aquilo que é caótico, instável, flutuante deixa o espaço-tempo segmentarizado de nossas percepções e entendimento.

9. *Programa de Teste: Eu Corpo-Espírito-Mundo.* Para Valéry, *Teste* é, ao mesmo tempo, consciência e testemunha – *testis*, no latim, é testemunha; *teste*, no francês antigo, é uma palavra para *tête*, no sentido de cérebro, espírito –, o que produz um abismo entre Eu (narrador) e Eu-Teste (personagem); *Teste*

designa também uma cabeça que se aplica a fazer sistema: "de tanto pensar, acabei acreditando que Monsieur Teste havia chegado a descobrir leis do espírito que nós ignorávamos. Com certeza devia ter dedicado anos a essa procura: com mais certeza, outros anos, e mais ainda anos, e ainda muitos anos, haviam sido usados para amadurecer suas invenções e transformá-las em instintos. Encontrar não é nada. Difícil é acrescentar-nos o que encontramos" (VALÉRY, 1997, p. 19). A personalidade é estática, o Eu é múltiplo e móvel, constituindo-se a cada instante e assegurando a permanência da identidade e do devir: entre fases e limites, há também pontos de convergência e de equilíbrio, cruzamento e agrupamento variável de possíveis. Esse Eu Corpo-Espírito-Mundo – CEM para Valéry (2009a, b) – é um acúmulo de ações e de circunstâncias diversas, momentaneamente convergentes. Compõe, assim, a figura efêmera de um novo Eu, sujeito da escritura, igualmente estrangeiro em relação àquele que o precedeu. Expressivos e impressivos, esses Eus seguem configurações imprevisíveis de pensamento e de criação, definindo-se, principalmente, em termos de energias e de lacunas. Antagonismo entre a personalidade, que se projeta em ideias paradigmáticas, e um Eu, que descreve e demonstra a passagem da imaginação à abstração e da criação real a puras virtualidades: "'O ar', diz [Leonardo da Vinci], 'está cheio de infinitas linhas retas e radiantes, entrecruzadas e tecidas sem que uma ocupe jamais o curso da outra, e representam para cada objeto a verdadeira FORMA da sua razão (da sua explicação)'" (VALÉRY, 1998, p. 91). Entre a inteligência e o traço (signo), não há diferença para o poder do espírito: o sistema é mais do que nunca um fazer, um fabricar, uma *poiesis*. Imagética mental, morfologia generalizada, sistema pensamento-criação: "é um pensamento que se cristaliza, se solidifica, se arquiteta, se volatiza ou se liquefaz; em uma palavra 'funciona'" (LESTOCART, 2010, p. 8).

10. *Forma e movimento*. Uma pose (uma posição) é uma forma; e o movimento relaciona-se com as formas. Isso não quer dizer que a forma seja o contrário do movimento, já que ela não se encontra em movimento; ao contrário, uma forma pode tender ao movimento, adaptar-se ao movimento e, até mesmo, preparar o movimento; o que uma forma não pode é estar em movimento (DELEUZE, 1981). Portanto, o movimento da infância não deriva de sua atualização numa matéria-fluxo; não é remetido "a elementos inteligíveis, Formas ou Ideias", imóveis e eternos; não é uma "'dialética' das formas, uma síntese ideal", que atribui ordem e medida à matéria; nem consiste na "passagem regulada de uma forma a outra". Não se trata da forma-infância transcendente, atualizada no movimento lógico; ou do movimento físico da matéria-infância, que passa de uma forma à outra; tampouco, de relações entre formas, cuja dialética serve de princípio à constituição do movimento (DELEUZE, 1994, p. 17). Tornando possível uma nova forma de pensar a infância, realização de uma análise sensível

do movimento, como sucessão de instantâneos, feitos pela "produção e confrontação dos pontos singulares imanentes ao movimento". Movimento não referido a "instantes privilegiados", mas a "um instante qualquer"; não pensado "a partir de elementos formais transcendentes" (como as poses), mas, a partir de "elementos materiais imanentes" (como os cortes cinematográficos). Desde que as formas são imóveis (no máximo, consistem nos movimentos de um pensamento puro), não é mais a forma-infância que se transforma e sim a matéria de infância que, por se movimentar, passa de uma forma à outra. Não fazemos, então, pesquisa de uma infância abstraída pela metafísica, que torna o movimento dependente da constituição de uma lógica das formas e, com isso, leva o abstrato a explicar o concreto; fazemos pesquisa, para a qual uma abstração de infância nada explica, mas precisa ser explicada. Daqui, releva o conceito de infância enquanto concreto (DELEUZE, 1994, p. 19; 1988, p. 83 segs.). A duração, sendo posta no pensamento, e este naquela, torna-se própria ao pensamento; em função da duração, o pensamento distingue-se das coisas, por um modo de duração. O pensamento de criação da infância, tendo velocidade, movimento e duração próprios, torna-se um acontecimento de movimento porque pensa o movimento.

A liberdade

O impressionante, para o Método Valéry-Deleuze, não é que a infância seja uma forma, mas que seja "dessa maneira e não de outra" (VALÉRY, 1998, p. 153). Desde que o cérebro-intelecto efetua, em permanência, atos de autovariância, que buscam saber como funciona o pensamento (e não para que funciona), o Método realiza processos que não se separam de suas produções e nem de si mesmo. Concedendo que a inteligência ordenadora possa não ser mais do que uma ficção (embora não tenhamos encontrado nada melhor do que ela), o Método dispõe efeitos de diferença e não representa o mundo da exterioridade da infância, mas toma tais efeitos como versões codificadas de acontecimentos. Modelizando processualmente o espírito, como ética do intelecto, o Método apresenta, ao mesmo tempo, compreensão das variações da vida mental e apreensão da infância (seja social, técnica, política, educacional, artística), produzidas pelas interrelações de ação, sentido e valor, entre Corpo, Espírito e Mundo (o CEM valeriano). Assim, quando tratamos da infância-informe (para a qual os clichês ou a memória não contam), não pensamos que ela não tem formas; mas, que suas formas não encontram, em nosso pensar, nada que permita substitui-la por "um ato de traçado ou de reconhecimento nítido". Essa perspectiva informal traz a lembrança de puras possibilidades da infância e sinaliza que podemos modificá-la com liberdade.

Para tornar a infância novamente inteligível, desprezamos o que sabemos; exercitamos movimentos dos olhos, das mãos, de nosso querer; buscamos um estado zero de percepção coordenado à singularidade de expressão. Defendemos o nosso pensar das imagens dogmáticas e das ideias feitas, que tornam viável e fácil a vida prática, mas que dispensam os espíritos de se surpreenderem. Voltamos à formação da significação de infância, antes que fosse definida; e antes que o conhecimento encontrasse uma representação icônica da sua realidade ontológica. Fazemos nascer, então, germes ou larvas de infância, por meio de incidentes de consciência; campos de possibilidades e transformações potenciais; pesquisas de contraexemplos; hipóteses absurdas. Desse modo, a infância, que se constituíra, a partir de nossos sentidos, ideais, "tesouros adquiridos", desloca-se, desfaz-se e nos abandona "a nosso comércio de minutos sem valor em troca de percepções sem futuro, deixando atrás algum fragmento que só pode ter sido obtido em um tempo, ou em um mundo, ou sob uma pressão, ou graças a uma temperatura da alma bastante diversos daqueles que contêm ou que produzem seja o que for". Sem que saibamos se essa singularidade é uma "obra da vida, da arte, do tempo ou um capricho da natureza" (VALÉRY, 2008, p. 67), nasce uma forma-infância contra o saber, as retomadas e os juízos.

Infância de união breve e sussurro fugaz (que sugere mais do que diz). Forma de vitalidade multiforme. Infância da exploração de acasos felizes. Forma de uma ideia precisa. Infância inventada, composta, criada e terminada, sem deixar ver as marcas de sua produção (como em Whistler). Forma que domina nossos achados (que nunca estão à altura do Método). Infância no extremo da fantasia da Grande Arte – "a arte que exige que todas as faculdades de um homem sejam utilizadas nela, e cujas obras sejam tais que todas as faculdades de outro sejam invocadas e se interessem por entendê-las" (VALÉRY, 2003, p. 86-88; p. 149). Logo, infância posta a nu, pelo Método Valéry-Deleuze, destinada a uma *Educação do Informe*, que "apreende o que só pode ser sentido": a intensidade, "independentemente do extenso ou antes da qualidade"; forma tornada disforme, como "objeto de uma distorção dos sentidos", destinada a uma *Pedagogia do Conceito*; forma-infância que integra o "transcendentalismo" de uma *Pedagogia dos Sentidos* (DELEUZE, 1988, p. 270; p. 378; DELEUZE; GUATTARI, 1992, p. 21). Afinal das contas: "A pedagogia é infância. Diferença de infância. Afirmação de infância. Sensibilidade de infância". – "A pedagogia é uma utopia da terra: chegar à infância" (KOHAN, 2009, p. 153).

Referências

BERGSON, Henry. *La pensée et la mouvant*. Paris: PUF, 1969.

BERGSON, Henry. *Matéria e memória: ensaio sobre a relação do corpo com o espírito*. São Paulo: Martins Fontes, 1999. (Trad. Paulo Neves.)

DARRIULAT, Jacques. *La poïetique de Paul Valéry*. Disponível em <//www.jdarriulat.net/Auteurs/Valery/ValeryIndex.html> (Mis en line le 29 octobre 2007.) Acesso em: 07 julho 2010.

DELEUZE, Gilles. *Nietzsche e a filosofia*. Rio de Janeiro: Ed. Rio, 1976. (Trad. Edmundo Fernandes Dias e Ruth Joffily Dias.)

DELEUZE, Gilles. *CINEMA / IMAGE-MOUVEMENT - Nov.1981/Juin 1982 - Cours 1 à 21 - (41 heures)*. <http://www.univ paris8.fr/deleuze/article.php3?id_article=17> (Trancription: Douarche Fanny.) Acesso em 07 março 2005.

DELEUZE, Gilles. *Diferença e repetição*. Rio de Janeiro: Graal, 1988. (Trad. Luiz Orlandi e Roberto Machado.)

DELEUZE, Gilles. *Foucault*. São Paulo: Brasiliense, 1991. (Trad. Claudio Sant'Anna Martins.)

DELEUZE, Gilles. *La imagem-movimiento. Estudios sobre cine 1*. Barcelona: Paidós, 1994. (Trad. Irene Agoff.)

DELEUZE, Gilles. "Qu'est-ce que l'acte de création?" *Deux regimes de fous. Textes et entrétiens 1975-1995*. Paris: Minuit, 2003, p. 291-302.

DELEUZE, Gilles. *A imagem-tempo. Cinema 2*. São Paulo: Brasiliense, 2005. (Trad. Eloisa de Araujo Ribeiro.)

DELEUZE, Gilles. "O método da dramatização". In ORLANDI, Luiz B. L. (Org.). *A ilha deserta e outros textos. Textos e entrevistas (1953-1974)*. São Paulo: Iluminuras, 2006, p. 129-154. (Trad. Luiz B.L.Orlandi.)

DELEUZE, Gilles; GUATTARI, Félix. *O que é a filosofia?* Rio de Janeiro: Ed.34, 1992. (Trad. Bento Prado Jr. e Alberto Alonso Muñoz.)

DELEUZE, Gilles; GUATTARI, Félix. *Mil platôs: capitalismo e esquizofrenia, vol.2*. Rio de Janeiro: Ed.34, 1995, p. 11-59. (Trad. Ana Lúcia de Oliveira Lúcia Cláudia Leão.)

DELEUZE, Gilles; GUATTARI, Félix. *Mil platôs: capitalismo e esquizofrenia*, vol.5. São Paulo: Ed. 34, 1997. (Trad. Peter Pal Pélbart e Janice Caiafa.)

FOUCAULT, Michel. *Isto não é um cachimbo*. Rio de Janeiro: Paz e Terra, 1988. (Trad. Jorge Colli.)

FOUCAULT, Michel. *O pensamento do exterior*. São Paulo: Princípio, 1990. (Trad. Nurimar Falci.)

HAYASHI, Naoko. *La reconstrucion de la vision devant l'informe chez Valéry – à travers deux actes, voir et dessiner*. Disponível em < www.let.osaka-u.ac.jp/france/gallia/texte/36/36hayashi.pdf> Acesso em junho de 2010.

HEUSER, Ester Maria Dreher. *Pensar em Deleuze: violência e empirismo no ensino da filosofia*. Ijuí: Ed. Unijuí, 2010.

KOHAN, Walter Omar. O que é a pedagogia?. In: AQUINO, Julio Groppa; CORAZZA, Sandra Mara (Orgs.). *Abecedário: educação da diferença*. Campinas, SP: Papirus, 2009, p. 151-153.

LEMINSKI, Paulo. *Caprichos & Relaxos*. 1983. Disponível em <htpp://planeta.terra.com.br/artes/PopBox/Kamiquase/poesia.htm> Acesso em 2009.

LESTOCART, Louis-José. *Paul Valéry: l'acte litteraire comme pensée de la complexité*. Disponível em: <http://www.tribunes.com/tribune/alliage/59/page8/page8.html> Acesso em junho de 2010.

LESTOCART, Louis-José. *Entendre l'esthétique dans ses complexités*. Paris: L'Harmattan, 2008.

MACHADO, Roberto. *Deleuze, a arte e a filosofia*. Rio de Janeiro: Jorge Zahar, 2009.

MASTRONARDI, Carlos. *Valéry o la infinitud del método*. Buenos Aires: Raigal, 1955.

VALÉRY, Paul. *L'idée fixe*. Paris: Gallimard, 1934.

VALÉRY, Paul. "Mes théâtres". *Cahiers Paul Valéry 2,* Paris: Gallimard, 1977.

VALÉRY, Paul. *Monsieur Teste*. São Paulo: Ática, 1997. (Trad. Cristina Murachco.)

VALÉRY, Paul. *Introdução ao método de Leonardo da Vinci*. São Paulo: Ed. 34, 1998. (Trad. Geraldo Gérson de Souza.)

VALÉRY, Paul. *Poésie perdu. Les poèmes en prose des Cahiers*. Paris: Gallimard, 2000.

VALÉRY, Paul. *Degas Dança Desenho*. São Paulo: Cosac & Naify, 2003. (Trad. Christina Murachco e Célia Euvaldo.)

VALÉRY, Paul. *Eupalinos. L'âme et la danse. Dialogue de l'arbre*. Paris: Gallimard, 2008.

VALÉRY, Paul. *Cahier de Cette*. Fata Morgana. Sète: Ministère de la Culture et de la Communication, 2009a.

VALÉRY, Paul. *Collège de Cette*. Sète: Ministère de la Culture et de la Communication, 2009b.

Poderes da infância

Interesse infantil e governamento educativo das crianças

Dora Lilia Marín-Díaz

> *Assim surgiu o conceito de interesse, ao quebrarmos como que parte dos degraus da actividade humana e ao negarmos à vivacidade interior, e não seguramente às suas múltiplas formas de manifestação, as suas últimas exteriorizações. Mas o que é então o que se quebrou e se negou? É a acção e o que imediatamente a ela conduz – o desejo. Por isso mesmo também o desejo juntamente com o interesse têm de representar a totalidade de uma emoção humana manifesta*
>
> HERBART, 2003, p. 68.

A intensidade e importância que noções como desenvolvimento, crescimento e interesse alcançaram nos discursos pedagógicos atuais expressam a naturalização e ampla aceitação da ideia acerca da existência de certa natureza infantil, de uma condição própria das crianças que reconhecemos e atribuímos a meninos e meninas que parece estar presente neles ainda antes de nascerem. Nesta breve análise, proponho-me a assinalar alguns dos elementos que acompanharam a emergência dessa forma de pensamento e, com ela, um conjunto de dispositivos que definiram as estratégias de governo na Modernidade Liberal.

Desenvolvimento e crescimento aparecem com frequência para descrever tanto os propósitos e fins educativos com crianças quanto os resultados e avaliações dos próprios processos escolares. Essas noções não só marcam e reforçam a condição de minoria e de estado em potência de certas faculdades e disposições nas crianças, como também desenham e evidenciam a compreensão de uma vida fragmentada em fases, evolutiva e linear. O reconhecimento de uma forma de imaturidade mental e física na infância é o assinalamento de um estado de subdesenvolvimento e a fixação de uma forma de distribuição e organização etária da vida. Assim, a dupla desenvolvimento–crescimento serve para explicar o comportamento "natural" e "normal" dos indivíduos da espécie humana; com ele, inscreve-se a vida do sujeito humano na naturalidade de um processo, de uma ação ou de um efeito de "se" desenvolver para produzir ou aumentar uma capacidade ou uma potência presente como germe na criança. Trata-se não só do crescimento das dimensões físicas (como organismo vivo), mas do aumento das dimensões daquelas disposições naturais (espirituais, morais, psicológicas, sociais, etc.) que possui o indivíduo da espécie humana.

O fato de considerar que o sujeito humano por si mesmo não consegue desenvolver as suas potências e que também não são suficientes os cuidados físicos (de proteção e alimentação, por exemplo) é usado como argumento para assinalar a necessidade e importância do processo educativo. Assim, o reconhecimento da infância como uma fase da vida foi também a construção de uma suposta homogeneidade nas experiências das crianças e a produção de um conjunto de noções dominantes para modelar e regular, de forma permanente e contínua, nosso olhar e nossas práticas adultas com aqueles sujeitos infantis (GONDRA; GARCIA, 2004). Do lado daquela natureza infantil a ser cuidada, ajudada e protegida, assinala-se o processo educativo – o ensino, a instrução, a formação, a disciplina, o governo pedagógico – para garantir o desenvolvimento e/ou a superação das condições naturais das crianças.

O reconhecimento de uma natureza presente na criança, aquela que no mesmo momento a coloca como parte do coletivo infância e a marca como sujeito particular, expressou-se no surgimento de diferentes tentativas para definir e descrever a natureza infantil e o que há nas crianças que serve de matéria-prima do processo educativo: trate-se de potências, instintos, paixões, engenhos, inclinações, disposições, capacidades, vontade, temperamento, tendências, necessidades, interesses e/ou desejos, esse algo parece constituir as "disposições primitivas" de Rousseau (1984), os "germens de humanidade" de Kant (2003), as "realidades psíquicas" de Herbart (1936; 2003), os "elementos da vida mental" de Claparède (2007), etc. Qualquer que seja o nome que se use para os constituintes da natureza infantil, ela é reconhecida e aceita como elemento central de todo processo educativo; portanto, conseguir o seu desenvolvimento aparece como tarefa obrigatória das práticas pedagógicas, segundo assinalam as discussões educativas dos dois últimos séculos.

A forma como se pensou e definiu a natureza infantil nos discursos educativos esteve marcada pelas ênfases filosófica ou biologista dos pensadores que, entre o século XIX e XX, se ocuparam desse assunto. Os inscritos na tradição pedagógica germânica apresentaram discussões educativas com ênfase filosófica, e suas análises orientaram-se ao reconhecimento dos elementos naturais como formas de um "ser" que possibilitariam atingir um "dever ser" do homem ou da humanidade, questão que permitiu, por exemplo, o desenvolvimento do conceito de *bildung* como formação ou autoformação do sujeito dentro daquela tradição. As discussões de Herbart (1936; 2003) e Fröebel (2001) encontram-se inscritas nessa linha. Por sua parte, os pensadores destacados, inscritos na tradição francófona, apresentaram análises com ênfase no saber científico derivado da biologia e da psicologia. Eles propuseram reconhecer na atividade mental o princípio central que orientava as práticas pedagógicas, o que significava que o processo educativo deveria orientar-se imitando o comportamento da natureza; é claro que nessa tradição se encontram pedagogos que se serviram dos pressupostos educativos de Rousseau (1984) e dos desenvolvimentos da biologia e da psicologia moderna: Claparède, Decroly, Freinet e Ferrière poderiam destacar-se nesse grupo. Todavia, é preciso reconhecer que, na tradição germânica, alguns pedagogos com formação psicológica desenvolveram também essa linha de pensamento e participaram do que conhecemos hoje como movimento da Escola Nova, Educação Nova ou Escola Ativa.

Apesar da diferença de ênfases que as discussões educativas tiveram naquele tempo, parece-me possível identificar noções comuns que se tornaram centrais no momento de pensar as práticas educativas orientadas pelo crédito que alcançou a ideia da existência de certa "natureza infantil": *interesse, experiência* e *aprendizagem* são conceitos e expressões que, nos discursos pedagógicos, manifestam a confiança nas possibilidades e alcances das condições naturais presentes nas crianças. Contudo, "interesse" é a noção que, talvez, expressa com maior clareza tanto a aceitação da existência dessa natureza infantil quanto o atravessamento e articulação, no pensamento educativo, dos discursos naturalistas, liberais e disciplinares.

A definição e interpretação que teve o interesse no final do século XVIII e nos inícios do século XIX assinalam uma estreita vinculação das práticas pedagógicas com as estratégias de governamento próprias da racionalidade governamental liberal; isso porque, ao mesmo tempo em que reconhecer e desenvolver o interesse natural das crianças se tornou um assunto chave das discussões pedagógicas, nas análises econômicas e políticas, o interesse constituiu-se na noção que englobava o intercâmbio e a utilidade – os dois pontos de âncora da razão governamental liberal (FOUCAULT, 2007). A presente comunicação encaminha-se para apresentar elementos que expressam dita articulação com o propósito de traçar alguns dos elementos que podem nos ajudar para compreender a procedência do nosso pensamento pedagógico contemporâneo.

Interesse e natureza infantil

O interesse como objeto de análise nas discussões educativas e como elemento chave nas práticas pedagógicas foi assinalado e reconhecido na primeira década do século XIX pelo pedagogo alemão Johann Friederich Herbart. Segundo Hernández (1946), ainda que a noção que expressa o termo "interesse" pareça estar presente nas discussões pedagógicas prévias aos desenvolvimentos de Herbart – nas "afeições" de Quintilianus; na figura da "experiência" de Vives e Comenius; na "intuição" de Rousseau; nas "disposições" de Huarte de San Juan e na "intuição e experiência" de Locke –, ela, como é entendida no século XIX, só se tornou elemento central nas análises pedagógicas de Herbart. Trata-se do primeiro desenvolvimento teórico amplo acerca do interesse no saber pedagógico. Para compreender como essa noção expressa e se vincula ao reconhecimento da existência da natureza infantil, usarei algumas das análises do filósofo alemão.

Na primeira parte do tratado mais conhecido de Herbart, a *Pedagogia Geral*, podemos encontrar pelo menos três afirmações, com as correspondentes explicações, onde ele desenha alguns traços sutis, porém fundamentais, da sua teoria do interesse ancorada na existência de certa natureza infantil. Nas páginas iniciais, por exemplo, afirma Herbart que "a natureza se estuda melhor na natureza" e, a seguir, assinala que as crianças só conseguem chegar ao conhecimento da Natureza humana no contato com outras crianças – experiência que só é possível num tempo diferente do tempo da instrução. É na relação com as outras que as crianças adquirem o conhecimento da condição humana, um conhecimento distinto daquele a que se pode chegar através da instrução: o primeiro é um conhecimento que vem da experiência; o segundo, da aprendizagem. No tempo da experiência, as crianças brincam, agem por si e com outras crianças. No tempo da aprendizagem, o professor ocupa-se metodicamente dos estudantes – é o momento do trabalho intelectual, aquele no qual "a criança pode preencher interesses, esse mesmo tempo que levará para que os jogos infantis apareçam fúteis para a própria criança até desaparecerem" (HERBART, 2003, p. 10).

Alguns parágrafos mais adiante, no mesmo tratado, afirma Herbart que o professor deve reconhecer certas "tendências naturais das crianças para orientar seu governo". Assim, embora o professor tenha os conhecimentos de Psicologia[1], para realizar o seu trabalho, ele precisa da observação atenta e detalhada de cada educando, pois "o indivíduo só pode ser *encontrado*, jamais inferido[2]" (HERBART, 2003, p. 15). Realizar uma educação através do ensino, como proposta por este autor, implica observar todas e cada uma das crianças, a sua natureza, para definir as práticas de governo às quais elas vão ser submetidas. O governo das crianças aparece, assim, como uma modelagem da natureza, uma ação externa

---

[1] A psicologia de Herbart refere-se à ciência que explica, do mesmo jeito que o faria a física com os corpos, a mecânica e a dinâmica das representações na massa perceptiva do indivíduo que determina o seu modo de pensar e, a partir dele, os seus sentimentos, em função dos quais se definem os princípios e formas de conduta (HERBART, 2003).

[2] O grifo é meu, para destacar como a ideia de encontrar no indivíduo algo que já está presente nele reforça essa ideia de uma natureza a se descobrir, a se desvendar com a observação atenta do professor.

que mantém na ordem os hábitos e as tendências naturais: trata-se de atribuir firmeza à própria vontade.

Será preciso esclarecer aqui que aquilo que Herbart chama de "governo" se encontra mais perto do que chamamos hoje de "disciplina" e que a sua "disciplina" corresponde mais à proposta de uma formação moral (*bildung* ou autogoverno). Contudo, o governo como referido pelo filósofo é muito mais que uma inibição ou limitação; ele consiste no domínio externo que leva ao controle das tendências e dos maus hábitos até conseguir a modelagem da energia para que a criança, depois de um tempo, já não precise da coação externa e só então possa começar os outros dois momentos do seu processo educativo: a instrução e a disciplina.

Um terceiro exemplo das afirmações usadas por Herbart para pensar o processo educativo atendendo à natureza infantil refere-se à sua ideia de reconhecer a evidente distância entre criança e adulto, uma distância que é tão visível quanto impossível: conseguir que os adultos desçam ao nível das crianças e se integrem na estreita esfera daquelas, pois se ignora "que se exige o que *não deve ser*, algo que a Natureza inevitavelmente *penaliza*, porque está a pretender-se que um adulto desça ao nível da criança e, desse modo, construa um mundo infantil" (HERBART, 2003, p. 20). Tal distância entre adultos e crianças teria levado os maiores a preparar livros e atividades próprias para as crianças, a evitar-lhes exemplos de corrupção e coisas incompreensíveis para suas mentes e, com isso, a construir um mundo infantil cheio de fantasias e desejos pedagógicos de professores e das experiências e conhecimentos pessoais dos adultos; as experiências e fantasias dos adultos trazem consigo muitos raciocínios morais com os quais se espera formar e preparar as crianças para a vida social. Porém, o mundo infantil construído pelos adultos nem sempre reconhece os sentimentos e capacidade de juízo das crianças, que só vêm à tona quando se capta sua atenção e se orienta seu interesse para o bem e para o justo (HERBART, 2003).

Sobre argumentos como esses, desenvolve Herbart toda a discussão acerca do governo das crianças e estabelece a finalidade da educação, que não é outra coisa que a multiplicidade do interesse, a força de caráter da moralidade. Desse modo, assinala o autor que a tarefa do professor será atender à multiplicidade do interesse, essa que se expressa na criança tanto em sua vontade (na totalidade das pretensões que ela, a partir *desse querer*, formula para si mesma) quanto na força com a qual seu desejo natural se apresenta nas atividades que realiza para conseguir suas pretensões. Se, no momento inicial, a educação deve-se orientar ao governo das tendências naturais das crianças, no momento seguinte, na instrução, deve dedicar-se ao desenvolvimento da multiplicidade do interesse. O governo é a preparação e disposição da alma e do corpo infantil na ordem necessária para depois desenvolver os interesses com trabalho e formação intelectual.

Governo, instrução e disciplina são essenciais na educação, porém, é no governo que se conhecem as próprias crianças, suas tendências, seus impulsos, sua "Natureza", e só a partir dela é possível ocupar-se da ordenação e do desenvolvimento dos interesses. Assim, e embora se argumente que a criança vem ao mundo sem qualquer vontade de tomar decisões – pelo qual seria incapaz de relação moral alguma –, se reconhece na criança uma forma de vontade própria, um "ímpeto selvagem" que pode levá-la de um lado para outro; um ímpeto cujo princípio é a desordem, o qual precisa ser conquistado ou subjugado no momento do governo para garantir a ordenação dos interesses presentes nas crianças a partir da instrução e da disciplina.

Governo da natureza e governo liberal

Podemos destacar, nas análises de Herbart – sobre o governo como primeiro momento da educação e sobre as tendências naturais como forma particular de entender a natureza infantil –, alguns dos elementos que atravessam o pensamento pedagógico moderno nos quais há evidências de uma forma de ser da racionalidade governamental liberal. Será preciso lembrar, nesse sentido, a força que o pensamento naturalista tivera no desenvolvimento dos dispositivos de poder da Modernidade, pois,

> Se vamos um pouco mais longe e retomamos as coisas desde sua origem, veremos que aquilo que caracterizou essa nova arte de governar [aquela dos finais do século XVIII] será mais o naturalismo que o liberalismo, na medida em que, de fato, a liberdade aludida pelos fisiocratas, por Adam Smith, etc., é muito mais a espontaneidade, a mecânica interna e intrínseca dos processos econômicos que uma liberdade jurídica reconhecida como tal aos indivíduos. E, ainda em Kant, que não é tão economista assim – pelo contrário, trata-se mais de um jurista –, temos visto que a garantia da paz perpétua não é o direito, mas a natureza. De fato, o que começa a se deixar ver, em meados do século XVIII, é algo semelhante a um naturalismo governamental. E, ainda assim, considero que se pode falar de liberalismo (FOUCAULT, 2007, p. 81).

Nesse sentido, podemos assinalar um primeiro elemento que atravessa tanto a racionalidade do governo liberal quanto o pensamento pedagógico moderno que nesse momento se organizou. Trata-se do uso da noção de governo, que em Kant (2003) é adjetivado como "pedagógico" e que em Herbart se refere a uma ação de conhecimento e controle das tendências naturais infantis, daquela natureza onde se alojam as sementes do ímpeto cego e os desejos rudes da criança. Tal governo pedagógico procura observar e controlar com pressão constante e tangível a natureza infantil, para que a criança não oriente sua vontade num sentido contrário ao da sociedade e não se constitua num risco social.

Trata-se de um governo que reconhece certa naturalidade dos comportamentos infantis, os quais, ainda que precisem ser "vigiados e controlados" (práticas disciplinares), são atendidos para que o indivíduo alcance o autogoverno ou governo de si (práticas liberais). Nesse sentido, a vigilância e o controle, antes que proibir e apagar as tendências naturais, o que procuram é orientá-las e regulá-las para que, quando o indivíduo (já não mais a criança) chegue à idade da razão, assuma naturalmente seu próprio governo. Desenha-se, desse modo, uma forma de governo que procura garantir, através das práticas educativas, o governo dos indivíduos por eles mesmos, uma forma de economia no exercício do poder característico das estratégias de governo liberais, em que os indivíduos são livres, enquanto são capazes de governar a si mesmos.

Segundo Herbart (2003), nessa forma de governo educativo, antes que modificar diretamente a natureza infantil, tenta-se impor uma ordem. Essa é a razão pela qual a educação, mais do que corrigir e eliminar coisas ruins, visões corruptas ou uma moral má, ordena o círculo de ideias na alma infantil[3], suas disposições naturais, essas que têm maior influência no caráter e que podem, logo depois, garantir o governo do sujeito por si mesmo.

Desse modo, com o governo das crianças, procura-se impedir prejuízos tanto para a criança quanto para os outros – no presente e no futuro – e, ao mesmo tempo, evitar disputas e ações de disciplinamento permanentes sobre os indivíduos (HERBART, 2003). Trata-se de toda uma economia de poder que procura, com o trabalho pedagógico no elemento do sujeito (a criança), produzir uma forma de autogoverno e regulação no plano da população. Com isso, podemos reconhecer que a educação é uma estratégia de governamento articulada à razão de governo liberal e que, embora ela trabalhe com indivíduos, estes só são os instrumentos e a condição para realizar o governo da população: "a população é pertinente como objetivo, e os indivíduos, as séries de indivíduos, os grupos de indivíduos, a multiplicidade de indivíduos, não vão sê-lo como objetivo. Eles o serão simplesmente como instrumento, relevo ou condição para obter algo no plano da população" (FOUCAULT, 2006, p. 63).

A educação como pensada nesta racionalidade aparece vinculada, por um lado, ao desenvolvimento da concepção "jurídica" da liberdade, segundo a qual todo indivíduo possui, originariamente, por lei, para si, certa liberdade, da qual

---

[3] Cabe anotar que a alma da criança não é indiferente no processo educativo, porém, o objetivo daquele primeiro momento de governo é observar as tendências naturais para produzir uma ordenação tal que se garanta o desenvolvimento do processo educativo e se leve o indivíduo à formação do caráter moral, assunto do nível da sua alma.

cede ou não uma parte para poder exercer uma série de direitos fundamentais no seio de um grupo social (FOUCAULT, 2007); por outro lado, ao desenho de um conjunto de técnicas de governo que se apoiam nas potências e tendências naturais dos indivíduos, não para impedi-las, mas para ordená-las, para pô-las em jogo com outros elementos do mundo social de tal forma que entre elas aconteça uma regulação ajustada às regras lhes são próprias. Nesse reconhecimento e ordenação da realidade natural do indivíduo e da sociedade, no ajuste da natureza do indivíduo à naturalidade dos processos sociais, anula-se o "risco" que implica o fato de que um indivíduo, sua vontade, sua natureza tome um sentido contrário ao da sociedade.

A preocupação de que certos indivíduos não consigam o ponto de autogoverno através da educação, ou que desenvolvam sua vontade no sentido contrário ao da sociedade, constitui-se numa problemática importante nas discussões pedagógicas, como também nas análises políticas e econômicas liberais. Essa noção de risco, que encontramos no pensamento de Herbart, emergiu também e foi suporte importante de todo um conjunto de dispositivos de segurança que se desenhou naquele tempo. Assim, o Estado moderno, através das suas instituições – escolas, hospitais, manicômios, prisões etc.–, não só tentou manter sob tutela permanentemente os indivíduos perigosos – os inadaptados, os loucos, os dissipadores –, como precisou saber sobre eles para governar o risco que representavam; isso significou o desdobramento de uma série de estratégias e práticas de segurança centradas no sujeito, na sua psicologia, na sua individualidade.

Assim, podemos pensar que, nesse saber sobre os indivíduos perigosos, as práticas educativas em geral e a escola em particular ocuparam um lugar central. Através delas, também se desenvolveram técnicas de vigilância e avaliação dos indivíduos, não só para controlá-los, mas para diagnosticá-los, para classificar a sua estrutura mental e a sua patologia própria no que seria uma estratégia de norma*liz*ação (FOUCAULT, 2006). Estratégia que parte da observação e definição do normal para traçar curvas que permitam individualizar fenômenos coletivos (estabelecer casos e limites de normalidade), definir os sujeitos que se tornam perigosos e reconhecer os riscos que representa a intensificação desses fenômenos (crise). Estratégia de normalização dentro da qual é possível arbitrar, em cada instante, a liberdade e a segurança dos indivíduos e do coletivo.

Governar o *interesse* e o interesse no *governo*

Usando como exemplo algumas das afirmações de Herbart (2003), tentei mostrar que o aparecimento da noção governo e o reconhecimento de certa natureza infantil nos discursos educativos modernos podem ser lidos como expressões da estreita vinculação entre práticas de governo e práticas educativas. Contudo, parece-me que, talvez, seja o uso da noção interesse, em tais discursos, um exemplo que expresse melhor o alcance e importância de dita vinculação, entre outras coisas, porque, em torno do interesse, se desenvolveu até hoje uma série de teorizações que fizeram dele um elemento central para decidir as práticas educativas para com a infância.

Em Herbart (2003), depois do governo, a instrução deve orientar a vontade na escolha do bem ou do mal, isso seguindo a multiplicidade do interesse presente nas crianças. O interesse por qualquer objeto é algo que pode se inspirar na criança através da instrução, porém, com a instrução (atenção, expectativa, exigência e ação), o objetivo é despertar um interesse presente na criança, e não produzir sabedoria, pelo menos não uma sabedoria limitada ao que já se sabe, mas sim um saber direcionado a conhecer as possibilidades do próprio interesse.

O interesse é entendido, nesse autor, como a ação e aquilo que a ela conduz imediatamente (o desejo). Assim, interesse e desejo representam a "totalidade de uma emoção humana manifesta" (HERBART, 2003, p. 68), e a educação orientada por esse interesse ocupa-se de fazer que cada criança consiga, por si mesma, distinguir entre vários "anseios" (desejos) pelos objetos e decidir quais deles merecem (ação) preferência, estímulo e expressão.

> O interesse, que juntamente com o desejo, a vontade e o gosto se opõe à *indiferença*, distingue-se dos três pelo facto de *não* poder *dispor* do seu objecto, mas de estar dependente dele. É certo que somos interiormente activos ao manifestarmos interesse, mas exteriormente ociosos até que o interesse se transforme em desejo e vontade. [...] O *objecto* do interesse nunca se pode identificar com o que é *desejado*, porque o desejo (ao querer apropriar-se de algo) aspira a algo de *futuro* que ainda não possui. O interesse, pelo contrário, desenvolve-se com a observação e prende-se ao *presente* observado. O interesse só transcende a simples percepção, pelo facto de nele a coisa observada conquistar de preferência o espírito e se impor mediante certa causalidade entre as outras representações (HERBART, 2003, p. 69).

Tem-se aí uma importante relação e diferenciação entre vontade, gosto, desejo e interesse que marca, no seu jogo, o princípio de reconhecimento de uma natureza ativa em cada criança, em cada indivíduo. No horizonte de um pensamento como esse, a população, antes que uma massa informe, ou a soma de indivíduos iguais, apresenta-se como constituída de indivíduos perfeitamente diferentes entre si cujo comportamento, dentro de certos limites, não se pode prever com exatidão, pois cada um deles será sempre a manifestação da vontade e do interesse múltiplo e particular.

Ainda assim, não deixa de ser central aquilo que assinalaram os primeiros teóricos da população do século XVIII, de que há ao menos uma invariante pela qual a população tem e só pode ter um único motor de ação: o desejo (Foucault, 2006). O desejo foi o centro de atenção de muitas das técnicas de governo organizadas na Modernidade, técnicas que teriam sua procedência naquela velha forma de poder pastoral; práticas como a confissão e a direção de consciência vinculadas com processos de individualização e totalização que podem ser identificados nos discursos educativos e através dos quais o objeto de governo é tanto a particularidade de um indivíduo quanto a totalidade da população à que ele pertence.

O desejo aparece como o elemento que vai impulsionar a ação de todos os indivíduos, e diante dele nada se pode fazer: a forma de naturalidade do desejo vai ser característica dos sujeitos na sua particularidade e da população como coletivo. Deixar agir o desejo particular, dentro de determinados limites e em virtude de uma série de relações e conexões que se articulem ao interesse geral da população, é a estratégia de governamento que se serve da educação para instruir e governar os interesses e desejos múltiplos das crianças.

> O desejo é a procura do interesse para o indivíduo. Por outra parte, ainda que ele possa ser enganado por seu desejo no relativo ao interesse pessoal, há algo que não engana: o jogo espontâneo ou, em todo caso, às vezes espontâneo e regulado do desejo permitirá, com efeito, a produção do interesse, algo que é interessante para a própria população. Produção do interesse coletivo pelo jogo do desejo: isso marca ao mesmo tempo a naturalidade da população e a artificialidade possível dos meios que se instrumentaram para manuseá-la (Foucault, 2006, p. 96).

Isso parece indicar que o assunto de governar não tanto indivíduos, mas populações, significou colocar a naturalidade do desejo e da produção espontânea do interesse individual/coletivo na base da razão governamental. Assim, o assunto deixa de ser aprovar ou desaprovar os desejos de cada indivíduo, dizer "não" ao desejo particular, excluir uma conduta ou outra (formas de operar dos dispositivos de poder soberanos); também não se vai tratar mais de fazer isso procurando-se uma forma de proibir e obrigar o desejo do indivíduo legitimada e fundamentada na mesma vontade do sujeito (forma de operar dos dispositivos disciplinares). Neste outro dispositivo de poder, trata-se de saber como dizer "sim", como deixar agir o desejo individual, como estimular a vontade e orientar o desejo individual para constituir-se nos interesses próprios e da população.

Em suma, assistimos, no decorrer do século XIX, à organização de certa forma de governamentalidade na qual se desenvolveu uma estratégia de governamento da população que encontra no elemento do indivíduo, do seu desejo, a matéria-prima para constituir os interesses particulares e coletivos. Em tal racionalidade, a educação ocupa um lugar estratégico através do qual se encaminham e organizam os desejos e as vontades dos indivíduos; tal racionalidade está presente nos discursos que configuram o saber pedagógico, desde finais do século XVIII, do qual as discussões de Herbart são, talvez, o melhor exemplo.

Finalmente, no desenvolvimento daquela forma de ser do pensamento moderno e daquela forma de racionalidade governamental, vemos emergir, entre o século XIX e os primórdios do século XX, no saber pedagógico, o conceito de interesse como elemento fundamental que orienta tanto as discussões quanto as experiências educativas que alguns dos pedagogos realizaram. Nesse sentido, podemos perceber algumas diferenças na forma de se pensar o lugar que o interesse ocupa no processo educativo e as formas como ele pode ser encontrado, desenvolvido, estimulado e aproveitado, porém, ele permanece referido e referindo-se a certa natureza infantil, centrando a atenção do processo educativo na criança, no seu desenvolvimento e crescimento, nas suas experiências e aprendizagens.

Referências

CLAPARÈDE, Èdouard. *La educação funcional*. Madrid: Biblioteca Nueva, Ministério de Educación y ciencia, 2007.

FOUCAULT, Michel. *Seguridad, Territorio, población*. Curso en el Collège de France (1977-1978). Tradução por: Pons Horacio. Buenos Aires: Fondo de Cultura Económica, 2006.

FOUCAULT, Michel. *Nacimiento de la biopolítica*. Curso en el Collège de France (1978-1979). Tradução por: Pons Horacio. Buenos Aires: Fondo de Cultura Económica, 2007.

FRÖEBEL, Friedrich. *A educação do Homem*. Tradução por: Maria Helena Camara Bastos. Paso Fundo: UPF, 2001.

GONDRA; José; GARCIA, Inara. A arte de endurecer "miolos moles e cérebros brandos": a racionalidade médico-higiênica e a construção social da infância. *Revista Brasileira de Educação*, Rio de Janeiro, n. 26, p. 69-84, mai/jun/jul/ago. 2004.

HERBART, Friedrich. *Bosquejo para un curso de pedagogía*. Madrid: La Lectura, 1936.

HERBART, Friedrich. *Pedagogia Geral*. Lisboa: Fundação Calouste Gulberkian, Grafica de Coimbra, 2003.

HERNÁDEZ, Santiago. *Psicopedagogía del interés: Estudio histórico, crítico, Psicológico y pedagógico del concepto más importante de la pedagogía contemporánea*. 2. ed. rev. México: Unión tipográfica Hispano-americana, 1946.

KANT, Immanuel. *Pedagogía*. Tradução por: Lorenzo Luzuriaga, José Luis Pascual. Madrid: 2003.

MARÍN-DÍAZ, Dora. *Infância: discussões contemporâneas, saber pedagógico e governamentalidade*. Porto Alegre, UFRGS, 2009. 191 f. Dissertação (Mestrado em Educação) – Programa de Pós- graduação em Educação, Faculdade de Educação, Universidade Federal do Rio Grande do Sul, Porto Alegre, 2009.

NOGUERA-RAMÍREZ, Carlos. *O governamento pedagógico moderno: da sociedade ensino para a sociedade da Aprendizagem*. Porto Alegre, UFRGS, 2009. 264 f. Tese (Doutorado em Educação) - Programa de Pós-Graduação em Educação, Faculdade de Educação, Universidade Federal do Rio Grande do Sul, Porto Alegre, 2009.

ROUSSEAU, Jean Jacques. *Emilio o de la Educación*. 9. ed. México: Porrua, 1984.

Infância e poder: algumas interrogações à escola

Sílvio Gallo

> *Há cinco tipos de crianças em nosso mundo hoje: a criança nossa cliente, a criança produtora sob outros céus, em outro lugar a criança soldado, a criança prostituída, e sob os anúncios do metrô, a criança morrendo, cuja imagem, periodicamente, lança sobre nossa fadiga o olhar da fome e do abandono. São crianças, todas as cinco. Instrumentalizadas, todas as cinco.*
>
> DANIEL PENNAC, *Chagrin d'école*

Quais as relações entre infância e poder? Quais as relações de poder que se travam na infância? Que jogos de poder-saber são maquinados nas escolas? Seria pertinente se falar em uma "política *da* infância", ou de uma "política *na* infância"? Seria possível uma infância não instrumentalizada?

Pensadores do século vinte deram especial importância às dimensões políticas do ato educativo e mesmo às questões políticas pertinentes à instituição escolar. Vou circunscrever este debate, em princípio, a dois deles: John Dewey e Hannah Arendt.

O filósofo norte-americano, preocupado com a instituição e consolidação de uma sociedade verdadeiramente democrática, defendeu, em livros como *Democracia e Educação*, que a instituição escolar é uma espécie de comunidade plural em miniatura, espaço privilegiado para se explorar um convívio democrático, dando oportunidade às novas gerações de experimentar os valores e atitudes que fundamentam este tipo de comunidade. O envolvimento dos pais e da comunidade em geral com a escola poderia inclusive "contaminá-los" com estes valores democráticos, contribuindo para o aprimoramento dos modos de vida democráticos.

Para Dewey, a escola não seria um local de preparação para a vida e para a convivência democrática, mas o papel da escola é justamente o de promover a vida e o ambiente social plural e democrático na própria instituição. A escola é um dos lugares para o exercício da vida democrática; não é nem uma preparação nem uma antecipação, mas um "lugar natural" de experimentação do convívio democrático.

A filósofa alemã que se radicou nos Estados Unidos da América pensou numa direção frontalmente contrária. No ensaio que escreveu na década de 1950, *A Crise na Educação*, incluído no livro *Entre o Passado e o Futuro*, que aborda o problema geral do rompimento com a tradição e seus efeitos no mundo moderno, Arendt fez a crítica do projeto norte-americano de se instituir uma convivência democrática nas escolas. Afirmou que este projeto decorria em uma perda da autoridade do professor, como sintoma de uma mais profunda crise *na* educação. Perceba-se que a autora não trata de uma crise *da* educação, mas seu foco é analisar em que medida a crise do mundo moderno (explorada por ela como resultante do rompimento com a tradição e a perda da autoridade) se refletia *na* educação norte-americana da época.

A conhecida posição assumida por Arendt pode ser resumida na afirmação de que a educação (e por educação devemos compreender tão somente a educação das crianças) não é parte da esfera política, mas constitui um âmbito pré-político. Alicerçada na concepção grega de política, especialmente a aristotélica, a filósofa afirma que a política é constituída pelas relações travadas no espaço público entre homens livres, entre iguais. São relações simétricas. As relações traçadas na família, na esfera privada, não são relações políticas. São sempre relações assimétricas, travadas entre desiguais. E a educação é vista por ela neste âmbito. Política – relação entre iguais – é coisa de adultos; educação – relação entre desiguais – é coisa para crianças.

Para Arendt, a função da educação é a de introduzir as novas gerações em um mundo que já está aí, antes delas. Os educadores são os adultos que são parte deste mundo, seus representantes e, portanto, responsáveis por ele. A autoridade do professor vem do fato dele ser um representante deste mundo no qual a criança será introduzida. Por isso o professor é *diferente* da criança, em essência, e não pode tratá-la como igual. Por isso, não pode haver democracia na escola.

A educação tem essa função precípua de condução da criança ao mundo e de transmissão da tradição. Esse é o preço para que o novo possa ser criado. Sem a introdução no mundo da tradição, não há possibilidade de criação. Sem tradição, não há novidade. Quando a educação preocupa-se com a criatividade, com o novo, perde seu caráter de transmissão da tradição, o educador perde sua autoridade e a crise se instala na educação. Se o educador abdica de sua autoridade, de sua responsabilidade pelo mundo, perde a capacidade de introduzir a criança neste mundo, de transmitir o legado da tradição e de possibilitar que a criança venha, no futuro, a criar, a transformar este mesmo mundo. A introdução da democracia na escola é considerada por Arendt como uma antecipação, uma confusão de papeis que joga por terra todas as necessidades e possibilidades do ato educativo.

O que temos então neste quadro? De um lado, Dewey e a crítica às sociedades autoritárias, não democráticas, propondo o espaço escolar como lugar de relações de poder simétricas, como possibilidade de instituição e consolidação de regimes verdadeiramente democráticos. O espaço escolar como lugar do exercício da política, como lugar da possibilidade de instituição da democracia. De outro lado, Arendt e a crítica às experiências de vivência democrática na escola, afirmando não ser este o espaço da política, mas, ao contrário, um espaço pré-político, que prepare as crianças para que, quando adultas, exerçam a política. O espaço escolar como lugar de relações assimétricas entre educandos e educadores, fundado numa *diferença* essencial entre eles que não pode ser apagada, dissimulada, sob pena de se perder a própria razão do ato educativo.

Uma terceira perspectiva, distinta, bem menos conhecida entre nós, foi apresentada pelo filósofo francês Émile Chartier, que publicou sob o pseudônimo Alain. Em sua obra *Propos sur l'éducation*, composta por uma série de textos escritos ao longo das décadas de 1910 e 1920, ele apresenta a ideia de *peuple enfant*, que poderíamos traduzir como "povo infante" ou mesmo "povo criança". Uma ideia perturbadora, se partirmos das perspectivas postas por Dewey e por Arendt. Para o primeiro, não há diferença – em termos políticos – entre a criança e o adulto e a escola é o lugar do exercício desta simetria política. Para a segunda, criança e adulto são essencialmente diferentes e é função da educação conduzir a criança à condição de adulto, introduzindo-a no mundo, e isso só é possível através de uma relação assimétrica. No primeiro caso, a escola é lugar de exercício da política, numa relação entre crianças e adultos; no outro, a escola é um espaço pré-político, que prepara a criança para este jogo exclusivo dos adultos, ao qual ela só acederá na condição de adulto. Para Alain, as crianças constituem um "povo", com relações políticas próprias, que encontra seu lugar natural na escola.

Afirmou o filósofo que nos equivocamos quando queremos compreender as crianças e as observamos no contexto da família. O que vemos, neste contexto, não é a criança ela mesma, na medida em que ela não aparece em seu lugar natural, mas ali está como uma espécie de *estrangeiro*. Sigamos sua argumentação:

> Na sua família, a criança não é ela mesma; ela toma tudo emprestado; ela imita aquilo que não é próprio de sua idade; aparece, então, como alguém contrariado e agitado, que conhecemos mal. Ali a criança está como estrangeira, porque ela não experimenta nem os sentimentos que a ela emprestamos, nem aqueles que ela exprime. Aquilo que

> desejamos denominar maldade em certas crianças nada mais é do que a impaciência de não poder romper a corda e ir reencontrar o povo criança. Este povo é ateu e religioso; há os ritos e as preces nos jogos, mas sem qualquer deus exterior; este povo é seu próprio deus; ele adora suas próprias cerimônias e não adora nada mais; é a bela idade das religiões. Os profanos se escandalizam, se observam; mais ainda, se juntam-se ao jogo; o hipócrita não pode enganar aqueles que têm a fé. Daí os movimentos de humor incompreensíveis. Lembro-me de um pai indiscreto que queria brincar de soldadinhos de chumbo conosco, crianças; eu via claramente que ele não entendia nada; seu próprio filho mostrava o mau humor e destruía tudo. Os adultos não devem jamais brincar com as crianças; parece-me que o mais sábio é ser polido e respeitoso com elas, como seríamos com um povo estrangeiro. Quando uma criança está separada de outras de sua idade, ele não brinca bem a não ser só (ALAIN, 2007, p. 36-37).

Na família, a criança está deslocada, pois não está entre seus iguais. Estando deslocada, porta-se de forma não natural e não mostra o que realmente é. Por esta razão, não a conhecemos verdadeiramente, quando a observamos no seio da família. Segundo Alain, a escola é o lugar onde a criança encontra seus iguais, sendo, portanto, seu lugar natural.

> A escola é então uma coisa natural. O povo criança se reencontra ali em sua unidade; e trata-se mais de uma cerimônia que de um aprendizado; mas é necessário que o professor seja estrangeiro e distante; quando ele se aproxima e quer passar-se por criança, dá-se o escândalo. Como se um profano entrasse em uma sociedade secreta. O povo criança tem suas leis sagradas, e ele as guarda para si. Esta forte ligação entre os camaradas de jogo alcança ainda o homem adulto, e o torna no mesmo momento, de certa maneira, amigo de um outro homem que ele não revê há vinte anos, e que ele quase não conhece. O povo criança cresce e torna-se povo de homens, estrangeiro a seus mais jovens, estrangeiro àqueles que lhe seguem. A conversa com um irmão mais novo é sempre difícil; ela é quase impossível com um pai; ela é mais natural com um estrangeiro de outra idade; mais natural com um professor de redação ou de ciências, ou de literatura, porque o professor experimenta e mantém as diferenças, em lugar de um irmão ou de um pai, que querem se aproximar e compreender, e se irritam rapidamente por não consegui-lo. De modo que o professor descobre ser embaixador e negociador entre o povo família e o povo criança (p. 37-38).

É, pois, no contexto da escola, o espaço natural de convivência das crianças com seus iguais, que podemos conhecê-las e compreendê-las melhor. Quando estão entre seus iguais, as crianças agem por si mesmas, são elas mesmas, sem tomar emprestados dos adultos comportamentos e ações. O que garante o sucesso do processo educativo é o professor reconhecer e respeitar suas diferenças e sua distância em relação às crianças, não querendo ser uma delas. Reconhecendo e respeitando esta distância, o professor se vê, por sua vez, respeitado pelas crianças. Eis o jogo político que se joga na escola, entre o povo criança e o professor, representante do povo adulto, do povo de homens.

Vemos então que, para Alain, o fato de um conjunto se iguais se reunir é o que garante a constituição de um "povo". Assim, do mesmo modo que podemos falar na política na constituição de um povo de iguais, podemos falar na constituição de um povo criança, com suas leis próprias, com seus interesses próprios. E se pode haver sucesso na relação entre crianças e adultos, isso se dá na medida em que eles se relacionam como dois povos distintos, tendo no professor uma espécie de "embaixador", que mesmo estrangeiro ao povo criança o conhece e entende seus interesses e necessidades, à distinção da família, incapaz de exercitar o distanciamento necessário para compreender a criança e respeitá-la em sua infância, em sua infantilidade própria.

A ideia de povo criança mobiliza a tensão que a criança vive na relação com os adultos, relação necessariamente assimétrica, com incompreensões de ambas as partes. Apenas entre iguais as crianças podem organizar suas forças e se relacionar de modo "natural". Para Alain, a característica mais importante da instituição escolar é a de permitir o agrupamento das crianças e a constituição do povo criança; tudo o mais, o ensino, por exemplo, é secundário. E nesta relação entre iguais, as crianças pensam, produzem, criam. Diz Alain (2007, p. 40) que é o povo criança que forja as ideias, que mais tarde povo adulto tentará colocar em prática, fazendo aquilo que lhe for possível, sem nunca conseguir alcançar a grandiosidade pensada pelo provo criança. E é a escola a instituição que possibilita esta criação. Apenas por isso ela já se justificaria.

Se tomarmos algumas obras literárias que narram histórias de crianças, a ideia de povo criança salta aos olhos. É o caso, por exemplo, do romance *Capitães da Areia*, de Jorge Amado, que narra as aventuras de um grupo de meninos de rua de Salvador. Aqui a escola não aparece como "lugar natural" de um povo criança, posto que é a rua que representa tal cenário; mas os jogos políticos entre as crianças são claros. Um outro exemplo, mais próximo da realidade francesa de Alain, podemos encontrar no romance *Le Gone du Chaâba*, de Azouz Begag.[1] O autor narra sua infância de criança nascida na França, filho de pais argelinos,

---

[1] Azouz Begag é sociólogo, pesquisador do CNRS, autor de diversos livros, dentre obras acadêmicas e literárias. Chegou a ser Ministro Delegado à Promoção da Igualdade de Oportunidades no início do governo Sarkozy, mas rompeu com o presidente.

vivendo numa favela constituída por árabes nos arredores de Lyon. Neste caso, fica patente a importância da escola como local de vivência de relações de poder, com as crianças constituindo uma solidariedade e jogos próprios, ainda que a ação não se restrinja à escola, mas esteja também centrada no *Chaâba*, na favela em que viviam os protagonistas.

Vemos na perspectiva defendida por Alain uma posição distinta daquela de Dewey e daquela de Arendt. Com a perspectiva do primeiro, ele compartilha a ideia de uma política da infância, da escola como espaço político; mas difere dele, ao defender que a política do povo criança não é a mesma política que aquela do povo adulto. Com a perspectiva de Arendt, Alain compartilha a ideia de que há uma diferença e uma distância fundamental entre a criança e o adulto, que não pode ser escamoteada pela escola. Porém, difere dela, ao defender uma política da infância, a constituição mesma de um poço criança, sendo a escola seu lugar natural.

As três perspectivas, em suas semelhanças e dessemelhanças, possuem, porém, dois pontos em comum: de um lado, parecem compartilhar uma noção de política como relação entre iguais. Seja para afirmar a possibilidade da política e da democracia na escola, seja para negar essa possibilidade, seja ainda para advogar a constituição de um povo criança como grupo de iguais, as três perspectivas pensam a política da mesma maneira. De outro lado, é comum às três uma visão positiva da instituição escolar. Em um caso ela é o espaço da vida e da política; em outro caso, é o lugar da preparação para a vida adulta e para a ação política; no terceiro, é o espaço que permite o encontro e a constituição do povo criança.

Mas, por outro lado, poderíamos colecionar visões negativas da escola, de como ela impõe às crianças regras de conduta e lhes impede de construir autonomamente suas vidas. Ficarei em apenas três referências literárias. A primeira, retiro do romance de Azouz Begag já citado. Numa determinada passagem, ele narra que o professor, dando uma aula sobre higiene, ordena a todos os alunos que descalcem os sapatos, tirem as meias e as coloquem sobra as carteiras, para que ele inspecione a limpeza. Os meninos árabes, que viviam na favela e tinham que atravessar a lama para chegar à escola, sentem-se constrangidos e humilhados, gerando uma situação de conflito com o professor bastante interessante, acusando-o de racismo. É um bom exemplo de como a escola escamoteia as diferenças.

A segunda referência, tomo do romance *La pluie d'été*, de Marguerite Duras. O protagonista infantil, Ernesto, é mandado à escola e ali fica confinado por dez dias, comportando-se bem e ouvindo o professor com atenção. No décimo primeiro dia, volta para casa, e, contrariado, conversa com sua mãe. Ela, percebendo que o menino está chateado, insiste para saber a razão, que ele se recusa a dizer, afirmando que isso irá magoá-la. Depois de um longo diálogo entrecortado, ele afirma que não irá mais à escola, pois na escola lhe ensinam coisas que não sabe. É a voz da criança a dizer que não quer aprender aquilo que não lhe interessa, que lhe é imposto por um sistema educativo alheio ao seu mundo e a sua vida.

Para a terceira referência, recorro ao romance de Daniel Pennac, *Chagrin d'école*, no qual ele relata suas experiências de mau aluno, desajustado na instituição. O autor afirma na contracapa não se tratar de mais um livro sobre a escola, mas "... sobre o câncer. Sobre a dor de não compreender e seus efeitos colaterais sobre os pais e os professores". Pennac afirma haver na escola métodos e mais métodos, mas falta o essencial ao ato educativo, falta amor.

Trago estes três exemplos rápidos, para afirmar: não são todas as crianças que encontram na escola seu "lugar natural", como defendeu Alain, na relação com seus iguais. Muitas crianças preferem estar fora da escola, aprender em outros tempos e espaços, com o mundo e com a vida, em seu próprio elemento. Na escola, sentem-se impotentes. Na escola não conseguem fazer ouvir sua voz. Haverá uma política da infância, nas escolas?

Numa conversa entre Deleuze e Foucault em 1972, publicada com o título *Os Intelectuais e o Poder*,[2] Deleuze afirma algo bastante interessante:

> Se as crianças conseguissem fazer entender seus protestos em um maternal, ou mesmo simplesmente suas questões, isso bastaria para causar uma explosão no conjunto do sistema de ensino. Na verdade, esse sistema em que vivemos *não pode suportar nada*: daí sua fragilidade radical em cada ponto, ao mesmo tempo que sua força de repressão global (*apud* FOUCAULT, 2003, p. 40).

A instituição escolar é incapaz de ouvir a voz das crianças. Ela está orientada para uma conformação política da infância, projeto desenvolvido ao longo da modernidade, como bem analisou Mariano Narodowski.[3] No livro que publicaria poucos anos após esta conversa com Deleuze, *Vigiar e Punir* (1975), Foucault estuda a história da violência nas prisões, mas uma das instituições mais importantes para desvendar a maquinaria do poder disciplinar que se constituiu na modernidade, segundo ele, é a escola. Foucault (1991, p. 125) afirma que a época clássica – isso é, o que chamamos modernidade – descobriu "o corpo como objeto e alvo do poder", o que permitiria a emergência do poder disciplinar,

---

[2] Esta entrevista está disponível em português em ao menos três versões: na coletânea de textos de Foucault organizada por Roberto Machado, *Microfísica do Poder*; no volume IV da edição brasileira dos *Ditos e Escritos* de Foucault; e na coletânea de textos e entrevistas de Deleuze, *A Ilha Deserta e outros textos*. Cito aqui a versão dos *Ditos e Escritos*.

[3] Ver NARODOWSKI, 2001.

uma tecnologia de poder centrada em técnicas do detalhe. Um foco no corpo, nas microrrelações, constituindo uma microfísica do poder. E seu efeito sobre a instituição escolar é evidente:

A escola torna-se um aparelho de aprender onde cada aluno, cada nível e cada momento, se estão combinados como deve ser, são permanentemente utilizados no processo geral de ensino (FOUCAULT, 1991, p. 149).

Escola como aparelho de aprender. Aprender o que? Em *Mil Platôs*, Deleuze e Guattari abrem o texto *20 de novembro 1923 – Postulados da linguística* argumentando que a professora não questiona quando ensina uma regra de gramática ou de cálculo; ela dá ordens. A educação é um processo de emissão de palavras de ordem, a definição de coordenadas segundo as quais cada aluno deverá se localizar. Em outras palavras, a escola é a instituição que prepara o panorama político no qual cada criança aprenderá a viver, sobretudo, aprenderá a obedecer, de modo a sustentar a manutenção deste sistema de poder que é bastante frágil, sob sua capa protetora que faz com que pareça muito sólido.

A professora não se questiona quando interroga um aluno, assim como não se questiona quando ensina uma regra de gramática ou de cálculo. Ela não "ensigna", dá ordens, comanda. Os mandamentos do professor não são exteriores nem se acrescentam ao que ele nos ensina. Não provêm de significações primeiras, não são as conseqüências de informações: a ordem se apoia sempre, e desde o início, em ordens, por isso é redundância. A máquina do ensino obrigatório não comunica informações, mas impõe à criança coordenadas semióticas com todas as bases duais da gramática (masculino-feminino, singular-plural, substantivo-verbo, sujeito do enunciado-sujeito de enunciação, etc). Mais do que o senso comum, faculdade que centralizaria as informações, é preciso definir uma faculdade abominável que consiste em emitir, receber e transmitir palavras de ordem. A linguagem não é mesmo feita para que se acredite nela, mas para obedecer e fazer obedecer (DELEUZE; GUATTARI, 1995, p. 11-12).

A ordem é redundância, na medida em que não se apoia em nada que não seja ela mesma. Esta é a fórmula usada por Deleuze e Guattari para desfazer a noção de que a função da língua é comunicar e informar, afirmando que sua real função é política, é servir como instrumento de mando e de obediência. E isto ganha relevo quando eles evidenciam que a escola, como *máquina de ensino oficial*, coloca a criança no contexto de coordenadas semióticas preestabelecidas, nas quais ela seja treinada – seja para mandar, seja para obedecer. Na escola, a criança, *infans*, sem palavra, é introduzida no universo da linguagem. Mas não para experimentar sua própria voz, mas para ser enquadrada num sistema semiótico já definido, no qual ela dirá aquilo que se espera que seja dito, da maneira como se espera que seja dito. Eis o que é aprendido na escola.

Na escola moderna organizada segundo o poder disciplinar, assistimos a uma conformação da infância, a uma normalização segundo as regras do aprender. É este o jogo político que vemos ser jogado; algumas crianças adaptam-se bem a ele, outras não. De todo modo, este jogo de poder parece atravessar as distintas perspectivas das relações políticas na escola antes abordadas: seja como espaço político, como espaço pré-político ou como espaço natural de reunião do povo criança, a escola está atravessada pelo poder disciplinar e a conformação da infância é seu efeito.

O debate em torno das possibilidades políticas da infância e da escola, nos autores aqui citados, ficou todo ele circunscrito a este quadro. Como procurei mostrar, embora as posições sejam distintas, é um mesmo conceito de política que opera nos três discursos; embora as posições sejam distintas, todos os três veem na escola – esta escola moderna, constituída como instituição disciplinar – um efeito positivo. Mais atentos ou menos atentos às crianças, independentemente das posições assumidas, nenhum destes três filósofos ouviu efetivamente a voz das crianças, como se para eles valesse, de fato, a etimologia do *infans*, aquele que não tem voz, que não possui a palavra. A política é a ação de quem possui a palavra; mas a palavra das crianças, em Dewey ou em Alain, não é a palavra da criança, de fato, mas a palavra do adulto falada na boca da criança.

Construímos, no âmbito da educação, teorias e mais teorias que procuram explicar, fornecer subsídios, embasar as práticas docentes no cotidiano das escolas. Mas nunca permitimos que as crianças tomem a palavra. Quando se constrói uma pesquisa que pretende ouvir os estudantes, por exemplo, ela é fabricada já segundo uma concepção teórica que representa de antemão o discurso da criança, do estudante. E o que "ouvimos" é aquilo que se esperava ouvir. Pois a escola moderna é uma instituição de totalização – massificação – e uma instituição totalitária e segmentária. Como afirmou Deleuze naquela mesma entrevista, nossas teorias educativas não fazem relé, não revezam com a prática, na medida em que não ouvem as crianças. Talvez, se ouvissem, pudéssemos, de fato, construir uma escola na diferença e não a escola da serialidade e da reprodução.

Seria preciso pensar uma outra política da infância, para perceber outros jogos de poder que acontecem na escola – e eles acontecem; aprendemos com Foucault que sempre que há poder há reação, há contrapoder, uma vez que o poder nada mais é que um jogo de forças. As crianças não estão na escola alijadas de sua força, de sua potência. Vivem e sofrem os jogos de poder postos em marcha na instituição, mas certamente não estão alheias a tais jogos. As crianças vazam na escola outros fluxos. A questão é que nem sempre estamos preparados para ver, para compreender as crianças como sujeitos de poder, não atentando para suas ações.

Para pensar esta outra política da infância, encontramos em Jacques Rancière os aportes necessários. Poderia recorrer a vários de seus textos, mas vou me limitar aqui a explorar alguns elementos de um texto a um só tempo sintético e pleno de possibilidades, que parece "resumir" o quadro de seu pensamento político: *Dix thèses sur la politique*.[4]

Como o objetivo aqui é fazer uma apresentação sintética e esquemática da posição de Rancière, que nos permite pensar de outro modo a questão de uma política da infância, apresentarei a seguir apenas os corolários de cada uma das dez teses.

1. A política não é o exercício do poder. A política deve ser definida por ela mesma, como um modo de agir específico posto em ação por um sujeito próprio e realçando uma racionalidade própria. É a relação política que permite pensar o sujeito político e não o inverso (RANCIÈRE, 2007, p. 223).
2. O próprio da política é a existência de um sujeito definido por sua participação em relação aos contrários. A política é um tipo de ação paradoxal. (Idem, p. 226).
3. A política é uma ruptura específica com a lógica da *arkhé*. Ela não supõe simplesmente a ruptura da distribuição "normal" das posições entre aquele que exerce uma potência e aquele que a sofre, mas uma ruptura na ideia das disposições que tornam "próprias" tais posições (p. 229).
4. A democracia não é um regime político. Ela é, enquanto ruptura da lógica da *arkhé*, isto é, da antecipação do comando nesta disposição, o regime mesmo da política como forma de relação definindo um sujeito específico (p. 231).
5. O povo que é o sujeito da democracia, logo o sujeito matricial da política, não é a coleção dos membros da comunidade ou a classe laboriosa da população. Ele é a parte suplementar em relação a toda soma das partes da população, que permite identificar no todo da comunidade a soma dos não contados (Idem, p. 233-234).
6. Se a política é o traçado de uma diferença evanescente com a distribuição dos partidos e das partes sociais, resulta que sua existência é em nada necessária, mas que ela advém como um acidente sempre provisório na história das formas de dominação. Disso resulta também que o litígio da política tem por objeto essencial a existência mesma da política (p. 237-238).
7. A política opõe-se especificamente à polícia. A polícia é uma partilha do sensível em que o princípio é a ausência do vazio e de suplemento (Idem, p. 240).
8. O trabalho essencial da política é a configuração de seu próprio espaço. É o de fazer ver o mundo de seus sujeitos e de suas operações. A essência da política é a manifestação do dissenso, como presença de dois mundos em um só (Idem, p. 241).

---

[4] O texto *Dez teses sobre a política* aparece em RANCIÈRE, 2007.

9. Assim como o próprio da filosofia política é fundar o agir político em um modo de ser próprio, o próprio da filosofia política é apagar o litígio constitutivo da política. É na descrição mesma do mundo da política que a filosofia efetua este apagamento. Assim, sua eficácia se perpetua até nas descrições não filosóficas ou anti-filosóficas deste mundo (Idem, p. 247).
10. O fim da política e o retorno da política são duas maneiras complementares de anular a política na relação simples entre um estado do social e um estado do dispositivo estatal. O consenso é o nome vulgar desta anulação (Idem, p. 251).

As teses sobre a política postas por Rancière lançam a filosofia política na contramão da tradição filosófica. O que conta na política é o incontado (teses 2 e 5). O que faz o acontecimento político é a tomada da palavra por aquele que não tem a palavra (tese 6).[5] O que move a política é o dissenso, não o consenso (teses 8 e 10). Penso que fica evidente que as posições antes expostas, de Dewey, Arendt e Alain, lidam todas elas com a tradição e, então, dizem respeito ao que Rancière denomina polícia, isto é, a administração do social como tecido único, sem vazios e suplementos (tese 7).

A noção da educação como âmbito pré-político, propedêutico ao mundo adulto, trata a criança como *infans*, como sem palavra, como fora da conta do mundo dos sujeitos da política. Mas apenas através do processo educativo ela pode, no futuro, vir a ser contada, a fazer parte deste mundo. A escola acaba sendo então a instituição de conformação das crianças a este mundo adulto, de consensos. O próprio ato educativo consiste na imposição dos consensos fabricados em uma dada sociedade. A noção da escola como instituição que, em menor escala, reproduz a própria vida social, toma as crianças como parte da conta, como membros de uma comunidade democrática; portanto, administrados, policiados. Por fim, a noção de povo criança coloca a ideia do mundo da infância como um mundo paralelo. Não dois mundos em um só, o que imporia o litígio da política, mas dois mundos paralelos, cada um com suas regras próprias. Ambos administrados, controlados, policiados. Um mundo infantil que leva, "naturalmente", a um mundo adulto, sem fraturas, sem vazios. Dois consensos distintos, sendo que o consenso da infância está fadado a transformar-se no consenso dos adultos. Se há um dissenso entre o mundo infantil e o mundo adulto, o professor – que compreende a criança em sua diferença – atual como embaixador e negociador, para escamotear e apagar o litígio. Três perspectivas que resumem a política da infância a uma *polícia*.

"Se as crianças conseguissem fazer entender seus protestos em um maternal, ou mesmo simplesmente suas questões, isso bastaria para causar uma explosão

---

[5] A relação do não contado com a tomada da palavra e a irrupção do acontecimento político é bastante trabalhada em RANCIÈRE, 1996.

no conjunto do sistema de ensino", relembro a frase de Deleuze citada anteriormente. As escolas de Dewey, de Arendt e de Alain não ouvem as vozes das crianças, mesmo quando afirmam "dar voz" a elas. Não é sua voz que ouvem, mas a voz dos adultos. A tomada da palavra por uma criança na escola seria um acontecimento político, tal como pensado por Rancière. A imposição do incontado, do fora da conta. "Não quero mais ir à escola, pois ali me ensinam coisas que não sei", eis a voz da criança na boca do personagem Ernesto, Marguerite Duras. "Não precisamos de educação; não precisamos de controle de pensamento; basta de sarcasmo na sala de aula!", eis a voz da criança na música de Pink Floyd, nas bocas dos personagens do filme *The Wall*, de Alan Parker, que se revoltam com as humilhações impostas por um professor autoritário e destroem a escola.

Uma política da infância na escola seria não dar voz às crianças, fazê-las falar com a nossa voz, mas darmos ouvidos àquilo que elas estão dizendo. As crianças, nas escolas, estão sofrendo os jogos de poder que jogamos com elas, mas estão também jogando, estão fazendo seus próprios jogos, queiramos ou não vê-los e ouvi-los. Na maioria das vezes, preferimos não ouvir, para não ver ruir o castelo de cartas de nossas instituições; mas as falas ali estão, ressoando e ressoando...

Penso que Alain produziu um conceito bastante interessante, ao falar em povo criança. A questão é que o fez no âmbito da tradição do pensamento político, sendo obrigado a pensar a infância como um mundo paralelo ao mundo adulto, caminhando inexoravelmente para este outro mundo. Mas, se pensarmos a ideia de povo criança como o incontado proposto por Rancière, a questão ganha contornos muito diferentes. O povo criança seria a afirmação do litígio político na escola, a imposição de um outro mundo sobre o mundo administrado, a prova cabal da impossibilidade de conciliação, a manifestação absoluta do dissenso. Se a escola é uma forma histórica de dominação, o povo criança seria o acontecimento político por excelência.

Para além do consenso, da conciliação entre crianças e adultos pensada por Dewey, Arendt e Alain, podemos ver nesta outra formulação do povo criança o investimento no processo educativo como dissenso. Uma possibilidade de desinstrumentalizar a infância e as crianças, dissolvendo os cinco tipos de que falava Pennac no trecho citado em epígrafe. As crianças nos convidam – às vezes nos forçam – a nós, adultos, a nos tornarmos crianças. Teremos a coragem e o desprendimento necessários para isso?

Referências

ALAIN. *Propos sur l'Éducation suivi de Pédagogie Enfantine*. 6. ed. Paris: Presses Universitaires de France, 2007 (col. Quadrige).

AMADO, Jorge. *Capitães da Areia*. 54ª ed. Rio de Janeiro: Record, 1982.

ARENDT, Hannah. *Entre o Passado e o Futuro*. 2ª ed. São Paulo: Perspectiva, 1979.

BEGAG, Azouz. *Le Gone du Chaâba*. Paris: Editions du Seuil, 2005 (col. Points).

DELEUZE, Gilles; GUATTARI, Félix. *Mil Platôs* – vol. II. Rio de Janeiro: Ed. 34, 1995.

DEWEY, John. *Democracia e Educação* – capítulos essenciais. São Paulo: Ática, 2007 (col. Ensaios Comentados).

DURAS, Marguerite. *La pluie d'été*. Paris: Gallimard, 2009 (col. Folio).

NARODOWSKI, Mariano. *Infância e Poder:* conformação da pedagogia moderna. Bragança Paulista: Editora da Universidade São Francisco, 2001.

FOUCAULT, Michel. *Vigiar e Punir* – história da violência nas prisões. 8ª ed. Petrópolis: Vozes, 1991.

FOUCAULT, Michel. *Ditos e Escritos* – vol. IV: Estratégia, Poder-Saber. Rio de Janeiro: Forense Universitária, 2003.

PENNAC, Daniel. *Chagrin d'école*. Paris: Gallimard, 2007 (col. Folio).

RANCIÈRE, Jacques. *O desentendimento* – política e Filosofia. São Paulo: Ed. 34, 1996.

RANCIÈRE, Jacques. *Aux Bords du Politique*. Paris: Gallimard, 2007 (col. Folio Essais).

Governamentalidade neoliberal e instituição de uma infância empreendedora

Sylvio Gadelha

O que gostaria de explorar aqui, em linhas gerais e sem maiores aprofundamentos, tem como horizonte a ideia de que a arte de governar neoliberal desenvolve estratégias, mecanismos e procedimentos especificamente voltados para o controle e a regulação das populações infantis, e que esse controle e essa regulação se ajustam também ao governo de outros segmentos da população, tais como os formados por indivíduos adultos e idosos.

Terá isso alguma relação, em primeiro lugar, com as ambiguidades que cercam as imagens que antes serviam, em maior ou menor medida, para definir o que era a infância, assinalando suas características, demarcando seus contornos, bem como as fronteiras que guardaria em relação ao mundo adulto; em segundo lugar, com o estabelecimento de uma relação significativa entre, de um lado, as mudanças no estatuto e na condição da infância e, de outro, a comercialização da vida humana em geral; em terceiro lugar, por fim, com o tipo de escuta e de atenção que passaram a presidir a atitude das ciências humanas e dos novos movimentos sociais que militam em favor dos direitos das crianças e dos adolescentes, a saber: uma atitude de indignação e de crítica, que tanto se expressa em face do que seria um "seqüestro da infância", de sua vilipendiação ou, mesmo, de sua morte?

Creio que tais questões podem ser abordadas sob uma perspectiva biopolítica, estreitamente relacionada ao tipo de governamentalidade neoliberal que se desenvolveu nos Estados Unidos da América, a partir do início dos anos 1960, sob os auspícios das análises econômicas feitas pela famosa Escola de Chicago. Refiro-me às estratégias, mecanismos e procedimentos que, amparando-se na teoria do Capital Humano, na disseminação de um *éthos* empresarial e de uma "cultura do empreendedorismo", parecem apontar para a instituição de uma "infância empreendedora" e, através dela, para uma forma específica de governo e controle de parte do corpo-espécie da população, parte esta constituída pelas diferentes populações infantis. Nesses termos, o governo "da" infância vai ser examinado tomando-se por referência três ordens de fatores: em primeiro lugar, a questão do consumo; em segundo lugar, a questão da concorrência; em terceiro, por fim, por um lado, o recuo no tempo para a intervenção calculada junto à infância dita incluída e, por outro lado, a dilatação espacial em que tal intervenção pode e deve ocorrer.

A escolha do primeiro desses fatores justifica-se pelo fato de que ele parece ser superestimado pela literatura crítica – em ciências sociais e humanas – voltada à defesa dos direitos das crianças e dos adolescentes. De passagem, aproveitaremos esse ponto para apontar algumas dificuldades e impasses com que se depara essa literatura crítica, em seu intuito de denunciar e combater o consumismo voltado à infância. O segundo fator, por seu turno, foi privilegiado devido à importância crucial que Foucault (2008) lhe confere na governamentalidade neoliberal atuante nas sociedades-empresa (ou sociedades de controle). A apreciação do fator "concorrência" será feita, além disso, observando-se suas estreitas relações com a teoria do Capital Humano e com o empreendedorismo. Finalmente, a escolha do terceiro fator deve-se ao fato de que, ao mesmo tempo em que as intervenções junto "à" infância se desterriorializaram da escola, ampliando suas esferas de atuação e seus efeitos, pode-se observar também um recuo temporal dessas mesmas intervenções, incidindo cada vez mais cedo nas vidas de muitas crianças. Aqui, sem que a família deixe de ser estratégica para qualquer tipo de intervenção biopolítica, o interessante talvez seja a introdução "da" infância como um novo elemento estratégico para a gestão biopolítica das famílias e das populações. De todo modo, o artigo aponta para um novo processo de normalização em curso nas sociedades-empresa (sociedades de controle), cujos efeitos nos processos de ensino-aprendizagem devem ser cartografados.

O desaparecimento, a perversão e as urgências colocadas em torno da infância

Parte dos pesquisadores em ciências humanas que busca estudar criticamente a condição da infância em nossa contemporaneidade, bem como boa parte dos que militam em favor da defesa dos direitos das crianças e dos adolescentes, vêm se defrontando com o que ora se lhes aparece como um "seqüestro da infância", ora como sua morte anunciada, ora como sua perversão; em suma, com distintas versões do que seria, por assim dizer, um "desaparecimento da infância". No mais das vezes, correndo o risco de uma generalização, esse suposto sequestro e essa suposta morte ou perversão são atribuídos não só à comercialização da vida em geral e ao empobrecimento das relações entre infância e cultura, mas mais especificamente à comercialização da própria infância, sobretudo, pela via do consumismo exacerbado e sob efeito dos meios de comunicação e do marketing corporativo.¹

Para Benjamin Barber (2009, p. 32), um dos que nos alertam sobre a perversão de que vem padecendo "a" infância, o cerne da questão pode ser formulado nos seguintes termos: "para o capitalismo de consumo prevalecer, é preciso tornar as crianças consumidoras e tornar os consumidores crianças". Para ele, isso vem se dando através da disseminação de um *éthos* que induz à infantilização da sociedade. Essa infantilização aponta, segundo Barber (2009, p. 15), por um lado, para a "estupidificação dos bens e dos compradores numa economia global pós-moderna que parece produzir mais bens do que as pessoas necessitam; e [...], por outro lado, para a atitude de visar as crianças como consumidoras num mercado onde nunca há compradores suficientes". A infantilização e a estupidificação da sociedade, prossegue o autor, tem como dois de seus principais efeitos a despolitização e privatização da mesma.²

Susan Linn (2006), por sua vez, defende que o marketing corporativo e a publicidade vêm realizando um verdadeiro assalto à infância (daí a ideia de uma "infância roubada"). Para a autora, a intensiva e a ostensiva imersão das crianças numa cultura comercial têm consequências que vão além da mera quantidade e qualidade dos produtos e servidos consumidos; nesse sentido, diz ela (2006, p. 29), o marketing corporativo "procura afetar os valores essenciais como as escolhas de vida: como definimos a felicidade e como medimos nosso valor próprio". A covardia desse assalto à infância residiria, basicamente, no fato de que as crianças não têm como discernir sobre os conteúdos que lhes são veiculados pelas campanhas publicitárias, de informarem-se acerca dos mesmos e, portanto, de julgarem o que lhes é ou não conveniente, a fim de que possam tomar decisões consequentes em suas vidas.

Já David Buckingham (2007), talvez com maior serenidade, ao problematizar o que significa crescer na era das mídias eletrônicas, pondera que o intenso debate travado acerca do desaparecimento da infância, além de oscilar entre a ansiedade e o pânico, posiciona em termos ambíguos o lugar que as crianças nele ocupam. Por um lado, diz Buckingham (2007, p. 15), as crianças "são vistas cada vez mais sob ameaça e em perigo"; por outro (2007, p. 16), "também são cada vez mais percebidas como ameaças ao restante de nós – como violentas, antissociais

---

¹ A bibliografia sobre o assunto é vasta e diversificada, no entanto, cf.: Castro (1998); Jobim e Souza (2000); Steinberg; Kincheloe (2004); Linn (2006); Buckingham (2007); Barber (2009); Paiva (2009). De passagem, vale assinalar como esse tema do desaparecimento da infância reverbera com o de um suposto desaparecimento da educação. A esse respeito, cf.: Postman (2002).

² A respeito da sociedade de consumo, cf.: Kuttner (1998); Dufour (2008), Bauman (2008), Rifkin (2001); Baudrillard (2007); Lipovetsky (2007).

e sexualmente precoces". Ainda segundo o autor, tanto num caso como noutro, as mídias e a publicidade se encontram diretamente implicadas, mesmo que de forma contraditória, seja para hiperdimensionar o fascínio ambivalente em torno da infância, seja para pervertê-la e mesmo demonizá-la aos olhos dos adultos. Para Buckingham (2007, p. 17), o supra-sumo da ambivalência e das contradições que gravitam em torno da infância em nossa contemporaneidade seria encarnado pela figura de Michael Jackson, "o homem que nunca foi criança e a criança que nunca cresceu".[3]

Observemos alguns pontos cardeais relacionados a essa literatura crítica sobre "a" infância. Em primeiro lugar, pode-se apontar que, no mais das vezes, as distintas posições discursivas que constituem "a" infância como objeto, sejam elas progressistas ou não, nem sempre o fazem livres de concepções essencialistas, moralistas e universalizantes. Isso também se aplica àqueles enfoques que sugerem, como diz Buckingham (2007, p. 19), ser a noção de infância "em si mesma uma construção social, histórica e que a cultura e a representação – também sob a forma das mídias eletrônicas – sejam uma das principais arenas em que essa construção é desenvolvida e sustentada". O uso da dimensão histórica, presente nessas análises, ora padece dos vícios da história das mentalidades, ora dos limites dos paradigmas biológico-evolucionistas e pedagógico-normativos, sejam ou não temperados por um renovado materialismo histórico e dialético, e ora por algumas dificuldades próprias dos Estudos Culturais. Nesse sentido, como só poderia fazê-lo uma perspectiva arqueogenealógica, tais posições discursivas, se bem que ponham em cena alguns fatores relevantes, não radicalizam a historicização da infância, não admitindo, portanto, a pluralidade e heterogeneidade concreta das infâncias produzidas pelos estratos histórico-societais moderno e contemporâneo, nem tampouco as diferentes modalidades de governamento que lhes são destinadas.[4]

Em segundo lugar, o sujeito infantil em vias de desaparecimento, ou de ser pervertido inapelavelmente pelas novas mídias eletrônicas e pela comercialização promovida pela publicidade e pelo *branding*, motivo ao mesmo tempo de ansiedade e de pânico, como foi dito, parece ainda ser o *Emílio* de Rousseau, só que agora convenientemente adornado por traços identitários pós-modernos, matizado pelo politicamente correto e deslocado por um golpe de força para o nosso presente, com os devidos ajustes, que tornariam críveis sua ancoragem e sua adequação às circunstâncias que pautam as condições de vida em nossa contemporaneidade: globalização, consumismo, internet e novas tecnologias da inteligência etc.

---

[3] A frase, na verdade, é do biógrafo de Michael Jackson.
[4] A esse respeito, cf.: Donzelot (1980); e Lobo (2008).

Em terceiro, no fundo dessa imensa preocupação, e da grita a que ela dá ensejo, retorna travestida a velha questão, tão cara aos educadores, da liberação do sujeito moderno, por intermédio de sua educação e conscientização. Tudo se passa como se as ciências sociais e humanas de repente se dessem conta de que nunca teriam realmente escutado as crianças, de que nunca tomaram efetivamente a sério o que elas teriam a dizer. Daí a nova palavra de ordem de tantos psicólogos, pedagogos, sociólogos, antropólogos e assistentes sociais, para não dizer dos marketeiros de plantão: é preciso dar voz às crianças; é preciso escutá-las "de verdade" para saber como elas se sentem, o que pensam, o que querem, o que necessitam e como percebem o mundo. Essa discursividade vem acompanhada pela redefinição dos cuidados que devem ser dispensados às crianças, de uns anos para cá re-definidas como seres em condição peculiar de desenvolvimento, que demandam cuidados especiais, etc.

Mas, como conceber essa discursividade e as novas práticas de proteção que lhe são correlatas, se essas mesmas ciências humanas, agenciadas às disciplinas clínicas, com seu variado cortejo de especialistas, desde meados do século XIX, sempre induziram as crianças a falar desse ou daquele jeito, a se comportar dessa ou daquela forma, nesse ou naquele ambiente, conforme a conveniência das ocasiões, bem como a ter com relação a si mesmas e a seus corpos tais ou quais tipos de cuidado? Ou melhor, como isso seria possível, se foi pela incitação à fala, por diversos processos de institucionalização pedagógico-normativos, por certa modelização e adestramento dos corpos, e pelo recurso à sexualidade, que se tornou possível a constituição mesma da representação que, bem ou mal, ainda hoje se tem do que seja "a" infância? [5]

As diversas infâncias devem ser tomadas como algo da ordem da produção. Particularmente em nossos dias, isso pode ser bem atestado, além do que foi dito acima, pela atuação da publicidade e do marketing corporativos. Barber (2009, p. 44), por exemplo, assinala que a maior parte das empresas de marketing "incentiva sociólogos, antropólogos e psicólogos de seus quadros a dar a suas pesquisas de marketing a aparência de pura ciência". Susan Linn (2007, p. 25), por seu turno, enfatiza que a atuação dessas empresas "é direcionada de maneira precisa, refinada por métodos científicos e lapidada por psicólogos infantis". Todavia, como se vê, tais análises ainda obedecem a uma lógica que opõe o que seria um conhecimento falseador da realidade, ideológico, a um conhecimento veraz da mesma, de cunho científico; portanto, mostram-se incapazes de discernir que o que realmente importa são os efeitos de verdade aí produzidos no que diz respeito "à" infância, em todo o corpo social.

---

[5] Cf. Atem (2006).

É bom que se diga que não se trata, aqui, em absoluto, de desconsiderar as análises e os valiosos dados levantados por essas e outras pesquisas e estudos relativos ao estatuto e à condição "da" infância em nossos dias, particularmente no que se refere à forma insidiosa através da qual essa vem sendo comercializada pelo mundo corporativo, destacando-se aí a questão do consumismo. Pois é inegável que esses fatores concorrem de forma significativa para a instituição de políticas e processos de subjetivação que levam ao assujeitamento, à despolitização e à exploração. Todavia, tendo em vista que meu intuito é o de tentar estabelecer uma relação entre infância e governamentalidade neoliberal, as questões que me interessam aqui são de outro tipo. Por exemplo: Como o governo da infância, através de uma forma de capital configurado nas crianças, pode servir de meio estratégico ao governo dos indivíduos e coletividades adultos, ou à população em geral? Que mecanismos precisam ser mobilizados com esse intuito? E, então, como o consumismo voltado para a infância se acopla a uma engrenagem mais complexa, destinada ao governamento dessa parcela específica da população e, por intermédio deste, ao governamento da população em geral? Sem que tenha a pretensão de responder a essas questões em definitivo, espero pelo menos oferecer algumas pistas para tanto.

Teoria do Capital Humano, empreendedorismo e governamentalidade neoliberal

A teoria do *Capital Humano*, ao adotar o mercado como princípio de inteligibilidade e/ou chave de decifração, toma os comportamentos e as condutas dos indivíduos como objeto genuínos de uma análise econômica. Nessa perspectiva, por um lado, os comportamentos e as condutas dos indivíduos passaram a ser analisados sob a forma de cálculos racionais da relação custo-benefício dos investimentos feitos por esses mesmos indivíduos, particularmente no que diz respeito à sua educação e sua formação técnica e/ou profissional, tendo em vista um retorno posterior, na forma de fluxos de renda (salários); por outro lado, todo um conjunto de habilidades, capacidades e destrezas, na medida em que assumiam valor de troca, passaram a fazer parte tanto desse cálculo quanto da nova análise econômica que dele se ocupava. É justamente aí que ganha sentido a noção de capital humano.[6] Assim, em se tratando do

---

[6] Freitas, Siqueira e De Paulo (2008, p. 138), o definem nos seguintes termos: "Conjunto de investimentos destinados à formação de recursos humanos de uma empresa; termo usado para designar o conjunto de conhecimento, know how e informações acumulado pelos funcionários da organização; diz-se do capital utilizado também com o sentido de capacidade de trabalho de uma pessoa. O índice de crescimento do capital humano é um dos indicadores do desenvolvimento econômico. Este conceito foi introduzido pelo economista Theodore Schultz. O mesmo que capital intelectual". Este termo, por sua vez, recebe por parte dos autores a seguinte definição (Idem, p. 139): "Diz-se da atribuição de valores monetários à capacidade de uma pessoa, proprietário ou

tema da governamentalidade neoliberal, apesar de ser crucial a questão de quem investe na educação e na qualificação do indivíduo trabalhador, se o Estado, o empregador ou o próprio trabalhador, não menos importante é o fato de que este se torna ele próprio, conforme assinala Johnson (*apud* LOPEZ-RUIZ, 2007, p. 195), "um meio de produção produzido, um item de equipamento de capital". Nesses termos, a economia política passa a ter como objeto o comportamento humano, ou melhor, a racionalidade interna que o anima. Trata-se de estudar o trabalho exercido pelos indivíduos como uma conduta econômica, e de tentar entender como essa conduta é praticada, racionalizada e calculada por aquele que a exerce.

Nesse sentido, as pesquisas e análises da Escola de Chicago se desenvolveram em torno de questões, tais como as enunciadas por Fonseca (2007, p. 160): "como se produz e se acumula o chamado 'capital humano'? De que ele se compõe? Quais são seus elementos inatos ou hereditários? Como ele pode ser adquirido por meio de políticas educacionais?" Mas, talvez, possamos considerar essas questões à luz do que uma vez disse Theodore Schultz (1973, p. 9), famoso economista da Escola de Chicago e agraciado com o Nobel de economia em 1979, a saber: de que uma classe particular de capital humano, aquele "configurado na criança", poderia ser a "chave de uma teoria econômica da população". Isso nos dá uma pista para pensarmos a questão do governamento da infância como estratégico a uma governamentalidade neoliberal de matiz norte-americano. Minha hipótese é a de que, nos desdobramentos dessas análises econômicas, sobretudo num *éthos* empresarial dominado pelas "teorias de gestão", no contexto da globalização, com a consequente despadronização e flexibilização do mundo do trabalho, numa ambiência regida pelo consumismo, certamente, mas, sobretudo, pela concorrência, o que se considera como virtualmente gerador de valor e, nesse sentido, portanto, como capital que deve ser configurado na criança, não é outra coisa senão um conjunto de habilidades, competências e valores estreitamente associados ao que se vem chamando de *empreendedorismo*. O que vem a ser isso?

O termo guarda uma série de significações. Num extremo, têm-se as estritamente econômicas, isto é, as que se referem à abertura de pequenas empresas e/ou negócios inovadores (o que implica a transformação de ideias em realidade), ou as que configuram uma ampla tendência na condução das economias emergentes, a ser assumida através de determinadas políticas (de combate ao desemprego, de C&T, de educação e cultura, etc.) pelos países que desejam tornarem-se competitivos numa economia globalizada; no outro extremo, as que remetem

---

funcionário de uma empresa, em gerar oportunidades e negócios a favor da empresa, no presente ou no futuro. Quando atribuído ao contexto da empresa, ele perfaz um conjunto de pessoas que juntas significam um diferencial de mercado comparando com concorrentes".

a uma visão de mundo, a um modo de o indivíduo ser e estar no mundo, a um estilo de vida a ser por ele adotado e constantemente exercitado. É justamente esse último sentido o que mais me interessa, haja vista que ele assinala uma mutação subjetiva que me parece importante: em sua versão moderna, o indivíduo foi produzido como sujeito de um Eu, de uma identidade, cada vez mais psicologizados, mas também como sujeito de direitos; no que seria sua versão contemporânea, entretanto, ele se vê transmutado num *indivíduo micro-empresa*, "Você S/A", que busca produzir e acumular capital humano e que deve fazer isso tendo em vista tornar-se um empreendedor de sucesso. Freitas, Siqueira e De Paulo (2008, p. 275) definem a figura do empreendedor da seguinte forma:

> Indivíduo com forte predisposição pessoal para definir o seu próprio destino, com certo grau de intuição na identificação de oportunidades de negócios, capaz de correr riscos calculados, persistente, [com] visão positiva do futuro, capaz de enfrentar pressões e fatores adversos. Diz-se do indivíduo capaz de identificar oportunidades, desenvolver uma visão do ambiente, ser capaz de contagiar pessoas com sua idéia, é estar pronto para assumir riscos e aprender com erros, é ser um profundo conhecedor do todo e não só de algumas partes, é dentre outras atribuições, ser capaz de obter feedback e utilizar essas informações para seu próprio aprimoramento.

O mais importante dessa definição não é tanto o que nela se afirma de explícito, mas o que ela apenas aponta vagamente, a saber: em primeiro lugar, que é a própria vida, a vida de cada um, que se torna um negócio, um negócio a ser gerido, administrado, como se faz na gestão de qualquer empresa; em segundo, que, para tanto, necessário se faz que todos os indivíduos assimilem, fazendo seus, os valores, as competências e as tecnologias que lhes são apresentadas como imprescindíveis para essa gestão empreendedora de suas vidas; em terceiro, por fim, que a medida do sucesso ou insucesso dessa gestão tem como referência maior a figura do executivo das transnacionais[7], apresentada pelos meios de comunicação, pela publicidade e pelo marketing como o supra-sumo do sucesso, da felicidade, da segurança e da plena realização pessoal e profissional.

Tendo isso em conta, a disseminação de uma cultura do empreendedorismo pode ser pensada como uma das expressões da governamentalidade neoliberal norte-americana, a qual busca programar as formas de agir, sentir, pensar dos indivíduos, bem como o modo como se situam diante de si mesmos, da vida que levam e do mundo em que vivem, através de determinados processos e políticas de subjetivação, dentre os quais se destacam novas tecno-

---

[7] Cf. Lopez-Ruiz (2007).

logias gerenciais no campo da administração (*management*), práticas e saberes psicológicos voltados à dinâmica e à gestão de grupos e das organizações, propaganda, publicidade, *marketing, branding*, literatura de autoajuda etc.[8] Esses processos e políticas de subjetivação, traduzindo um movimento mais amplo e estratégico que faz dos princípios econômicos (de mercado) os princípios normativos de toda a sociedade, por sua vez, transformam o que seria uma sociedade de consumo numa sociedade de empresa (sociedade empresarial, ou de serviços), induzindo cada vez mais os indivíduos a estabelecerem entre si relações de concorrência. Exploraremos, mais adiante, essa questão crucial da concorrência.

Por hora, gostaria de insistir num aspecto que reforça esse poder normatizador. Peter Drucker (*apud* KENNEDY, 2000, p. 89), considerado o guru dos gurus do gerenciamento e/ou da gestão, difunde a crença de que a administração é tão fundamental para a vida quanto para os negócios: "Estamos começando a perceber que a própria administração é a instituição mais importante de nossa sociedade atual, e que há muito poucas diferenças entre administrar um negócio, uma diocese, um hospital, uma universidade, um laboratório de pesquisas, um sindicato ou um órgão do governo". Seguindo essa linha apontada por Drucker, pode-se dizer que as organizações empresariais e comerciais, as corporações e conglomerados financeiros estão como que deixando de ser organizações sociais e se transformando não só em instituições sociais, mas nas mais importantes dessas instituições. É por intermédio disso que as empresas ganharam uma alma e uma aura especiais; o "gás" de que fala Deleuze.[9] Nessa condição, elas passam a instituir certos valores e medidas, passam a emitir certos modos de valoração, determinando o que deve ou não ser positivado, quem são os *winners* e quem são os *losers*, assim como a fornecer os instrumentos supostamente capazes de mensurar a qualidade e a quantidade daquilo que, aos olhos do mercado, tem (ou deve ter) valor.

Voltando à questão da concorrência, porque ela se mostra crucial a esse novo espírito do capitalismo e à governamentalidade neoliberal que lhe concerne? Porque é ela, mais do que a espetacularização do real e do que o consumismo, que, ao promover um deslocamento que enfatiza o investimento, em detrimento do consumo, potencializa efetivamente a difusão de uma *cultura do empreendedorismo*, tornando possível a produção de *indivíduos micro-empresa* e sua generalização

---

[8] No campo da gestão empresarial, é impressionante a quantidade de livros que vêm propagando a teoria do Capital Humano, a cultura do empreendedorismo e temas que lhes são correlatos; dentre eles estão: Davenport (2001); Crawford (1994); Stewart (1998). Dentre os autores que se constituíram como verdadeiros gurus do mundo corporativo, e cujos livros se tornaram verdadeiros best-sellers, estão Peter Drucker, Tom Peters e Michael Porter.

[9] Cf. Deleuze (1992).

no corpo social. Foi Michel Foucault (2008, p. 200-201) quem chamou nossa atenção para a importância desse deslocamento conceitual e valorativo:

> A sociedade regulada com base no mercado em que pensam os neoliberais é uma sociedade na qual o que deve constituir o princípio regulador não é tanto a troca de mercadorias quanto os mecanismos da concorrência. São esses mecanismos que devem ter o máximo de superfície e de espessura possível, que também devem ocupar o maior volume possível na sociedade. Vale dizer que o que se procura obter não é uma sociedade submetida ao efeito-mercadoria, é uma sociedade submetida à dinâmica concorrencial. Não uma sociedade de supermercado – uma sociedade empresarial. O *homo oeconomicus* que se quer reconstituir não é o homem da troca, não é o homem consumidor, é o homem da empresa e da produção.

Esse homem da empresa e da produção não é outro senão o que chamamos aqui de empreendedor, de indivíduo micro-empresa, mas, à diferença do que ocorria no antigo capitalismo industrial, em que era possível se contar nos dedos quais eram os grandes empreendedores, hoje, todos e cada um encarnam potencialmente essa figura, ou podem vir a encarná-la. Na medida em que o fazem, e uma vez funcionando, como qualquer empresa, sob a lógica dos investimentos, da inovação, da eficácia, da eficiência e da competitividade, suas relações de sociabilidade, suas condutas e comportamentos são determinados por relações que são eminentemente concorrenciais. Ora, nesses termos, o outro é virtualmente colocado na posição de um concorrente, de um obstáculo a ser batido, de alguém a ser superado. O outro é um empreendedor que concorre comigo. A par disso, nessa batalha com seus virtuais concorrentes, o empreendedor deve contar, acima de tudo, apenas consigo mesmo. Não é a toa que na pedagogia empreendedora apregoada por Dolabela (1999, p. 24), o verdadeiro empreendedor "é aquele que aprende sozinho".

Decerto que se examinarmos o perfil alardeado pelos meios de comunicação e pela publicidade acerca dos verdadeiros empreendedores, veremos que eles invariavelmente precisam consumir produtos e serviços, que estão – como disse Deleuze (1992) – permanentemente endividados, e que, além disso, precisam não descuidar de seu marketing pessoal, espetacularizando suas performances; todavia, tudo isso é racionalizado como uma questão de investimento, como algo que promete assegurar um retorno em dinheiro, prestígio, sucesso, segurança etc.

Resta, agora, explorar como a governamentalidade neoliberal vem investindo a população infantil, configurando nas crianças os valores e competências enaltecidos pela teoria do Capital Humano e pelo empreendedorismo. Em segundo lugar, explorar as relações desse tipo de governamento da infância com a educação, apontando alguns dos efeitos que aí têm lugar.

Empreendedorismo e governo "da" infância pela instituição de uma "infância empreendedora"

A literatura que aborda e dissemina as características, a importância, as diversas facetas e virtudes do empreendedorismo é, além de abundante, demasiado apelativa, rápida e superficial em seus argumentos e, no mais das vezes, faz um uso simplista e às vezes bizarro de saberes e práticas que misturam conteúdos primários de psicologia, de pedagogia, de sociologia, antropologia, de teorias da gestão e de auto-ajuda. Tudo isso adornado por um verniz científico e por uma linguagem sedutora e de fácil assimilação, na qual diversos bordões são repetidos à exaustão. Na verdade, a cultura do empreendedorismo é disseminada pelos meios de comunicação e também por uma infinidade de DVDs, propagandas, projetos, programas, cursos, seminários, treinamentos, nos mais diversos tipos de organizações sociais. Trata-se, sem dúvida, de um perfeito exemplar do que Deleuze chamou de lógica da comunicação, em que o que está em jogo é a propagação de comunicados, de palavras de ordem, de clichês, de lugares comuns. A cultura do empreendedorismo tem se difundido de tal forma, que ela atualmente abarca praticamente todos os domínios e dimensões da vida social. Não tardaria, pois, que ela se voltasse para a população infantil e, obviamente, para a educação das crianças. Entretanto, esse investimento mostra-se muito mais complexo e ostensivo do que apenas fazer com que, como no passado, as crianças brinquem com o jogo "banco imobiliário".

Pode-se identificar nessa literatura, apesar de pequenas variações, uma espécie de argumento recorrente, quando se trata de vincular e de justificar a submissão "da" infância ao empreendedorismo. Em primeiro lugar, parte-se invariavelmente da constatação de que as sociedades contemporâneas vêm atravessando mudanças profundas de toda sorte, para o pior e o melhor, e que, de todo modo, essas mudanças acabam repercutindo na condição "da" infância e na educação "desta". O que nesse processo é auscultado em termos negativos? Por um lado, critica-se uma espécie de degeneração do tecido social, que teria por efeito a perversão das crianças e dos jovens, levando-os à insegurança, à infelicidade, à desilusão e mesmo ao suicídio. Hamilton Werneck (2007, p. 9-10), por exemplo, refere-se a esse processo, curiosamente, como uma "desconstrução da infância". Como resultado, diz ele, as crianças estariam deixando de brincar, de sonhar e de inventar seus próprios brinquedos; elas estariam se transformando em seres consumistas, ao passo que a escola, de tão preocupada em formar alunos competitivos para o mercado, já não lhes ofereceria o menor prazer nas atividades pedagógicas, e os pais, por sua vez, estariam se tornando incapazes de exercer sua autoridade com firmeza e responsabilidade.

Nesse sentido, o crime maior denunciado pelos apologistas do empreendedorismo é o assassínio dos sonhos das crianças e o sequestro da ludicidade que seria típica dessa fase do desenvolvimento humano. Essa capacidade de sonhar, por seu turno, aparece sempre como uma potencialidade inerente a qualquer criança; trata-se, contudo, de uma capacidade especial, pois ela abriria virtualmente todo um horizonte de possíveis experiências, transformações e realizações nas vidas das crianças, em seu processo de desenvolvimento. Ora, dizem os defensores do empreendedorismo e de uma educação empreendedora, sociedades com culturas pobres, tendentes à homogeneização, refratárias às mudanças tecnológicas, político-econômicas e socioculturais, cujo sistema educacional não incentiva "o sonhar", a busca de experiências singulares, inovadoras, bem como a experimentação de meios para que ideias sejam transformadas em realidades, apesar dos riscos aí implicados, pois bem, culturas como essas inibem as capacidades empreendedoras das crianças e dos jovens, comprometendo assim seu futuro e suas realizações. Antes o contrário, elas só fazem contribuir para que valores, normas e condutas conservadores e imobilistas continuem preponderando na formação e educação de seus indivíduos. Nesse sentido, afirma Dolabella (2003, p.16):

> Na lida aprendi que todos nascemos empreendedores e que, se deixamos de sê-lo mais tarde, isso se deve à exposição a valores antiempreendedores na educação, nas relações sociais, no "figurino cultural" conservador a que somos submetidos. Lidar com crianças, portanto, é lidar com autênticos empreendedores ainda não contaminados por esses valores.

Assim, se a criança naturalmente já é um ser empreendedor, porque não fazer com que ela disponha de uma educação que lhe permita desenvolver, desde a mais tenra idade, suas potencialidades, investindo em seu capital humano, realizando seus sonhos e atingindo sua realização e sua felicidade? Em meio a esse processo, como que num retorno romântico a Rousseau, fundamental é tomar as crianças como guias, pois elas são empreendedoras natas e não se deve desconsiderar seus impulsos e emoções naturais. Para Dolabela: "Sendo elas detentoras de um saber perdido nos desvãos da cultura dos adultos, é preciso se deixar conduzir pelo seu mundo de criatividade, inconformismo, rebeldia, do não saber que não pode, dos sonhos capazes de dar sentido à vida".

Outra questão recorrente nesse tipo de literatura, seja ela voltada para adultos ou para "a" infância, é a aderência que seus enunciados guardam frente à exigência, desejada e requerida na educação de crianças empreendedoras, de que estas tenham certa sensibilidade às injustiças sociais, de que promovam seus talentos e aptidões tendo em vista o desenvolvimento sustentável das sociedades, de que se comprometam com a redução das desigualdades entre ricos e pobres, de que se empenhem pela inclusão dos desfavorecidos, de que valorizem a cooperação, de que tenham respeito por temas e imperativos do "politicamente correto", e de que suas condutas visem, em última instância, ao bem-estar da comunidade. Nesse sentido, diz Dolabela (2003, p. 31-32), educar é:

> Despertar a rebeldia, a criatividade, a força da inovação para construir um mundo melhor. Mas é principalmente construir a capacidade de cooperar, de dirigir energias para a construção do coletivo. É substituir a lógica do utilitarismo e do individualismo pela construção do humano, do social, da qualidade de vida para todos.
>
> Uma estratégia de educação empreendedora deve explicitar sua racionalidade e sua ética: a quem e para que serve. A Pedagogia Empreendedora baseia-se no entendimento de que o empreendedorismo, pelo seu potencial como força importante na eliminação da miséria e na diminuição da distância entre ricos e pobres, tem como tema central o desenvolvimento humano, social e econômico sustentável.

Os investimentos em capital humano e em empreendedorismo, portanto, devem elevar o capital social de toda a sociedade. Esse ponto é importante e merece ser discutido, pois, à primeira vista, ele configuraria um paradoxo face ao movimento que assinalei anteriormente, que coloca os indivíduos uns em concorrência com os outros. De fato, toda essa sensibilidade às mazelas e desigualdades sociais, aos infortúnios dos pobres e excluídos, bem como toda essa preocupação com a cooperação entre as pessoas e com o desenvolvimento sustentável, parecem ir de encontro ao hedonismo narcisista e ao individualismo que grassam nas sociedades contemporâneas, bem como aos mecanismos que incentivam a concorrência e a competição entre os indivíduos. Mas um exame mais acurado da questão, na perspectiva oferecida por Boltanski e Chiapello (2002), mostra que uma das características que singularizam o novo espírito do capitalismo é a de conseguir afirmar seus valores, suas bandeiras, seu receituário e seus processos e políticas de subjetivação fazendo uso, para tanto, de uma tripla estratégia. Em primeiro lugar, ele soube incorporar todo um ideal crítico-libertário e estético que, em sua origem, remontando aos anos 1960, questionava uma série de fatores do capitalismo então existente: rigidez das hierarquias, burocracia, alienação nas relações de trabalho, por sua vez associadas, à heteronomia, à inautenticidade, à falta de criatividade e de liberdade genuínas etc. Em segundo lugar, através dessa assimilação e de seu agenciamento às teorias da gestão (*management*), conforme aponta Pelbart (2003, p. 96-97), o sistema conseguiu realavancar-se, particularmente no decurso dos anos 1980, inaugurando novos mecanismos de intervenção nas subjetividades:

Significa que ao satisfazer em parte as reivindicações libertárias, autonomistas, hedonistas, existenciais, imaginativas, o capitalismo pôde ao mesmo tempo mobilizar nos seus trabalhadores esferas antes inatingíveis. [...] A reivindicação por um trabalho mais interessante, criativo, imaginativo obrigou o capitalismo, através de uma reconfiguração técnico-científica de todo modo já em curso, a exigir dos trabalhadores uma dimensão criativa, imaginativa, lúdica, um empenho integral, uma implicação mais pessoal, uma dedicação mais afetiva até. Ou seja, a intimidade do trabalhador, sua vitalidade, sua iniciativa, sua inventividade, sua capacidade de conexão foi sendo cobrada como elemento indispensável na nova configuração produtiva.

Em terceiro lugar, para que o sistema não deixasse essas almas inventivas, hedonistas, autônomas e empreendedoras de si, alheias ao que se passa no mundo, e desconectadas umas das outras, ele passa a distribuí-las num regime de rede, incitando-as a uma permanente conexão com fluxos, tendências, "acontecimentos", pessoas, etc., sempre tomando tais conexões como virtualmente portadoras de novas oportunidades, de investimentos, de acumulação de capital (inclusive, humano), de endinheiramento, de sucesso, de valorização pessoal, de aumento de status, dentre outras coisas. A meu ver, é nesse movimento que o novo capitalismo começa a trabalhar as subjetividades no sentido de produzi-las também com um mínimo de sensibilidade ao social, à pobreza, à violência, à discriminação, às condições do meio ambiente, ao "politicamente correto", ao desenvolvimento sustentável etc. Mas toda essa sensibilidade, a rigor, não é mais que um adorno numa lógica que pretende produzir, por um lado, indivíduos submissos e despolitizados e, por outro, indivíduos instados a competir permanentemente uns com os outros, a arcarem sozinhos com os insucessos e sucessos de seus investimentos e de suas apostas.

É um pouco de tudo isso o que vem sendo antecipado e dirigido às crianças dos mais diversos estratos sociais, inclusive (no caso das que pertencem à classe média) por intermédio de uma discreta chantagem feita junto aos seus pais e familiares. Pois o marketing corporativo que ronda a educação não cessa de fustigá-los com indagações que calam fundo em suas almas: "Vocês não querem o melhor para seus filhos?", "Vocês não querem que seus filhos se tornem bem sucedidos na vida?", Vocês vão mesmo correr o risco de que seus filhos se tornem uns indivíduos fracassados?". As ressonâncias disso na educação, particularmente nos processos de ensino-aprendizagem, apontam também para um empobrecimento nas relações de sociabilidade entre os aprendentes e destes com os professores, bem como para um empobrecimento do próprio processo de aprendizagem, na medida em que esta é recodificada e re-operacionalizada por uma lógica instrumental que a reduz ao domínio de certas competências valorizadas por um *éthos* empresarial. Talvez, daí se possa derivar a emergência de patologias sociais que incidem junto às crianças e aos jovens, levando-os ao desespero, a atos desesperados como os abordados por Kurz (2002):

> O que Hannah Arendt disse sobre os pressupostos do totalitarismo político é hoje a principal tarefa oficial da escola, a saber: "Arrancar das mãos o interesse em si próprio", para transformar as crianças em máquinas produtivas abstratas; mais precisamente, "empresários de si mesmos", portanto sem nenhuma garantia. Essas crianças aprendem que elas precisam sacrificar-se sobre o altar da valorização e ter ainda "prazer" nisso. Os alunos do primário já são entupidos com psicofármacos para que possam competir no "vai ou racha". O resultado é uma psique perturbada de pura insociabilidade, para a qual a auto-afirmação e a autodestruição se tornaram idênticas. É o amouque que necessariamente vem à luz atrás do "automanager" da pós-modernidade. E a democracia da economia de mercado chora lágrimas de crocodilo pelas suas crianças perdidas, que ela própria educa sistematicamente para serem monstros autistas.

Referências

ATEM, Érica. *Elementos para uma genealogia da subjetividade infantil contemporânea, a partir da análise dos discursos crítico-científicos sobre a infância*. Dissertação de mestrado apresentada ao Programa de Pós-Graduação em Educação Brasileira da UFC. Fortaleza: UFC, 2006;

BARBER, Benjamin. *Consumido: como o mercado corrompe crianças, infantiliza adultos e engole cidadãos*. Rio de Janeiro: Record, 2009;

BAUDRILLARD, Jean. *A sociedade de consumo*. Lisboa: Edições 70, 2007;

BAUMAN, Zigmunt. *Vida para Consumo*. A transformação das pessoas em mercadoria. Rio de Janeiro: Zahar, 2008;

BOLTANSKI, Luc; CHIAPELLO, Ève. *El nuevo spíritu del capitalismo*. Madrid: Ediciones Akal S. A., 2002;

BUCKINGHAM, David. *Crescer na era das mídias eletrônicas*. São Paulo: Loyola, 2007;

CASTRO, Lúcia Rabello de. (Org.). *Infância e adolescência na cultura do consumo*. Rio de Janeiro: NAU Editora, 1998;

CRAWFORD, Richard. *Na era do capital humano: o talento, a inteligência e o conhecimento como forças econômicas, seu impacto nas empresas e nas decisões de investimento*. São Paulo: Atlas, 1994;

DAVENPORT, Thomas. O. *Capital humano: o que é e por que as pessoas investem nele*. São Paulo: Nobel, 2001;

DELEUZE, Gilles. *Post-inscriptum* sobre as sociedades de controle. In: *Conversações*. Rio de Janeiro: Ed. 34, p. 219 - 226;

DOLABELA. Fernando. *Oficina do empreendedor: a metodologia de ensino que ajuda a transformar conhecimento em riqueza*. São Paulo: Ed. de Cultura, 1999;

DOLABELA, Fernando. *Pedagogia empreendedora*. São Paulo: Ed. de Cultura, 2003;

DONZELOT, Jacques. *A polícia das famílias*. Rio de Janeiro: Graal, 1980.

DUFOUR, Dany-Robert. *O divino mercado: a revolução cultural liberal*. Rio de Janeiro: Cia. de Freud, 2008.

FREITAS, Newton; SIQUEIRA, Carlos Aquiles; DE PAULO, Antonio. (Coords.). *Dicionário negócio & empreendedorismo*. Petrópolis (RJ): Ensinart, 2008;

FOUCAULT, Michel. *Nascimento da biopolítica*. Curso dado no Collège de France (1978 - 1979). São Paulo: Martins Fontes, 2008.

JOBIM E SOUZA, Solange. *Subjetividade em questão: a infância como crítica da cultura*. Rio de Janeiro: & Letras, 2000.

KURZ, Robert. A pulsão de morte da concorrência. In: *Folha de S. Paulo*, 26/05/2002;

KUTTNER, Robert. *Tudo à venda: as virtudes e os limites do mercado*. São Paulo: Companhia das Letras, 1998.

LINN, Susan. *Crianças do consumo*: a infância roubada. São Paulo: Instituto Alana, 2006.

LIPOVETSKY, Gilles. *A felicidade paradoxal: ensaio sobre a sociedade de hiperconsumo*. São Paulo: Companhia das Letras, 2007.

LOBO, Lilia. F. *Os infames da história: pobres, escravos e deficientes no Brasil*. Rio de Janeiro: Lamparina, 2008.

LÓPEZ-RUIZ, Oswaldo. *Os executivos das transnacionais e o espírito do capitalismo: capital humano e empreendedorismo como valores sociais*. Rio de Janeiro: Azougue Editorial, 2007.

PAIVA, Flávio. *Eu era assim: infância, cultura e consumismo*. São Paulo: Cortez, 2009.

PELBART, Peter Pál. *Vida capital: ensaios de biopolítica*. São Paulo: Iluminuras, 2003.

POSTMAN, Neil. *O fim da educação: redefinindo o valor da escola*. Rio de Janeiro: Graphia, 2002.

RIFKIN, Jeremy. *A era do acesso*. São Paulo: Pearson Education do Brasil; Makron Books, 2001.

SCHULTZ, Theodore. *Capital humano: investimentos em educação e pesquisa*. Rio de Janeiro: Zahar Editores, 1973.

STEINBERG, Shirley R.; KICHELOE, Joe L. *Cultura Infantil: A construção corporativa da infância*. Rio de Janeiro, Civilização Brasileira, 2004.

STEWART, Thomas A. *Capital intelectual: a nova vantagem competitiva das empresas*. 2. ed. Rio de Janeiro: Campus, 1998.

WERNECK, Hamilton. *O que é a escola empreendedora*. Petrópolis (RJ): DP et Alii Editora, 2007.

A filosofia na educação da infância

A infância, um território fronteiriço[1]

Félix García Moriyón

Introdução

Quero chamar a atenção para um problema que está acontecendo atualmente em muitas sociedades, para não dizer em todas. Não seria nada simples fixar os limites que marcam as etapas da vida humana, o que tem importantes implicações de todo tipo, principalmente sociais, políticas e culturais. Se nos fixarmos no caso da Espanha, nos encontramos então com a seguinte situação: embora tenhamos uma grande maioria de crianças escolarizadas aos três anos, a escolarização obrigatória vai dos 6 aos 16 anos, e até os 18 anos prevalece o direito de estar escolarizado sem consideração pelo rendimento que a pessoa obtém por essa escolarização; aos 12 anos, as crianças têm o direito de decidir com que progenitor ficarão no caso de um divórcio; com 13 anos podem decidir livremente manter relações sexuais com uma pessoa maior de idade; aos 14 anos atingem a idade penal e, em alguns casos, podem contratar matrimônio; aos 16 anos podem trabalhar, contratar matrimônio e abandonar os estudos caso seja o seu desejo; aos 18 anos já têm todos os direitos cívicos, quer dizer, podem votar, serem eleitos, abrir contas bancárias, montar uma empresa, e podem também fumar e consumir bebidas alcoólicas.

Por outra parte, se nos afastarmos dos marcos de sociedades "tranquilas" que, como no caso da Espanha, gozam de uma posição aceitável no índice de desenvolvimento humano elaborado pela ONU, é possível que entremos em territórios que compliquem ainda mais o que aqui mencionamos, isto é, em sociedades ou em guetos sociais nos quais a infância está determinada por circunstâncias bem distintas, o que modifica substancialmente as etapas que nela se possam determinar. Ou também podemos nos enfrentar com situações extremas, como a das crianças da guerra, que põem ainda mais em questão qualquer pretensão de categorizações estáveis e tranquilas dos sinuosos meandros do longo ciclo da vida humana.

---

[1] Tradução de Aimberê Quintiliano.

Uma primeira reação ante essa estranha periodização é, sem dúvida, a de perplexidade e confusão, mas é justo reconhecer que os legisladores não fazem mais do que refletir a inanidade de qualquer tentativa de oferecer uma periodização coerente. O que fazem com essas contraditórias delimitações legais é serem testemunhas da dificuldade que resulta de fazê-lo de outra maneira e da necessidade que temos de optar por cronologias movediças e variáveis, graças às quais é possível ir adiante nas tentativas de resolver os problemas que a vida da infância em sociedades complexas como as nossas traçam. Os limites de idade variam, portanto, segundo o que estamos pretendendo fazer ou os bens que queremos proteger, sem que por eles devamos mostrar mais preocupação que a que inicialmente está na origem das leis. E, como não podia ser menos, os legisladores permanecem abertos a sucessivas modificações provocadas quase sempre pela aparição de fenômenos novos que chamam a sua atenção.

Essas observações não têm por objetivo aprovar de maneira complacente o que fazem os legisladores, que em muitos casos é completamente objetável e digno de uma dura crítica. Tampouco têm como objetivo provocar uma certa paralisia intelectual que torne totalmente impossível abordar com uma solução aceitável os sérios problemas da infância, enfrentando o fato de que se dá um processo de amadurecimento que implica mudanças constantes. O que pretendo é dar um espaço a maneiras mais flexíveis de abordar o problema, inclusive mais difusas, recorrendo a categorias que possivelmente façam mais justiça ao problema. E tudo isso sem perder de vista em caso algum que é adequado seguir falando da infância como etapa que merece uma atenção específica. Não questiono, portanto, a realidade de uma etapa da vida que chamamos de infância; o que questiono é uma visão rígida desta e coloco a necessidade de abordá-la com outros recursos conceituais.

O ciclo da vida humana

Os numerosos estudos realizados nas últimas décadas permitiram avançar na nossa compreensão do desenvolvimento humano e, embora existam ainda importantes discrepâncias, é possível destacar alguns dos seus traços mais relevantes (COLE, 2005). São traços que gozam de uma certa aceitação generalizada na comunidade científica e também na sabedoria popular; alguns deles gozam por enquanto de um amplo consenso e outros são ainda objeto de discussão. As divergências estão vinculadas em grande parte ao enfoque global que se dá ao desenvolvimento humano. Seguindo a apresentação que faz desse problema Richardson (1988), existem nesses momentos pelo menos quatro grandes correntes no campo da psicologia evolutiva; não são visões contraditórias, mas bem distintas e por partes complementares, pelo menos de forma geral. Isso é devido em parte ao fato de centrarem sua atenção em aspectos específicos do desenvolvimento. Essas grandes correntes, cujo enfoque fica claro já pela denominação que as diferencia, são as teorias psicodinâmicas (Freud, Erikson), a inatista (Chomsky, Pinker), a associacionista (Watson, Bandura) e a cognitivo-construtivista (Piaget, Vigotsky). Os nomes que incluo fazem referência aos seus representantes mais qualificados, mas não devemos esquecer que existem importantes e significativas diferenças entre cada um deles, de tal modo que a conjunção em quatro correntes deve ser entendida como uma simplificação orientadora.

A primeira observação que devemos fazer é que o desenvolvimento evolutivo das pessoas deve ser entendido como um processo global e ininterrupto de mudanças desde o nascimento – para não falar nesses momentos do período de gestação durante o qual ocorrem mudanças decisivas para a configuração de um ser humano –, que se prolonga ao longo de toda a vida com uma fase inicial de crescimento e amadurecimento à qual sucede a plenitude do indivíduo para começar uma etapa de desgaste generalizado que se conclui com a morte. Essas mudanças têm diferentes ritmos ao longo da vida, com etapas muito aceleradas, especialmente a infância, e outras mais lentas, como a maturidade. A ideia de amadurecimento ou de crescimento indica um avanço positivo ao menos até alcançar um certo grau de plenitude individual, o que os gregos chamavam de *akmé* e os latinos de *floruit*. As mudanças são de fato mais complexas, pois se pode detectar retrocessos em alguns aspectos e em algumas etapas, e em certos casos são retrocessos irreversíveis e muito prejudicáveis. A última etapa, a que atualmente se chama a quarta idade, se caracteriza em geral por uma deterioração clara, por mais que nas sociedades atuais se procure dissimular a valoração negativa da velhice que se impôs socialmente de uma maneira mais acentuada que nas outras épocas da história.

Ao longo do processo se dá uma continuidade marcada: podemos traçar uma biografia de cada indivíduo na qual os diferentes momentos e etapas de uma pessoa são unificados em um relato dotado de coerência e sentido. Nem sempre é simples fazer uma narração biográfica coerente da própria vida; talvez por isso a memória humana tenha bastante reconstrução criativa do próprio passado em busca de uma identidade estável e reconhecível. Há momentos em que podemos detectar mudanças qualitativas, como a passagem do engatinhar ao andar sobre os dois pés ou, em certo sentido, a explosão da linguagem em torno dos trinta meses de idade, mas em geral devemos reconhecer que estamos diante de mudanças quantitativas. Dito de outro modo, entre uma criança e um adulto, em um sentido muito geral e também em aspectos específicos do desenvolvimento, não há diferenças de classe, mas de grau. Deve ser descartada completamente a ideia, com grande aceitação na história da humanidade, de que as crianças são adultos incompletos ou deficientes. A igualdade entre as crianças e os adultos não é somente uma construção jurídica para o amparo das declarações dos direitos humanos, mas um fato constatável no desenvolvimento amadurecedor das pessoas. As estruturas básicas do pensamento, em suas dimensões afetivas (a empatia, por exemplo) e cognitivas (o pensamento hipotético dedutivo), estão presentes de algum modo já nos recém-nascidos, e sua maturação consiste em ir ampliando e aprofundando essas estruturas graças às quais poderão viver como adultos autônomos no seio dos grupos sociais aos quais pertencem. A evidência acumulada a favor das capacidades das crianças desde seu nascimento avaliza a hipótese de que não podemos falar de diferenças de classe entre os distintos períodos do crescimento. Basta assistir a um valioso documentário de alta divulgação intitulado *The Human Baby*, facilmente acessível em YouTube, para verificar o que acabo de dizer.

Essa continuidade é guiada desde o primeiro instante pela dotação genética da pessoa em que se encontram as pautas do crescimento. Milhões de anos de evolução acumularam um conjunto de capacidades que estão presentes ao nascer e que permitem garantir que, salvo falhas na dotação inicial ou condições externas adversas, o indivíduo chegará à sua plenitude. A evolução da espécie tem avançado mediante o ensaio e o erro, de tal modo que aquelas variações aleatórias que se mostravam mais eficazes para conseguir enfrentar com êxito as relações dos indivíduos com seu meio ambiente eram as que se enraizavam e se mantinham na descendência. Sem possuir um projeto perfeito, está claro que as estruturas e funções do ser humano permitiram um nível de rendimento muito aceitável. E são muitos os comportamentos de um ser humano ao longo de sua vida que só se explicam a partir desse processo evolutivo. Um traço diferenciador da espécie humana é a grande duração do período que permite alcançar o desenvolvimento próprio de um indivíduo adulto, com clara capacidade de comportamento autônomo e de reprodução.

Não obstante, em caso algum se pode dizer que o desenvolvimento esteja predeterminado, nem sequer está claro que o que ocorre durante os dois primeiros anos da vida deixe uma pegada indelével no indivíduo. O que vamos sendo é o resultado de uma complexa e dinâmica inter-relação entre o herdado geneticamente e o recebido através do meio. No caso do ser humano, esse meio é sobretudo um meio cultural, não somente natural, o que estabelece uma diferença muito marcada entre o desenvolvimento dos seres humanos e o de qualquer outra espécie animal. Recentemente se recorre com frequência a modelos transacionais para poder compreender melhor essas inter-relações complexas. Temos uma tendência a encontrar um alto nível de continuidade quando analisamos o desenvolvimento desde um determinado momento examinando o que ocorreu anteriormente, o que nos leva a utilizar expressões como "já se via vir", e isso pode reforçar a ideia de uma certa predeterminação. Pois então, não há tal continuidade, muito menos no sentido de predeterminação do desenvolvimento posterior de um indivíduo, e qualquer educador sabe que as predições positivas e negativas feitas sobre os estudantes durante a sua infância falham estrepitosamente. Para cada indivíduo abrem-se a cada momento distintas alternativas, diferentes modos de se relacionar com o que o rodeia, e cada decisão orienta e determina os passos seguintes. Por isso mesmo é impossível encontrar dois indivíduos iguais, nem sequer entre gêmeos educados juntos, e por isso mesmo também devemos falar da plasticidade no desenvolvimento, posto que os sujeitos podem superar situações ambientais muito difíceis e, salvo exceções muito específicas, não existem períodos críticos no processo, mesmo se existem períodos nos quais o sujeito demonstra uma sensibilidade especial ao desenvolvimento de determinadas estruturas e pautas de comportamento.

Durante um certo tempo contaram com aceitação geral os modelos de desenvolvimento do ser humano nos quais se estabeleciam etapas ou estágios delimitados com clareza. Todos conhecemos demasiadas propostas como as de Freud, Erikson ou Piaget, que assinalaram a existência de etapas ou estágios de desenvolvimento bem definidos. Não cabe duvidar que sua tarefa classificadora, como sempre ocorre no mundo da investigação científica, foi sumamente útil, pois permitiu abordar o crescimento humano de uma maneira mais rigorosa, elaborar hipóteses de investigação e comprovar sua validade recorrendo sempre à crítica fundada dos colegas da comunidade destinada à investigação científica, além do contraste que sempre proporciona confrontar as teorias com a realidade cotidiana à qual essas teorias fazem referência. Os acordos mencionados anteriormente nos levam a sermos um pouco mais cuidadosos com a admissão das teorias dos estágios; se contam, todavia, com uma certa aceitação e estão apoiadas em investigações bem fundadas, convém revisá-las e reinterpretá-las de uma maneira menos estereotipada e rígida que a que vem sendo habitual.

É necessário destacar outra característica importante: alguns traços da infância se mantêm durante a vida adulta e chegam até a velhice. Esse é o caso da neotenia, sobre a qual Stephen Jay Gould chamou a atenção. Os seres humanos mantêm por toda a vida uma curiosidade que é mais própria às crianças, ou às crias em outras espécies. Conservamos, em graus diferentes, é claro, uma abertura mental que nos induz a estar constantemente observando o que nos rodeia e processando informação às vezes com a clara finalidade de aproveitá-la ou utilizá-la em outros contextos e às vezes pelo puro prazer que nos proporciona a satisfação da dita curiosidade. Como não perdemos a curiosidade, tampouco perdemos a disponibilidade para a aprendizagem, algo vantajoso em uma época como a nossa, caracterizada por mudanças rápidas; nos vemos obrigados a reciclar nossa formação e não nos incomoda demais esse desafio. Do mesmo modo, o prolongamento da esperança de vida elevou consideravelmente o número de pessoas de idade avançada que acessam também a uma multitude de cursos formativos com os quais buscam, entre outras coisas, dotar as suas vidas de sentido, preencher um tempo que parece vazio ao terminar-se a etapa de trabalho e pura ou simplesmente aprender coisas que no seu tempo não puderam aprender, mas que continuam atraindo a sua atenção.

Considero que a melhor maneira de levar em conta esses achados é insistir na necessidade de manejar algumas categorias básicas que evitem o risco de uma interpretação esquematizada do desenvolvimento evolutivo, especialmente a que desemboca em considerar a existência de etapas muito precisas, qualitativamente diferenciadas, com modificações em aspectos diversos da personalidade que se produzem de forma rápida e que mostram uma grande coerência. Isso é especialmente importante quando falamos da infância, que é o período no qual vou me concentrar nesses momentos, deixando à margem o resto do ciclo vital. Para os propósitos desse trabalho, considero a infância como um grande período que começa em torno dos três anos, com dois processos muito significativos, como são o reforço da própria imagem ou identidade e o começo do domínio da linguagem simbólica. É uma etapa de mudanças importantes que pode ser considerada terminada quando se chega à juventude, ou melhor ao começo da vida adulta. De forma muito simplificada, estou falando desse período que vai dos três anos aos 18 anos aceitando provisoriamente a maioria de idade jurídica como ponto final.

Algumas categorias fecundas

A evidência do crescimento maturativo dos seres humanos, de seu desenvolvimento evolutivo, não pode ser questionada. A presença do ciclo vital de um período que chamamos de infância está igualmente fora de toda dúvida. Porém, é fundamental abordar essa óbvia evidência com categorias que impeçam ir além do que os "dados objetivos" nos indicam, pois desse modo evitaremos cair em reducionismos improdutivos, em generalizações abusivas ou na substituição da realidade pelos construtos teóricos com quais falamos dessa realidade. E isso é especialmente importante no caso da infância, uma etapa longa e complexa da vida humana que pode ser delimitada de maneiras bem diferentes, como já dito na introdução.

Vem ao caso, portanto, recuperar a crítica que realizava Nietzsche (2006) da linguagem científica e da linguagem em geral quando perde de vista seu valor interpretativo. Na sua origem, os conceitos não deixam de ser metáforas, metonímias, antropomorfismos, mas vão se gastando com o uso e terminam perdendo sua condição genuína porque passam a converter-se em ilusões que substituem a realidade, variável e movediça, por demarcações que sempre têm algo de arbitrário. Inventadas as metáforas para poder sobreviver neste mundo em constante mudança, ao final esquecemos sua condição de metáforas, as solidificamos e as petrificamos, convertendo-as em "múmias egípcias". Existe um risco constante de hipostasiar os conceitos contra o qual se poderia manter sem dificuldades uma razoável atitude crítica, ainda que na prática ocorra mais facilmente o contrário. O pensador alemão faz sua uma crítica que se inicia nas primeiras décadas da filosofia ocidental, na Grécia clássica, e que continuou tendo defensores nos mais de 2.500 anos de reflexão filosófica.

Na sua análise genealógica dessa ilusão conceitual, Nietzsche retorna a Platão. Este grande filósofo, buscando uma fundamentação do conhecimento humano, considerou que os conceitos universais remetiam a um mundo ideal no qual se encontrava a autêntica realidade cujos objetos particulares deste mundo não eram mais que cópias ou imitações. As ideias eram tanto mais reais quanto mais fixas, estáveis e imutáveis. Introduziu deste modo um essencialismo que com certa frequência provocou mais confusão que esclarecimento. Seu discípulo Aristóteles tentou remediar o problema, mas manteve em última instância as mesmas essências, bem que sem existência separada do que é o único realmente existente, os indivíduos concretos. Esse essencialismo tem sido e continua sendo um problema porque desvia a atenção do que realmente deveria nos importar e converte construtos teóricos bem fundamentados em entidades com realidade própria independente do mundo no qual nos movemos e somos. O problema se agrava ao generalizar o uso desses construtos teóricos nos âmbitos de sua aplicação; elaborados por teóricos parcialmente conscientes de tudo o que há nesses conceitos de generalização simplificadora, as pessoas que divulgam essas ideias ou as levam à prática manifestam uma forte tendência a converter reflexões bem fundadas em receitas estereotipadas e anquilosadas que acabam confundindo mais do que esclarecem.

Poderia ampliar essa crítica com as contribuições recentes de filósofos como Derrida (1989), Rorty (1996) ou até mesmo Habermas (2007). Todos eles tendem a insistir na necessidade de ir além do logocentrismo que tem dominado na cultura ocidental, seja abandonando o que Derrida chama a metafísica da presença, seja insistindo, como Rorty e Habermas, em que os conceitos são sobretudo construções com as quais nos relacionamos com a realidade que nos rodeia. A dura depuração de nossas mais arraigadas convicções metafísicas – que se alcança mediante o método genealógico de Nietzsche ou a desconstrução de Derrida – não tem por que conduzir a um ceticismo ou a um pensamento débil, no sentido de renunciar a generalizações categoriais, nem deixa como única saída intelectual a ironia rortiana. O que continua superado é o que poderíamos chamar um realismo ingênuo, ou um essencialismo fixista, que dificulta, como venho dizendo, a compreensão do que temos em mão. Dá lugar ao contrário a um realismo crítico, tal como o define Mario Bunge (1985), ou a um naturalismo realista, termo que utiliza Habermas, na medida em que a linguagem dá acesso a uma universalidade generalizada ou extensa, pois nos proporciona uma forma empiricamente geral de comunicação; agora, não confere a necessidade e deixa a dúvida de que sejamos capazes de captar o mundo em si mesmo, além de uma configuração antropocêntrica do mesmo.

Devemos, portanto, admitir que os conceitos – que utilizamos para compreender o mundo que nos rodeia e sobretudo para nos relacionarmos com esse mundo e resolver os problemas que nos são colocados – são construtos do ser humano sem um correlato exato no mundo. Vivemos dentro de uma linguagem, e essa linguagem assinala os limites do mundo em que vivemos. Os sujeitos não são receptores passivos de sinais que chegam até nós desde uma realidade exterior, mas somos receptores ativos e, ao mesmo tempo que recebemos informação, a configuramos e estruturamos sempre desde a perspectiva que nos é própria e nenhuma perspectiva pode ser considerada como privilegiada ou como descrição objetiva do mundo. Os aportes de psicólogos como Paul Watzlavick são muito sugestivos, sobretudo por que nos remetem ao âmbito da psicologia clínica (WATZLAWICK, 1999) e sublinham esse sentido dos conceitos com os quais fazemos referência a realidades psicológicas, pois são úteis, mas também provocam o enviesamento da interpretação ou atribuições errôneas.

Parece mais adequado, portanto, abordar o período da infância retomando o conceito de crise elaborado por Erikson (1974), sem necessidade de adotar a prolixa classificação em estados proposta pelo autor. O importante é focar o crescimento maturativo como um processo dinâmico e instável, durante o qual as crises constituem etapas nas quais se produzem uma instabilidade provocada pela aparição de novos desafios e pelo desvelar de novas capacidades e competências. Não há nada de negativo no fato da instabilidade e dos desafios, pois formam parte da realidade pessoal. Nesse sentido, a infância tem como ponto de partida uma dupla crise: a que é provocada pela explosão de linguagem ao oferecer às crianças uma atitude parcialmente nova e fecunda em suas relações com elas mesmas e com a sociedade; e outra crise causada pela descoberta da própria identidade, isto é, pelo reconhecimento de si mesmos como indivíduos claramente diferentes. As possibilidades de desenvolver-se como indivíduo autônomo se incrementam notavelmente tanto em suas relações com os adultos quanto nas relações com outros companheiros. O crescimento infantil continua marcado por esse jogo constante entre a instabilidade e a estabilidade, entre os desafios e a resposta que se vem dando a eles. Não foi em vão que Piaget abordou igualmente o desenvolvimento evolutivo apoiado na categoria central da *homeostasis*, que dá bem conta desse jogo que constitui a identidade biográfica das pessoas.

Quando já avançada a infância, surge outra grande crise marcada pelo início da puberdade, outro momento no qual as mudanças maturativas fisiológicas e corporais provocam uma desestabilização generalizada que exige um renovado esforço por parte dos infantes, neste caso chamados também adolescentes. O que está em jogo neste momento volta a ser a própria identidade da criança adolescente, que percebe como uma exigência forte e difícil a necessidade de esclarecer o tipo de pessoa que quer chegar a ser. Isso tem sua manifestação mais aguda no âmbito da definição sexual, ou de gênero, e na maneira de gerenciar uma sexualidade que brota com força precisamente no começo da puberdade. Isso vai unido à dificuldade de se relacionar com seu próprio corpo, questão agravada em sociedades como a nossa que conferem um papel relevante ao corpo ajustado aos cânones oficiais de beleza. Por último, determina problemas sérios na definição global das metas às quais se aspira, o que conserva uma relação estreita com o desenvolvimento e a reestruturação de todo o processo de argumentação e tomada de decisões.

Quero destacar, portanto, na infância a sua condição de etapa crítica na qual os problemas de mudanças e equilíbrio são constantes; as diversas marcas que aponta Erikson para caracterizar as etapas desse período da vida são sugestivas, mas devem ser abordadas como algo que, em definitiva, não deixa de ser artificial. Segundo Eugenio Trías (1985, 1999), podemos fazer o esforço de compreender esse processo aceitando a crítica radical de Nietzsche e de seus continuadores sem necessidade de cair em contraproducentes dissoluções pós-modernas. Trata-se de partir de uma concepção do ser como devir ou suceder, sempre o devir de um singular sensível, que deriva de um fundamento em falta ou sem fundamento e que se refere a um fim sem fim. O ser se entende então como limite, habitante de uma fronteira que se situa em uma delgada linha na qual uma razão fronteiriça se esforça, mediante a linguagem e os símbolos, para construir um cerco no qual o próprio ser pode ser cultivado, o mundo físico se converte em mundo e esse mundo passa a ser um projeto do ser fronteiriço que converte corpo e território em projeção e desdobre da própria dobra da sua condição de limite e dobradiça.

A infância não deixa de ser, no entanto, uma dessas metáforas que favorecem e facilitam as relações com as pessoas durante um determinado período de sua vida. Constitui um período no qual, se tomarmos em conta o que acabamos de dizer, se põe manifestamente com clareza algo que define a realidade humana. Cada sujeito se vê confrontado à necessidade de buscar seu fundamento e seu projeto de desdobramento, sem apoios estáveis. Ao mesmo tempo, a sociedade elabora construtos simbólicos ou conceituais nos quais permanecem manifestamente os interesses sociais, posto que em definitiva são os adultos que decidem como manejar a infância (KENNEDY, 1998). Deixando à margem as evoluções que sofreu a categorização desta etapa ao longo da história, podemos destacar muito brevemente o que ocorre na época atual. Nas nossas sociedades urbanas complexas se consolidou algo que já teve início no começo da idade contemporânea: uma infância prolongada que coincide com o período da escolarização obrigatória e que dura, portanto, dos três aos 18, com uma margem de dois anos no começo e outros dois no final. Criaram-se instituições especializadas no atendimento à infância, sendo a escola a fundamental, e se investem quantiosos esforços no cuidado e na proteção das crianças.

É nesse sentido uma etapa na qual a pessoa não contribui à produção de riqueza mas que, ao inverso, demanda uma grande dedicação social. Isso reforça a conversão das crianças em protagonistas, com o aspecto positivo de que se lhes reconhece uma especificidade que até agora lhes era negada, mas também os converte em sujeitos mimados e consentidos. São pessoas descarregadas de deveres e carregadas de direitos, às quais em nenhum caso se as deixa participar ativamente na sociedade, a não ser como consumidor de bens, contribuição econômica por outra parte importante. Este último ponto faz que se posponha uma maturação possível, pois a criança fica ancorada ao que Freud chamava princípio de prazer, ou satisfação imediata de suas necessidades; aparece então a chamada síndrome de Peter Pan com uma prolongação indevida da adolescência (KINLEY, 1987).

Há deste modo uma ambivalência com algumas consequências negativas: atribui-se à infância um claro protagonismo novo na história da humanidade; é reconhecida como etapa com características próprias que devem ser respeitadas, mas esse protagonismo é imediatamente rebaixado porque não lhes é permitido seriamente participar na orientação de suas próprias vidas e são convertidas em pessoas que exigem a satisfação imediata de seus caprichos. Não é estranho que os legisladores, como dito no início dessas reflexões, tenham problemas para demarcar etapas e delimitar responsabilidades. À complexidade do desenvolvimento humano, nossa sociedade ajuntou novas complexidades. Uma das contribuições importantes para resolver alguns dos atuais problemas passa sem dúvida por conceder às crianças um protagonismo muito maior na gestão daqueles espaços e tempos nos quais estão diretamente implicados. E ao mesmo tempo que se as aceita como atores se as dota, precisamente no exercício de sua capacidade de atuar, das competências cognitivas e afetivas graças às quais vão poder alcançar a sua plenitude como seres humanos. Disso decorre uma proposta educativa como a que suscita a exigência de fazer filosofia junto às crianças, assim como o propôs Matthew Lipman nas suas origens; e é algo em que têm insistido autores como o já citado David Kennedy e Walter Omar Kohan (2010), posto que não somente reconhecem às crianças a capacidade de assumir esse protagonismo, rompendo alguns enfoques que gozam de uma grande aceitação, mas também insistem no fato que essa capacidade deve ser estimulada e desenvolvida (JUUSO, 2007).

Referências

BUNGE, Mario. *Racionalidad y realismo*. Madrid: Alianza. 1985.

COLE, Michael, COLE, Sheila R.; LIGTHFOOT, Cynthia. *The Development of Children*. 5. ed. New York: World Publisher, 2005.

DERRIDA, J. *La deconstrucción en las fronteras de la filosofía. La retirada de la metáfora*. Barcelona: Paidós/I.C.E. U.A.B. 1989.

ERIKSON, Erik H. *Infancia y sociedad*. 4. ed. Buenos Aires: Hormé, 1974.

HABERMAS, J. *Verdad y justificación*. Madrid: Trotta. 2007.

JUUSO, Hannu. *Child, Philosophy and Education. Discussing the intellectual sources of Philosophy for Children*. 2007. Disponível em: <http://herkules.oulu.fi/isbn9789514285509/isbn9789514285509.pdf>.

KENNEDY, David: Reconstructing Childhood. *Thinking. The Journal of Philosophy for Children*, 14:1, 29-37. 1998.

KINLEY, Dan. *El síndrome de Peter Pan*. Villaviciosa de Odón: Javier Vergara. 1987.

KOHAN, Walter O. *Infancia y filosofía*. México: Progreso. 2010.

MOUFFE, Chantal (Comp.). *Desconstrucción y pragmatismo*. Buenos Aires: Paidós, 1998.

NIETZSCHE, Friedrich. *Sobre verdad y mentira en sentido extramora. La voluntad de ilusión en Nietzsche*. Traducción de Luis Manuel Valdés Villanueva. Madrid: Tecnos. 1990.

RICHARDSON, Ken. *Modelos de desarrollo cognitivo*. Madrid: Alianza. 1998.

RORTY, Richard. *Objetividad, relativismo y verdad*. Barcelona: Paidós. 1996.

TRÍAS, Eugenio. *La razón Fronteriza*. Barcelona: Destino. 1999.

TRÍAS, Eugenio. *Los límites del mundo*. Barcelona: Ariel. 1985.

WATZLAWICK, Paul; NARDONE, Giorgio (Comp.). *Terapia breve estratégica pasos hacia un cambio de percepción de la realidad*. Barcelona: Paidós. 1999.

Filosofia, pedagogia e psicologia: a formação de professores e a ética do cuidado de si

Lúcia Helena Cavasin Zabotto Pulino

> *Amar é mudar a alma de casa.*
> MÁRIO QUINTANA, "Carreto"[1]

A formação de professores vem sendo assumida pela Filosofia, a Pedagogia e a Psicologia, dentre outros campos de saber. A primeira tem participado do processo, propondo uma reflexão sobre o que é a educação, sobre a possibilidade do ensino, os conceitos presentes nas teorias e práticas envolvidas no processo de ensino-aprendizagem; a segunda, estudando o processo educativo e propondo uma sistematização de sua prática; a terceira, explorando o processo de ensinar-aprender, articulando-o ao desenvolvimento humano, às relações entre os sujeitos envolvidos nesse processo e à construção da subjetividade desses atores. As três se articulam, trocam experiência, questionam-se mutuamente.

O objetivo deste texto é pensar sobre a formação de professores, no âmbito das três áreas mencionadas, propondo uma formação comprometida com o sentido que o professor dá à sua própria experiência como educador. Para tal, fazemos uma análise crítica do papel que a Filosofia, a Pedagogia e a Psicologia, exercem, nesse processo de formação continuada de professores.

A compreensão desse processo requer que se problematize o posicionamento das três áreas na formação de professores. Algumas perguntas orientam nossa investigação:

Como a Filosofia pode se aproximar da concretude da vida? A Pedagogia pode perder sua pretensão à formatação da experiência educacional? A Psicologia pode eleger um caminho, que a leve a criar novas possibilidades de conceber a construção da subjetividade, considerando a multiplicidade social e cultural e a singularidade de cada experiência de vida? Como essas três áreas de conhecimento

---
[1] QUINTANA, M. *Poesias*. Rio de Janeiro: Globo, 1997. p. 69.

têm sido apresentadas ao professor? Qual o objetivo da formação? E o professor – qual sua participação nesse processo? Ele tem sido um cliente dos cursos de formação, que escolhe, na vitrine da produção de saberes, as ofertas, as novidades expostas, com a promessa de desenvolver nele competências e habilidades para lidar com as dificuldades de aprendizagem, com a violência na escola? A participação do professor se resume a dispor-se a ser formado, adequando-se às propostas de formadores acadêmicos?

Como vemos, a questão é bastante complexa.

A psicologia e a formação de professores

Neste texto, vamos abordar a formação de professores a partir da perspectiva da Psicologia. De uma concepção de psicologia, com "p" minúsculo, que elegemos, dentre as muitas existentes, como sustenta Bock (2001).[2] Qual a especificidade desse saber na formação de professores? Qual pode ser sua colaboração original, em relação à Pedagogia e à Filosofia, ou a outras disciplinas que participam desse processo?

Para a psicologia que desenhamos aqui, a educação, informal, familiar e escolar, é compreendida como uma trama relacional, em que todos os participantes estão sempre em processo de se tornarem seres humanos que compartilham valores, concepções, afetos e ações, cada um vivendo essa relação de maneira distinta, marcada pela singularidade de sua experiência. Essa psicologia assume como *éthos humano* uma condição que se caracteriza por duas dimensões, uma grupal e compartilhada, outra singular e original. Considera que essas duas dimensões da condição humana são marcadas pela mudança, na dimensão tanto do tempo quanto do espaço: o momento histórico e a multiplicidade cultural são os cenários em que se desenha o tornar-se humano, um devir que não tem uma teleologia pré-determinada.

A experiência de se tornar único, singular, e, ao mesmo tempo, tornar-se um mesmo em relação a uma cultura num momento histórico, nos mostra que nossa condição, mais do que um registro de identidade do humano, caracteriza-se por ser uma abertura para a mudança, a invenção de novas possibilidades para nossa experiência.

Uma psicologia que reconheça a condição humana nessas dimensões pensa a educação como um processo que considere educadores e educandos fazendo parte de um contexto histórico, cultural e social que os determina em alguma medida, e, como pessoas singulares, cada uma delas marcada por sua história de vida e caracterizada por ser única, original. Essa dimensão singular de cada um dos atores da educação é o que possibilita o surgimento do novo,

---

[2] BOCK, A. B. M, FURTADO, O. ; TEIXEIRA, M. L. T. *Psicologias: uma introdução ao estudo de psicologia*. São Paulo: Saraiva, 2001.

do inusitado, da abertura para outras possibilidades do existir, que não aquelas pré-estabelecidas pelos contextos social, cultural e histórico.

A teoria sócio-histórica de Lev Vygotsky[3] (1991) é um referencial importante dessa psicologia que adotamos, já que concebe o ser humano em sua dimensão histórica, cultural, relacional e criativa, tanto no nível ontogenético como no filogenético. Considera o ser humano ao mesmo tempo como participante de uma sociedade, no contexto histórico-cultural, definido por essas condições e definidor delas, e como um ser único e singular, que se constitui pela mediação dos outros e dos sistemas simbólicos dessa cultura.

> Desde os primeiros dias do desenvolvimento da criança, suas atividades adquirem um significado próprio num sistema de comportamento social e, sendo dirigidas a objetivos definidos, são refratadas através do prisma do ambiente da criança. O caminho do objeto até a criança e desta até o objeto passa através de outra pessoa. Esta estrutura humana complexa é o produto de um processo de desenvolvimento profundamente enraizado nas ligações entre história individual e história social. (p. 33)

Segundo Oliveira[4] (1992, p. 80), para Vygotsky, "O processo de internalização, que corresponde à formação da consciência, é também um processo de constituição da subjetividade a partir de situações de intersubjetividade".

A autora salienta três pontos fundamentais da teoria vygotskiana: "A relação entre o indivíduo e sua cultura; a configuração absolutamente particular da trajetória de vida de cada indivíduo; e a natureza das funções psicológicas superiores" (p. 105). Afirma que Vygotsky considera o indivíduo em sua singularidade, já que, por meio da consciência, da vontade e da intenção, constrói seus significados e recria sua cultura.

Dessa forma, pode-se pensar em educação não só como a realização de um ideal social, como a formação do cidadão, mas como recriação da cultura e invenção de si. Tratamos dessa questão em texto anterior (PULINO, 2001[5]), em que consideramos a criança como um ser cuja identidade é, em primeira instância, determinada, desde sua concepção, pelas instâncias sociais, culturais, históricas, familiares.

> Os pais, consciente ou inconscientemente, constroem mentalmente uma criança, formam uma imagem física e psíquica dela,

---

[3] VYGOTSKY, L.S. *A formação social da mente*. 4. ed. São Paulo: Martins Fontes, 1991.

[4] OLIVEIRA, M. C. "O problema da afetividade em Vygotsky. In: LA TAILLE, Yves de *et alii*. *Piaget, Vygotsky, Wallon – Teorias psicogenéticas em discussão*. São Paulo: Summus, 1992.

[5] PULINO, L. H. C. Z. Acolher a criança, educar a criança: uma reflexão. *Em Aberto*, 2001. no. 73, vol 18, p. 29-40.

> conversam sobre ela, entram em acordos, ponderando sobre os desejos de cada um, escolhem um nome. (p. 31)

No mesmo texto, assumimos, com Larrosa[6] (2000, p. 187), que a criança que nasce como um ser único, singular:

> [...] quando uma criança nasce, um outro aparece entre nós. E é um outro porque é sempre algo diferente da materialização, da satisfação de uma necessidade, do cumprimento de um desejo, do complemento de uma carência ou do reaparecimento de uma perda [...] Desse ponto de vista, uma criança é algo absolutamente novo [...] Não é o começo de um processo mais ou menos antecipável, mas uma origem absoluta, um verdadeiro início.

Dessa forma, concebemos (PULINO, 2001, p. 32) a criança que nasce como um ser ao mesmo tempo determinado e original, um mesmo e um outro: "E, a partir do momento do seu nascimento, inicia-se um processo de diálogo entre essas imagens e a do bebê que surge efetivamente".

Nessa perspectiva, o que queremos problematizar é que a educação tem olhado a criança como um mesmo e não como um outro, como novidade. Educar tem sido formar a criança como cidadã que se adeque às expectativas da sociedade. O conhecimento científico que se produz sobre a infância, as políticas públicas e as instâncias responsáveis pela educação de crianças pautam-se, em grande medida, na homogeneização do processo de tornar-se, projetado num ideal de criança.

Essa escolha da educação pela formação homogeneizada se prolonga para além da infância, durante toda a vida das pessoas, e também na formação de educadores. Fica, assim, pouco ou nada considerada a dimensão da infância, da criação, da invenção de si, que participa da constituição da subjetividade, da existência humana.

A psicologia que aqui estamos delineando como nossa escolha tem como desafio desenvolver uma escuta do professor em sua singularidade, considerando suas vicissitudes pessoais, sua história de vida, seus desejos e proposta de vida. Não estamos interessados, aqui, numa Psicologia que tenta 'formar' o educador ideal, que julga aquilo que é importante que o professor saiba e como deve agir para educar bem seus alunos.

A psicologia com "p" minúsculo é a psicologia aberta a novas possibilidades que se apresentem e que exijam que ela seja pensada para situações particulares, contextos específicos. Essa psicologia seria pensada na perspectiva da infância não como período cronológico, mas como começo, nascimento, condição de abertura

---

[6] LARROSA, J. *Pedagogia Profana*: Danças, piruetas e mascaradas. Belo Horizonrte: Autêntica. 2001.

para novas possibilidades do humano, no sentido proposto por Hannah Arendt (1987, p. 17):

> [...] o novo começo inerente a cada nascimento pode fazer-se sentir no mundo somente porque o recém-chegado possui a capacidade de iniciar algo novo, isto é, de agir. Neste sentido de iniciativa, todas as atividades humanas possuem um elemento de ação, portanto de natalidade.

Voltada para a dimensão aberta da experiência da infância, reclama um espaço de escuta, de troca, de experiência. Um espaço que pode ser na própria escola, em que os educadores – professores e funcionários – possam se encontrar, não para serem treinados nem para receberem instruções prontas de coordenadores, mas para se exercerem como pessoas criativas, que reflitam sobre e deem sentido para, seu trabalho e sua vida, a partir de trocas no grupo, com seus colegas. O psicólogo, nesta proposta, seria aquele educador aberto à escuta dos educadores, não só em suas questões técnicas, mas em suas colocações pessoais, que exprimam seus desejos, seus temores, seus sonhos e perspectivas. Cada pessoa seria considerada como membro de uma comunidade escolar, de uma cultura, mas também como um ser singular, inventivo, que surpreende pela sua novidade, como a criança que nasce.

O espaço de formação, na perspectiva da infância, da abertura para o novo, para o diferente, se caracterizaria como um lugar de experiência para o professor, no sentido em que ele seria convidado a considerar sua própria educação e a educação de seus alunos em sua sala de aula, como um "encontro marcado com a criança que nasce a cada dia – este o compromisso da educação que amplia as possibilidades de o homem estar no mundo" (PULINO, 2001, p. 39).

A pedagogia e a formação de professores

Entrando, agora, no campo da pedagogia, também escrita com "p" minúsculo, perguntamo-nos como ela poderia ser pensada no contexto da formação de professores, para, tanto quanto a psicologia, participar do encontro marcado com os educadores na condição da singularidade, de originalidade, de novidade, e não só como o campo de saber que orienta as práticas educacionais seguindo prescrições teóricas prontas.

Aqui, a pedagogia que escolhemos encontra em Paulo Freire[7] (2001) a amizade intelectual, ética e política que nos permite pensar o espaço de formação de professores como o lugar da singularidade, do novo, da escuta, um lugar não pronto, mas sempre em construção.

---

[7] FREIRE, P ; FREIRE, A. M. (Org.) *Pedagogia dos sonhos possíveis* São Paulo: UNESP, 2001.

Ao introduzir a ideia de uma "pedagogia do desejo", relacionando-a à educação de pessoas que vivem nas ruas, Freire (2001, p. 37) afirma:

> Cerco-me de cautela ao falar de casos específicos, uma vez que cada contexto é diferente do outro, e não acredito em abordagens prescritivas. Em cada situação, para desenvolver alternativas de trabalho, teríamos que ir até as pessoas para discutir juntos o que precisa ser feito em seu contexto. No entanto, em todos os contextos, nas ações e em maneiras de falar, interesso-me por encontrar formas de criar um contexto em que as pessoas que vivem nas ruas possam reconstruir seus anseios e seus desejos – desejo de recomeçar, ou de começar a ser de maneiras diferentes. Interesso-me pela criação de uma *pedagogia do desejo*.

Paulo Freire propõe que nossas condições atuais sejam desnaturalizadas, isto é, que sejam vistas não como eventos naturais, mas como eventos sociais, históricos, culturais, políticos, econômicos. Desnaturalizando o "ser ou estar educador", podemos nos perguntar como nos tornamos educadores, em que circunstância da história pessoal, da história social e política de nosso país, como vimos atuando, como nos vemos nessa condição, se trabalhamos com prazer e autonomia, ou se temos nos submetido a prescrições teóricas e burocráticas. Se nós somos, em alguma medida, autores de nossa vida, pessoal e profissional, se somos responsáveis por ela ou se temos nos sentido vítimas de um processo em que temos pouca ou nenhuma participação, e por que temos nos colocado nessa posição, o que tem nos levado a desejar isso. Se queremos transformar nossa condição, em que direção queremos nos conduzir, e com que finalidade.

Segundo Freire (2001, p. 37),

> Nesse tipo de busca, de procura por razões, preparamo-nos, e aos outros, para superar uma compreensão fatalista de nossas situações, de nossos contextos. Superar um entendimento fatalista da história necessariamente significa descobrir o papel da consciência, da subjetividade, na história.

Aí ele valoriza o papel do contexto em que se insere a pessoa, mas, especialmente, da singularidade da experiência de cada uma, para se compreender e transformar um determinado estado de coisas. Em termos da formação de educadores, a pedagogia freiriana condiz com nossa proposta de psicologia. A formação de professores, nesta pedagogia, seria um espaço de autorreconhecimento, do grupo de educadores e de cada um, como sujeitos historicamente constituídos, contextualizados cultural e socialmente, e abertos a assumirem suas escolhas em relação à sua própria educação.

O autor (FREIRE,1996)⁸ afirma a condição humana e sua abertura para a aprendizagem:

> Gosto de ser homem, de ser gente, porque não está dado como certo, inequívoco, irrevogável, que sou ou serei docente, que testemunharei gestos puros, que sou e que serei justo, que respeitarei os outros, que não mentirei escondendo o seu valor porque a inveja de sua presença no mundo me incomoda e me enraivece. Gosto de ser homem, de ser gente, porque sei que minha passagem pelo mundo não é predeterminada, preestabelecida. [...] Gosto de ser gente porque a História em que me faço com os outros e de cuja feitura tomo parte é um tempo de possibilidades e não de determinismo (p. 22).
>
> Mulheres e homens, somos os únicos seres que, social e historicamente, nos tornamos capazes de *apreender*. Por isso, somos os únicos em que *aprender* é uma aventura criadora, algo, por isso mesmo, muito mais rico do que aprender a *lição dada*. Aprender, para nós, é *construir, reconstruir, constatar para mudar*, o que não se faz sem a abertura ao risco e à abertura do espírito" (p. 28).

Pensando a relação desta pedagogia com a psicologia que propusemos, elas poderiam interagir na formação de educadores, ambas consolidando a formação como um espaço/tempo em que todos têm voz e podem viver experiências criativas e críticas, de invenção e reinvenção de seu cotidiano e de si mesmos como pessoas e profissionais.

E a Filosofia, como pode participar dessa "feitura" como tempo de possibilidades, como diz Paulo Freire?

A filosofia e a formação de professores

A filosofia, com "f" minúsculo, pode ser pensada, agora, no espaço-tempo de formação de educadores não como aquele saber que se coloca acima e independente da experiência, julgando-a em relação à sua racionalidade, ou a seu estatuto epistemológico, mas como uma das vozes que participa do encontro.

Encontramos em Michel Foucault de A hermenêutica do sujeito⁹ (2006) o pensamento filosófico com o qual queremos partilhar o espaço/tempo de formação de professores. Aí, Foucault reflete sobre a possibilidade de uma *estética da existência*, uma estilística de si mesmo, propiciada pela filosofia na antiguidade, no helenismo e no cristianismo. Essa filosofia se caracterizava muito

---

⁸ FREIRE, P. *Pedagogia da autonomia*: saberes necessários à prática educativa. 25. ed. São Paulo: Paz e Terra. 1996.

⁹ FOUCAULT, M. *A hermenêutica do sujeito*. São Paulo: Martins Fontes, 2006.

mais como uma arte de viver, uma ética pessoal, vinculando o acesso à verdade a uma exigência de transformação do sujeito e do ser do sujeito por ele mesmo.

Hoje, segundo Foucault (2006), mudou a relação entre subjetividade e verdade. Temos condições intrínsecas e extrínsecas ao conhecimento e as regras para se ter acesso à verdade são

> [...] condições formais, condições objetivas, regras formais do método, estrutura do objeto a conhecer. [...] Condições tais como: não se pode conhecer a verdade quando se é louco [...] condições culturais também: para se conhecer a verdade é preciso ter realizado estudos, ter uma formação, inscrever-se em algum consenso científico. E condições morais: para conhecer a verdade, é bem preciso esforçar-se, não tentar enganar seus pares, é preciso que os interesses financeiros de carreira ou de status ajustem-se de modo inteiramente aceitável com as normas da pesquisa desinteressada, etc. (p. 22-23)

O sujeito como tal, hoje, é capaz de verdade, dadas as condições internas e externas que permitam que ele conheça. Na Antiguidade, a verdade jamais era dada ao sujeito por um simples ato de conhecimento. Conhecer a verdade era um processo que exigia que se seguisse o preceito délfico, *gnôthi seautón*, conhece-te a ti mesmo, que, entretanto, aparece em muitos textos subordinado ao *epimeloû heautoû*, cuida de ti mesmo. O cuidado de si mesmo (*epiméleia heautôu*), conforme sustenta Foucault, é condição para o "conhece-te a ti mesmo".

> É preciso que te ocupes de ti mesmo, que não te esqueças de ti mesmo, que tenha cuidados contigo mesmo. É neste âmbito, como que no limite deste cuidado, que aparece e se formula a regra "conhece-te a ti mesmo. [...] Na *Apologia de Sócrates* [...] Sócrates apresenta-se como aquele que essencialmente, fundamental e originalmente, tem por função, ofício e encargo incitar os outros a se ocuparem consigo mesmos, a terem cuidados consigo e a não descurarem de si. (p. 7)

A filosofia, portanto, tal como praticada por Sócrates, é um acesso à verdade possibilitado pela prática do cuidado de si, que transforma moralmente o sujeito que continuou a se constituir como um princípio fundamental para caracterizar a atitude filosófica ao longo de quase toda a cultura grega, helenística e romana.

O cuidado de si, como técnicas de produção de sua própria subjetividade, desenvolvimento de virtudes, por meio de exercícios, e a adoção consciente de modos de vida preparam o sujeito para o conhecimento, a verdade.

> A *epiméleia heautoû* (cuidado de si) designa precisamente o conjunto de condições de espiritualidade, o conjunto de transformações de si que constituem a condição necessária para que se possa ter acesso à verdade. [...] Durante toda a Antiguidade, [...] o tema da filosofia (como ter acesso à verdade?) e a questão da espiritualidade (quais são as transformações no ser mesmo do sujeito necessárias para ter acesso à verdade?) são duas questões que jamais estiveram separadas. (p. 21-22)

Como ressaltamos acima, Foucault observa que hoje temos um outro tipo de relação entre subjetividade e verdade. Com Descartes e a partir dele, "a idade moderna da história da verdade começa no momento em que o que permite aceder ao verdadeiro é o próprio conhecimento e somente ele "(p. 22) O ser do sujeito não é mais posto em questão para este aceder à verdade.

> A conseqüência disto, ou, se quisermos, o outro aspecto, é que o acesso à verdade, cuja condição doravante é tão somente o conhecimento, nada mais encontrará no conhecimento, como recompensa ou completude, do que o caminho indefinido do conhecimento. Aquele ponto de iluminação, aquele ponto de completude, aquele momento da transfiguração do sujeito pelo "efeito do retorno" da verdade que ele conhece sobre si mesmo e que transita, atravessa, transfigura o seu ser, nada disso pode mais existir. Não se pode mais pensar que, como coroamento ou recompensa, é no sujeito que o acesso à verdade consumará o trabalho ou o sacrifício, o preço pago para alcançá-la (p. 23-24)

Voltando nossa atenção à questão da formação de professores, a filosofia resgatada por Foucault desde a Antiguidade nos inspira a pensar com ele sobre o sentido que temos dado ao filosofar, ao conhecimento, à verdade. Aí incluímos nossa inquietação sobre o sentido da educação, do trabalho do professor, de nossa própria atuação como formadores de formadores, educadores de educadores. Essa busca pelo sentido do educar para o conhecimento, sem levar em conta a dimensão da autocriação por parte do sujeito, sem pensar uma transformação subjetiva, faz com que ouçamos um pouco mais a voz de Foucault:

> O conhecimento se abrirá simplesmente para a dimensão indefinida de um progresso cujo fim não se conhece e cujo benefício só será convertido, no curso da história, em acúmulo instituído de conhecimentos ou de benefícios psicológicos ou sociais que, no fim das contas, é tudo o que se consegue da verdade, quando foi tão difícil buscá-la. Tal como doravante ela é, a verdade não será capaz de salvar o sujeito. (p. 24)

Entendemos "salvar", relacionado à verdade, ao conhecimento, não como uma prescrição a ser cumprida à risca, com procedimentos e regras que levem o sujeito a se satisfazer com um resultado exitoso, que lhe garanta reconhecimento público, mas que não necessariamente tenha a ver com uma conquista existencial. Não num processo em que o sujeito tenha caladas suas dúvidas, indagações, objetivando seu discurso, descartando sua própria subjetividade. Uma verdade que "salva" o sujeito é aquela que tem a ver com ele, "verdade que afete o sujeito" (FOUCAULT, 2006, p. 297), que possibilite que ele desenvolva uma práxis de sua autoria, que inclua a construção e a transformação de si e do mundo.

O que queremos é assumir com os professores um filosofar que nos permita olhar o mundo, as pessoas, nossa prática educacional e a nós mesmos, na perspectiva da infância, como se fosse pela primeira vez. O cuidado de si e do outro, na formação de professores, é uma estética e uma ética que proporciona que o sujeito transforme sua práxis, suas relações e a si mesmo.

Considerações finais

No processo de formação de educadores, temos encontrado professores que se sentem "fora de lugar", exauridos, desautorizados, ameaçados, inconformados com o fracasso de suas iniciativas. Eles buscam em nós, pedagogos, psicólogos, filósofos, um apoio acadêmico, frequentam nossos cursos, oficinas, leem nossos textos e os livros que indicamos. Alguns já se cansaram e tentam, com os recursos que acumularam em muitos anos, administrar o sentimento de falência de toda uma vida de trabalho.

Será que poderíamos, considerando as possibilidades da psicologia, da pedagogia e da filosofia, abrir brechas para o grupo e cada um dos educadores serem ouvidos e olhados em sua novidade e originalidade, com a criança que nasce? Poderíamos acolher os desejos e as perspectivas dos educadores, desenhar com eles uma escola prenhe de possibilidades e abertura para o novo? Poderíamos perguntar-nos uns aos outros em que consiste, para cada um e para o grupo, a reinvenção de si, o "cuidado de si" e do outro?

No caso da formação de professores, podemos pensar o "cuidado de si" como o cultivo do perguntar, no sentido da pergunta autêntica, cuja resposta não se sabe previamente, porque a resposta depende da escolha do outro que responde. A pergunta abre um espaço de cuidado, de escuta, um espaço/tempo para a singularidade, o novo, o não determinado. Formadores e formandos, professores e alunos, vivenciamos a prática de ouvir e acolher as perguntas uns dos outros. Essa forma de "cuidado de si", tal como a da Antiguidade, prepara-nos para a verdade, o conhecimento, para acolhermos o outro, e nos transformarmos.

Estaríamos, já, desenhando nosso caminho e caminhando, na busca do sentido do educar, do conhecer, do cuidado de si e do outro?

Referências

ARENDT, H. *A condição humana*. Rio de Janeiro: Forense Universitária, 1987.

BOCK, A. B. M, Furtado, O.; Teixeira, M. L. T. *Psicologias: uma introdução ao estudo de psicologia*. São Paulo: Saraiva, 2001.

BORGES, J. L. *História universal da infâmia*. Porto Alegre: Globo Editora, 1978.

FOUCAULT, M. *A hermenêutica do sujeito*. São Paulo: Martins Fontes, 2006.

FREIRE, P. *Pedagogia da autonomia: saberes necessários à prática educativa*. 25. Ed. São Paulo: Paz e Terra. 1996.

FREIRE, P. ; FREIRE, A. M. (Org.) *Pedagogia dos sonhos possíveis*. São Paulo: UNESP, 2001.

LARROSA, J. *Pedagogia Profana: Danças, piruetas e mascaradas*. Belo Horizonte: Autêntica. 2001.

OLIVEIRA, M. K. de "O problema da afetividade em Vygotsky". In: LA TAILLE, Yves de et alii. *Piaget, Vygotsky, Wallon – Teorias psicogenéticas em discussão*. São Paulo: Summus, 1992.

PULINO, L.H.C.Z. "Acolher a criança, educar a criança: uma reflexão." *Em Aberto*, 2001. no. 73, vol 18, p. 29-40.

QUINTANA, M. *Poesias*. Rio de Janeiro: Globo, 1997.

VYGOTSKY, L. S. *A formação social da mente*. 4. ed. São Paulo: Martins Fontes, 1991.

As novelas filosóficas de Matthew Lipman e suas considerações sobre a qualidade estética literária[1]

Olga Grau

Podemos rastrear a preocupação de Matthew Lipman pelos problemas estéticos a partir da apresentação de sua tese de doutorado, intitulada "Problemas de investigação na arte". A tese foi posteriormente reelaborada enquanto realizava seus estudos na Universidade da Sorbonne, na França, e publicada com o título *What Happens in Art?*. Ele mesmo reconhece que, aqui, "já se tratava de um livro diferente".[2] Seu orientador foi o professor de estética Etienne Souriau, entre outros, um dos filósofos franceses que influiria em seu pensamento. Lipman valorizava a filosofia francesa por suas qualidades especiais e que ele descreve como "cheia de frescor e inquietações no seu modo de argumentação".[3]

Outra obra do autor que dá conta do seu interesse pela estética é *Contemporary Aesthetics*, extensa antologia de 550 páginas constituída por fragmentos de diversos textos de pensadores como J. Dewey, M. Heidegger, J. P Sartre, G. E. Moore, M. Schapiro, entre outros; também de artistas como P. Valéry e I. Stravinsky e de teóricos como Freud, G. Simmel, R. Arnheim, E. H. Gombrich.[4] Nesta obra, indubitavelmente, teríamos que entrever os critérios seletivos de que se utiliza o autor para podermos ler, deste modo, suas próprias aproximações a determinadas perspectivas estéticas. A antologia deveria ser reconhecida, neste

---

[1] Tradução de Filipe Ceppas.

[2] MORIYÓN, Félix García (Coord.). *Matthew Lipman: Filosofía y educación*. Madrid: Ediciones La Torre, 2002. Este livro, por ser uma homenagem a Lipman, oferece elementos importantes para a compreensão daquilo que a proposta lipmaniana põe em jogo e permite escolher alguns desses elementos para nossos próprios propósitos, seja sob a forma de citações de citações de Lipman, que fazem os autores dos textos compilados, seja de algum diálogo com algum enfoque em particular. Ofereço meu próprio texto como uma homenagem tardia.

[3] MORIYÓN, 2002, p. 22.

[4] Tomo as referências, desta obra, de Irene de Puig, de seu artigo "La dimensión estética del proyecto FpN", en MORIYÓN, Félix García (Coord.), *Matthew Lipman: Filosofía y educación*. Madrid: Ediciones La Torre, 2002, p. 168-169.

sentido, naquilo que ela tem de texto reflexivo, a partir da voz dos outros, e de propositivo acerca de perspectivas afins à sua.

Em suas novelas e nos manuais do professor, Lipman apresenta também uma preocupação pela expressão estética das artes visuais, a música e a linguagem literária, o que indica ampla e atenta consideração acerca de temas estéticos.[5] Por outro lado, seu particular projeto educativo de filosofia para crianças, elaborado em novelas, lhe exigiria considerar algumas condições do "bem narrar", dada sua preocupação por construir suas próprias obras narrativas com implicações filosóficas. É seu próprio projeto educativo, então, que reclamará uma atenção especial pela expressão literária.

Para seu projeto com base na filosofia, Lipman explorou a expressão literária que lhe permitiu elaborar suas "novelas filosóficas"[6] dirigidas às crianças que vão à escola. Ele propunha-se, mediante tais novelas, produzir alguns efeitos particulares através da figuração de personagens e da configuração narrativa, a fim de conseguir inquietar seus principais destinatários e "co-move-los" com as reflexões filosóficas subjacentes, expressas sob a forma de relatos. Lipman afirma que "contra a ideia comum de que o bom pensamento é frio e desapaixonado, dir-se-ia que as pessoas pensam melhor quando estão comovidas e, especialmente, quando o que as comovem são as idéias".[7] De todo modo, a parecia-lhe que deveria haver uma relação estreita entre leitura, oralidade e escrita, na qual a linguagem, vertida em suas distintas formas na *comunidade de questionamento*, fosse capaz de expressar ideias filosóficas a propósito de um determinado assunto.[8] Oralidade e escrita, segundo o autor, podem ser postas em ação através de "experiências mobilizadoras" que comovam, e de tal modo que, nelas, faça sentido pensar. Assim, Lipman poderia estar considerando suas próprias novelas filosóficas como constituindo tais experiências.

As novelas filosóficas de Lipman não poderiam ser apreciadas como novelas de ficção em sentido estrito, na medida em que são funcionais e limitadas a um propósito educativo sistemático que organiza a quase totalidade das tramas

---

[5] Suas novelas, como também seus Manuais para o professor, dão conta do interesse pelas questões estéticas referentes às artes e às letras, junto a conteúdos relativos à lógica, à metafísica, à epistemologia, à ética, à política. Lipman abordará estas questões indicando, romanceadamente, modos com os quais elas foram tratadas, em algumas aproximações filosóficas presentes na história da filosofia.

[6] Uso esta expressão para dar conta de um tipo de gênero literário, funcional aos propósitos de dar a pensar certos assuntos que preocuparam filósofos e filósofas através do tempo.

[7] LIPMAN, Matthew (con Ann Sharp), *Escribir: cómo y por qué. Libro de apoyo para el docente para acompañar a Suki*. Buenos Aires: Editorial Manantial, 2000, p. 16.

[8] Isto é expresso com clareza no "Manual do professor" da novela *Pixy*.

narrativas, e suas sequências, em torno do espaço institucional da escola. Por outro lado, poderíamos dizer que têm a pretensão de ser realistas, uma vez que se referem a situações possíveis de ocorrer na vida real. Desta maneira, o discurso narrativo prende-se mais a um cálculo lógico produtivo do que ao exercício livre e solto da imaginação e as possibilidades de comoção veem-se por isso, de algum modo, limitadas.

Com suas personagens, pretende produzir identificações por parte das crianças, leitores de suas novelas, e dispô-las como modelos para agenciar comportamentos cognitivos, afetivos e conectados com a ação. Tomo uma citação de Lipman, que Irene Puig inclui em seu texto "La dimensión estética del proyecto FpN":

> Os personagens da novela se envolvem numa cooperação intelectual, eles mesmos formam uma comunidade de investigação; assim, a história converte-se em modelo de comportamento para os estudantes em aula. Realmente, cada novela procura ser exemplar em mostrar os protagonistas dos relatos no momento de descobrir a natureza da disciplina na que se espera que as crianças pensem em aula.[9]

Lipman pressupõe as possibilidades de identificação das crianças e se esmera na construção de seus personagens, e o faz, me parece, sob um pressuposto maior que é o da convicção de uma espécie de universalidade das inquietações filosóficas que estariam presentes desde a infância.[10] Seu próprio programa de novelas é por ele proposto como um modelo a seguir, convidando a realizar adaptações de acordo com os contextos socioculturais e a criar novos materiais que emulem sua proposta literário-filosófica de trabalho em aula.

Lipman compõe e dispõe situações que sejam as mais aproximadas das experiências cotidianas, nas quais predominam as experiências de escola. Este é, definitivamente, o entorno favorito e o contexto mais usado em suas criações literárias.[11] A relevância que outorga à escola é notória, salvo em *Kio e Gus*, que ocorre no tempo e espaço das férias, completamente no *fora* da escola. Mas, ainda que conceda tanta importância a este espaço institucional, será crítico com relação a ele, especialmente no que se refere às modalidades de aprendizagem

---

[9] PUIG, Irene de. "La dimensión estética del proyecto FpN", en Félix García Moriyón (coord.), *Matthew Lipman: Filosofía y educación*. Madrid: Ediciones La Torre, 2002, p. 170.

[10] "Tenho a mesma idade que você", diz Pixy ao começar seu relato, o que no Manual é desenvolvido como uma certa a-historicidade das preocupações filosóficas. As ideias não têm um tempo fixo e os distintos sujeitos podem pensá-las mais além de seus contextos particulares.

[11] A família e as relações de amizade serão contornos considerados significativamente como espaços de sociabilidade que também permitem a reflexão filosófica.

que ali se dão, mais do que naquilo que diz respeito à sua significação política,[12] o que se percebe em alguns dos seus textos teóricos e em vários episódios de suas novelas. *Filosofia na sala de aula*[13] alude à necessária e urgente transformação que se deve realizar na escola, a que deveria permitir uma educação libertadora para as melhores condições racionais e humanas dos indivíduos, para o êxito de uma sociedade democrática pensante.

O conjunto das novelas faz referência à escola numa dupla face: em seu lado negativo enquanto inibidor das possibilidades pensantes e expressivas das crianças; e, em sua face positiva, como possível facilitadora do pensamento reflexivo e crítico, e de atitudes favoráveis à convivência, que implicam aspectos lógicos, éticos e afetivos.[14] Poderíamos dizer que Lipman situa-se com relação à escola numa espécie de fissura: desde um certo sentido pragmático, a considera uma instituição indispensável e irrenunciável em sua estrutura moderna (uma certa concepção iluminista da escola se deixa revelar), mas, ao mesmo tempo, propõe-se a alterar os esquemas convencionais da transmissão do saber, introduzindo, por assim dizer, outro tempo, outra escola incluída naquela instituída na tradição moderna. Neste sentido, Lipman preserva e procura reformar a escola como instituição educativa. Confere a ela, no seu programa sistemático, um lugar privilegiado em seu potencial educativo e transformador, na medida em que a educação seja filosófica e se assente em um dos fundamentos mais caros à filosofia desde a Antiguidade: a do espírito inquiridor, do questionamento daquilo que se nos dá de um modo naturalizado.

Lipman faz a filosofia entrar no currículo escolar vestida literariamente, em todos os níveis da educação: jardim de infância, educação básica e média, transformando as aulas em *comunidades de questionamento,* nas quais os que participam se fazem perguntas e procuram respondê-las utilizando pensamentos e expressões próprias, argumentando sobre o que é preciso justificar, como no

---

[12] O texto de Walter Omar Kohan, "Lipman y la filosofía. Notas para pensar un concepto" acentua este aspecto de uma visão da escola "ilustrada, ahistórica, iluminista", inspirada em John Dewey. Kohan afirma que Lipman não parece perceber a dimensão de disciplinarização da escola, com todos seus dispositivos de controle e dependência que operam na produção da subjetividade. Kohan propõe que "um dos sentidos principais de exercitar a filosofia na escola é pôr em questão a própria instituição escolar e os dispositivos de subjetivação que a mesma contém. Se queremos transformar o que somos, é preciso abandonar os dispositivos que nos levam a ser o que somos". Tomo este fragmento do texto compilado por Félix García Moriyón, citado acima (p. 62).

[13] Edição em português: São Paulo: Nova Alexandria, 2000.

[14] Em *A descoberta de Ari dos Telles, Lisa* e *Mark*, encontramos reflexões acerca dos problemas da escola, acerca de quem deveria dirigi-la, acerca de características dos professores e suas diferenças com relação a elas e aos modos de ensinar. Nas mesmas novelas, e em outras também, aparecem aspectos positivos considerados pelas mesmas crianças em diálogos entre elas ou com seus professores.

caso da expressão de opiniões e pontos de vista, e horizontalizando processos de aprendizagem, onde o eu aprende comunicando-se e escutando os outros, em igualdade de condições.

A interação entre estudantes, as relações que crianças e adolescentes têm entre si e também com seus professores e professoras, com o mundo adulto, a relação com seu corpo, com os animais, com a natureza, com as coisas, com o pensar, com os sonhos e as fantasias, com as normas, com os prazeres, com as emoções, com a imaginação, com a vida e a morte, o lógico e o mágico, povoam as cenas das novelas filosóficas particulares de Lipman, que se assemelham e têm certa verossimilhança com respeito às circunstâncias que se produzem na realidade. Contudo, poder-se-ia dizer que, embora os acontecimentos narrados pareçam muito próximos da realidade, sua entonação idealizada nos distancia dela.

Nem todas as novelas alcançam a mesma densidade e qualidade literária em termos de unidades narrativas e de imaginação literária, mas todas elas apresentam momentos distintos de êxito literário, em que se produz uma determinada comoção afetiva e uma abertura ou lucidez intelectiva, ligadas a um bom estilo. Ao procurar expor neste texto as condições que Lipman leva em conta para atribuir uma qualidade literária a um discurso poético ou narrativo, pode produzir-se uma espécie de reflexão especular de Lipman com suas próprias novelas filosóficas.[15]

Uma das fontes possíveis, e mais diretas, às quais podemos recorrer para indagar as considerações estéticas de Lipman, referida especialmente à literatura, e que pode estar influindo de maneira clara em suas novelas, é o Manual *Escribir: cómo y por qué. Libro de apoyo para el docente para acompañar a Suki*. Poderíamos dizer que *Suki* é uma novela que se inscreveria em um tipo de "pedagogia do escrever literatura" e que ela por fim poderia, como, especialmente, o citado Manual, manifestar, algumas das considerações utilizadas por Lipman para escrever suas próprias novelas. Na intenção do programa de *Suki*, expressa explicitamente como sendo a de *ajudar as crianças a escrever, explorando o processo de criatividade numa novela cujas trama e personagens podem se identificar*, o autor poderia estar refletindo e indicando os pressupostos de seu próprio processo de criatividade implicado nas novelas, identificando-se com alguns personagens professores e pais que idealizou para plasmar, em algumas de suas novelas, sua maneira de conceber a educação, tal como ele a propunha, infundindo através deles alguns critérios estéticos para a realização de diversas práticas criativas.

O autor, em sua pedagogia da escrita, dá um lugar capital às palavras, à atenção que é preciso ter com elas, às relações entre palavras, às expressões

---

[15] Seria interessante rastrear os processos e leituras a que Lipman teve que recorrer para sua própria criação literária e que podem ter sido explicitados em entrevistas ou textos diversos.

ou frases, e a pergunta pelo sentido torna-se central, o que não diz respeito somente às palavras, mas também às condutas humanas, às pessoas, às coisas.[16] Poderíamos dizer que a construção do personagem do senhor Núñez implica sua própria postura pedagógica perante a arte de ensinar a escrever com arte, escrever literariamente, e é possível derivar daí sua concepção de uma escrita de qualidade estética.

A postura de Lipman nos leva a formular dois aspectos significativos: a questão da forma estética da arte de escrever e a questão do sentido, aspecto fundamental no autor, já que este concebe a relação entre filosofia e criação literária como busca de sentido. Tal relação também tem outro modo de expressão na fascinação comum de filósofos e escritores pela linguagem e seu uso preciso.[17] Tanto a prosa quanto o poema teriam, para nosso autor, sentido e, desde esta postura, Lipman polemiza com Archibal Mac Leish, que, em seu poema "Arte poética", enuncia que o poema "não deve significar, mas ser".[18] O "sentido real do poema", para Lipman, ainda que seu autor negue que tenha sentido, é "a resposta emocional" que o poema deveria evocar no leitor.[19] Não se trata apenas do poema, senão da escrita filosófica em sua forma de narração ou relato com caráter literário. Deixemos enunciada, por agora, uma relação: emoção e sentido, afetividade e sentido, que poderia ser trabalhada de modo mais detido em outra oportunidade.

Um aspecto que deveríamos levar em conta no momento de estabelecer as condições de tal escrita é o fato de que Lipman assinala, como uma das condições para ela, o ter (e reconhecer) "algo que valha a pena dizer",[20] condição que, em sua ausência ou, antes, na suposição de tal ausência, determinaria o conflito de certa paralisia da expressão literária.[21]. Deste modo, articula-se uma relação estreita entre experiência e escrita e, ao mesmo tempo, a relação entre situação vivida e apropriação dessa experiência, que chega a constituir-se como experiência através da linguagem. Neste sentido, a apropriação e reapropriação do vivido é o que constitui a experiência, é aquilo que passa pela linguagem, algo que é vivido e nomeado por cada um. Nosso autor afirma que "ninguém

---

[16] LIPMAN, Matthew (con Ann Sharp). *Escribir: cómo y por qué. Libro de apoyo para el docente para acompañar a Suki*. Buenos Aires: Editorial Manantial, 2000, p. 59.

[17] "Tanto o filósofo como o escritor estão fascinados com a linguagem e preocupados por seu uso preciso. Ambos podem ocupar-se das mesmas questões. [...] As crianças que estudam filosofia podem estar melhor preparadas para escrever que aquelas que não o fazem". LIPMAN, 2000, p. 12.

[18] LIPMAN, 2000, 442.

[19] LIPMAN, 2000, 449.

[20] LIPMAN, 2000, p.55

[21] Conflito que é exibido no personagem Ari, na novela *Suki*, que se frustra ao não poder escrever um poema.

pode ser um ser humano neste mundo e não ter experiências que valham a pena contar"[22] e, se és uma pessoa, tens uma história.[23] Ao seu juízo, o professor tem como dever que o estudante se torne consciente de que tem experiências para contar, experiências que dão conta da totalidade de uma situação vivida, seu significado; é este, em definitivo, que integra os distintos elementos da experiência que podem ser em si mesmos heterogêneos, e *"quando estas variações combinam-se para dar uma sensação completa, a experiência é 'estética'. Ser consciente dessas sensações é ter percepção estética"*.[24] Deste modo, poderíamos concluir que se um ou uma estudante não escreve, é responsabilidade daqueles que, próximos, não ofereceram condições para fazê-lo. Se existe a impossibilidade de escrever, por medo ou inibição frente ao ilustre da escrita que a escola apresenta como modelo, caberia pensar em exercícios de escrita para superar a paralisia ou o medo de escrever.[25] Quando um estudante diz "não sei escrever", isso pode significar a paralisia ou o pedido de ajuda.[26]

Lipman discute a ideia habitual de que o escritor é uma pessoa que nasceu com um "dom especial" e que pode produzir uma obra quando bem desejar, dado que "com muita freqüência o escritor não toma a iniciativa, mas antes responde às circunstâncias que lhe hão sido impostas e o obrigam a produzir algo".[27] Fatos da vida cotidiana podem ser motivo inicial da construção ficcional de uma narração e o que propicia o "lançamento" da escrita. Deste modo, o comum é suscetível de traduzir-se numa história atrativa que provoque um sentido, aquele que consegue alcançar também a condição de sentido estético.

O ato de escrever requer um lançar-se a falar a partir de algo que pode apresentar-se num momento como inócuo, mas que logo adquire sentido. Para Lipman, o assunto do sentido é central, e é a "apropriação" o que dá lugar ao sentido. A apropriação de uma palavra e a apropriação do vivido. Quer dizer,

---

[22] LIPMAN, 2000, p.62-63. Também temos que levar em conta outra afirmação de Lipman, referindo-se ao pensamento de ordem superior e ao "diálogo" entre pensamento crítico e criativo: "A textura deste diálogo está tecida com um tear lógico e analítico, que trançam uma trama intuitiva e imaginativa. [...] de forma que a voz da razão faz emergir a voz da intuição, e assim sucessivamente. [...] Esperar que surja o diálogo da crítica, ou exclusivamente do criativo, é como pretender aplaudir com uma só mão". Em: Matthew Lipman, *Pensamiento complejo y educación*, Madrid: Ediciones La Torre, 1997. Citado por Angélica Sátiro, em seu texto "¿Crear? Un artículo para dialogar", en Félix García Moriyón (coord.), *Mattew Lipman: Filosofía y educación*. Madrid: Ediciones La Torre, 2002.

[23] LIPMAN, Matthew (com Ann Sharp). *Escribir: cómo y por qué. Libro de apoyo para el docente para acompañar a Suki*. Buenos Aires: Editorial Manantial, 2000, p.61

[24] LIPMAN, 2000, p. 192.

[25] LIPMAN, 2000, p.81.

[26] LIPMAN, 2000, p.80.

[27] LIPMAN, 2000, p. 69-70

entendido sob a forma de conversação e do diálogo filosófico, essa apropriação dará uma marca particular à proposta pedagógica de Lipman no que se refere à aprendizagem da escrita. Já no Manual de *Pixy*, encontramos a relação estreita entre leitura, conversação e escritura e a necessidade de fluxo em várias direções destas ações com significado. No Manual de *Suki*, encontramos as seguintes afirmações, muito produtivas para entender um aspecto crucial do próprio propósito de Lipman em sua escrita de novelas filosóficas:

> A meta do programa *Suki* é tornar possível uma transição fluida da leitura à conversação e da conversação à escrita. O programa propõe-se a ajudar as crianças a escrever explorando o processo de criatividade numa novela com cuja trama e personagens possam identificar-se.

Isso permitiria a utilização de conceitos filosóficos por parte das crianças e a motivação para escrever "como extensão do desejo de participar nas discussões da aula".[28] O autor afirma que muitas vezes não podemos escrever o que queremos, "até que tenhamos tido a oportunidade de conversar com alguém".[29]

Lipman está empenhado em resgatar a criatividade que possa ser expressa em escrita, entendida como "pensamento independente". As condições formais da expressão na escola inibiriam a expressão própria, inclusive a alegria e a despreocupação (a partir do quarto ano, afirma, ver-se-iam menos "olhos brilhantes", "caras alegres" e uma "postura despreocupada").[30] Se Lipman se propõe a abordar o problema da escrita, isso se dá desde uma crítica ao sistema educativo que debilita os impulsos poéticos e os elementos mais imaginativos da composição poética já na educação básica. Parece que, na escola, entram em conflito dois tipos de poderes: os poderes lógicos e os poderes poéticos, a consistência e a coerência das formas com o voo imaginativo. Lipman crê ser necessário intervir antes que os poderes poéticos "tenham sido definitivamente sepultados",[31] procurando conciliar as dimensões lógicas e poéticas como dimensões educativas necessárias.

Haveria que levar em conta a percepção da poesia, por parte do autor, como profundidade do pensamento, como relação do pensamento com significados profundos, o que a aproximaria da filosofia, indubitavelmente, e o que permitiria que perguntássemos se é possível que a filosofia, ainda que em sua pretensão à verdade, não opere também, frequentemente, uma escrita de caráter

---

[28] LIPMAN, 2000, p. 13
[29] LIPMAN, 2000, p. 81.
[30] LIPMAN, 2000, p. 14.
[31] LIPMAN, 2000, p. 14.

poético, e se a poesia poderia ocupar-se "de um tema tão amplo, abstrato e filosófico como a verdade".[32] São muitos os exemplos, e Lipman oferece alguns deles em que as reflexões expressas no espaço literário abrem uma via para as meditações filosóficas.

Para Lipman, ainda que as fronteiras entre prosa e poesia não sejam tão nítidas, haveria uma diferença apreciável entre escrever prosa e escrever poesia. Essa diferença que tem como um de seus aspectos o fato de que a prosa não pode usar os "mecanismos prazerosos" da poesia; já que o poeta faz um maior uso da linguagem figurativa, da simbolização, da imagem[33] e também das ambiguidades da linguagem, que lhe dão maior riqueza e significação em distintos níveis. Embora se veja na poesia uma escrita na qual não é possível fazer sugestões tão específicas para a arte de escrevê-la, na prosa existe a possibilidade de fazê-lo. Prosa e poesia são "disposições de palavras" cuja criação implica regras diferentes. Para a prosa, Lipman dá oito recomendações como "boas táticas para enfocar uma área de escrita" e concebe essas recomendações como "lógicas", como "condições lógicas para uma escrita eficaz",[34] que seria preciso ter em conta como habilidades para a arte de escrever. Elas se referem ao aspecto substantivo da escrita, e não somente formal: "passos para que o juízo inicial tenha caráter não apenas formal, mas substantivo", e seja uma "plataforma de lançamento" para iniciar os esforços da escrita.[35]

Se pusermos a atenção nessas operações ao escrever um texto, relacionadas com o escrever, definir, narrar, classificar, dividir, comparar e contrastar, citar exemplos e explicar, e que não poderíamos entender sequencialmente, senão como operações que ganham um dinamismo relacional próprio no texto, estaremos diante de recomendações para escrever um texto em prosa no qual deveria imperar uma logicidade. Além disso, Lipman afirma que escrever exige pensar, portanto deve-se deliberar, planejar, inferir consequências possíveis, ter pressupostos, provar alternativas e realizar outras atividades mentais que têm que estar cuidadosamente coordenadas. "Em grande medida, os critérios para uma boa escrita são os mesmos do que para o pensamento lógico" e, portanto, poder-se-ia dizer que escrever bem é pensar bem.[36]

Este texto suscita certas questões a respeito das distintas formas discursivas escritas, e já poderíamos começar a distinguir algumas formas discursivas na

---

[32] LIPMAN, 2000, p. 85.

[33] LIPMAN, 2000, p. 72.

[34] LIPMAN, 2000, p. 57.

[35] LIPMAN, 2000, p. 56.

[36] Ari será o personagem que, embora pense bem, não poderá traduzir para si mesmo a oração "pensar bem é escrever bem" em sua contrária "escrever bem é pensar bem", dadas as dificuldades que encontra em escrever, especialmente tratando-se da escrita poética e porque não tem algo a dizer, não crê ter experiência.

literatura que não estão limitadas por essas premissas. "Tarefas lógicas" governariam o ato de escrever bem, o que seria válido para um texto científico, expositivo, descritivo, mas que poderiam permanecer problemáticas na escrita de caráter poético. Lipman, embora não creia que a lógica possa fornecer um método para escrever, concorda com Ronald Berman em que as tarefas lógicas sempre se realizam na escrita, "indiretas como a poesia ou meticulosas como um código jurídico".[37] Um matiz, introduzido na mesma página, nos parece interessante: "A boa escrita, seja poesia ou prosa, implica considerações como a graça e a surpresa, a textura e o ritmo, a paixão e a inteligência, sobre as quais a lógica tem pouco ou nada a dizer". A poesia, sob algumas circunstâncias (seria preciso definir quais), usa formas que são lógicas ou contrárias à lógica. Se temos em vista a seção "Para pensar", no Manual de *Suki*, podemos encontrar uma chave para fazer a distinção segundo a qual, quando o pensamento poético pensa o mundo, costuma haver comparações poéticas em forma de semelhanças ou metáforas que comparam uma coisa com outra, enquanto que, quando a poesia pensa o pensamento, pode produzir formas complexas de comparação, comparando percepções, mais do que dar conta das percepções das coisas; ou imaginações, mais do que se referir às coisas imaginadas; ou pode atender mais aos atos da memória do que às coisas recordadas, aos atos de amor, mais do que às pessoas amadas.[38]

Embora se possa reconhecer também um conjunto de técnicas e recursos na poesia, empregados pelos poetas (rima, métrica, ritmo, imagens, símbolos, aliteração, entre outros), estes podem perder atualidade no gênero do discurso poético. Diante da produção poética podemos não ser capazes de estabelecer os "requisitos e pré-condições lógicas" que o poeta deveria observar, mas Lipman afirma que é possível "indicar" ao futuro poeta uma orientação adequada "e sugerir-lhe alguns dos critérios que seria preciso pôr em jogo para decidir se o que resulta de seus esforços pode chamar-se poesia".[39] Pese a preocupação possível que teria que haver em não determinar os procedimentos escriturais da poesia, Lipman dedica este Manual fundamentalmente à escritura poética. Os exemplos que dá no Manual correspondem a poetas da literatura universal, de modo que não apenas poderíamos reconhecer sua concepção de poesia como gênero literário, mas também suas aproximações ao mundo estético da poesia e sua valorações particulares na eleição de autores, autoras e poemas.

Lipman arrisca uma definição de poesia:

---

[37] LIPMAN, 2000, p. 11.
[38] LIPMAN, 2000, p. 468.
[39] LIPMAN, 2000, p. 57.

> Numa época, esteve em modo definir "a poesia metafísica" como "pensamento do sentimento", mas não apenas a poesia metafísica, senão toda poesia é *pensamento do sentimento*. A poesia é a conjunção ideal do cognitivo e do afetivo; é a mescla ideal de sentimento e da habilidade cognitiva, mediante o uso da linguagem.[40]

A partir desse texto, podemos extrapolar algumas afirmações: o pensamento tem a ver com o cognitivo, e o afetivo se lhe acoplaria. Deste modo, pensamento e sentimento são passíveis de serem distinguidos, e sentir não é pensar, ou pensar não é sentir. Estabelecer essa forma didádica é entender o movimento que vai do pensar (em suas condições de cognição) ao sentir e, desse modo, a poesia seria pensar o sentimento, dar-lhe forma linguística; e pensar daria, por outra parte, sentido ao sentir. Parece-nos que tal afirmação não considera que o sentimento está também cruzado pela linguagem, pelas representações simbólicas, pelas valorações que se lhe outorgam, pelas densidades afetivas produzidas também pela vida.

Lipman elege algumas definições de poesia. Alude a Kennedy, que sugere que a poesia pode utilizar "mecanismos prazerosos de que a prosa não dispõe", como são os da rima, do ritmo, da aliteração, da métrica. Embora "ambas sejam disposições de palavras, [...] sua criação implica regras diferentes", ainda que ele reconheça que "as fronteiras entre prosa e poesia não são nítidas" e que "pode haver muito solapamento".[41] Seria um exemplo disso a prosa poética, que poderia utilizar algumas das condições da poesia, com maior uso da linguagem figurativa, da alusão, do símbolo e da imagem.

A linguagem poética pode jogar com frases literalmente falsas ("braço de ferro") e construir a partir delas uma poesia onde os "mundos contrafáticos nos que reina a fantasia"[42] são possíveis, e, as alternativas da imaginação, prolíficas; mundos, seria preciso dizer, que também podem apresentar-se na prosa (poética e não poética) e nas narrativas.

Lipman trabalha todas essas relações refletindo e escrevendo sobre elas de uma maneira que revela, em certas ocasiões, algumas contradições, o que poderia ser referido ao fato de formular essas relações desde ênfases e lugares distintos, que mobilizam pontos de vista que mostram sua complexidade e a dificuldade de apreendê-las. E, ao permanecerem não resolvidas, fazem perguntar também pela relação entre lógica e poesia, filosofia e poesia, e pela relação entre as palavras e cada um de nós.

---

[40] O grifo é meu.
[41] LIPMAN, 2000, p. 71-74.
[42] LIPMAN, 2000, p. 15.

Contribuições para uma *mantanologia* da filosofia

Sérgio A. Sardi

O aprender a filosofar como problema filosófico

1. Toda concepção acerca do aprender-ensinar filosofia remonta ao problema de saber o que é a filosofia, ou qual o seu sentido. Tal problema só poderá ser formulado, porém, à base dos pressupostos conceituais e metodológicos preestabelecidos por uma filosofia determinada e em uma determinada fase de maturidade do seu próprio desenvolvimento. A própria construção de tais indagações – seja ela *qual o sentido da filosofia*, ou *o que é a filosofia*, ou outra qualquer – traça em cada caso uma perspectiva específica que conduz, a seu modo, à filosofia da filosofia, ou metafilosofia. A formulação de uma indagação filosófica – na medida em que o seu sentido remete ao conjunto de uma obra – remete à dinâmica na qual cada filósofo, na diacronia de sua escritura, institui uma *idiossincrática relação entre linguagem, vida e conhecimento*. No âmbito de cada filosofia a formulação do problema dos limites e/ou do sentido da filosofia, assim como possíveis resoluções dele, institui já uma posição a ser assumida. A filosofia da filosofia é sempre dimensão imanente de uma filosofia determinada, e só neste âmbito é que as suas indagações podem ser estabelecidas. Assim, não há como se manter imparcial quanto aos pressupostos que, implícita ou explicitamente, sustentam e delimitam a coerência interna de qualquer metodologia que conecte o aprender e o ensinar, relativamente à filosofia e/ou ao filosofar.

2. Não há, pois, *um* método mais adequado para aprender-ensinar filosofia. A adequação se efetiva entre o conjunto de procedimentos lógicos, o método filosófico, os recursos estilístico-literários e o sentido de filosofia e de filosofar propostos em cada filosofia. Isso inclui o sentido pelo qual cada filosofia compreende a história da filosofia e delimita as condições pelas quais a interpretação de outras filosofias será realizada. O problema de saber como e por que aprender ou ensinar filosofia – ou uma metodologia e uma ética do aprender-ensinar filosofia – conduz aos pressupostos e ao método que preside o desenvolvimento de *cada* filosofia, mesmo que seja esta uma elaboração em curso e sujeita a crises internas.

3. Dizer que aprender-ensinar filosofia é, sobretudo, um problema filosófico, é afirmar: a) que o significado de *aprender filosofia*, ou de *filosofar*, é dimensão imanente de um sistema filosófico, visível em sua diacronia; b) que a metafilosofia e a história da filosofia, momentos simultaneamente autocríticos e construtivos de um pensamento, não são externos, mas apenas imanentes a cada filosofia ou escola filosófica determinada; c) que há uma *práxis* do aprender sugerida, explícita ou implicitamente, pelo percurso efetivado por cada filósofo ou filósofa na elaboração de sua obra, o que se faz pouco a pouco visível na explicitação do método que preside essa elaboração e na conexão entre biografia e escritura. Neste caminho, o *aprender* coincide com a gestação gradual da *singularidade* na conexão entre escritura e *experiência*.[1] E é assim o *aprender* que funda as condições de possibilidade e a orientação para a ação propriamente pedagógica.

4. A *precedência do aprender sobre o ensinar* parte da consideração de que o aprender efetiva-se no esforço continuado e não linear de conquista da idiossincrasia do pensar. Sendo assim, o aprender é aprender a aprender. E aprender a aprender requer destacar-se de tudo o que possa ser "ensinado", pois é um trabalho de *autoria* que permite o diálogo com cada filosofia. Uma fenomenologia do aprender, mais propriamente descritiva do que definicional, ou seja, uma *mantanologia*, deveria presidir, portanto, a *pedagogia*. Nessa inversão o aprender efetiva-se nos tensionamentos pelos quais *a significação dos problemas filosóficos reconduz sempre ao decurso de uma vida*, efetivando-se na diferença, e sendo avesso às padronizações pressupostas em teorias do ensinar.

5. No âmbito de cada filosofia há um estilo, um modo específico de filosofar. Compreende-se aqui o *filosofar* não como um exercício propedêutico, ou o processo de desenvolvimento linear de um pensamento, mas o *jogo de tensões presente na constituição diacrônica de cada filosofia*, em relação ao qual um diálogo entre o leitor-filósofo e o escritor-filósofo será possível. O filosofar pode ser compreendido, dentre outras possibilidades, como: a) exercício *hermenêutico* que busca a compreensão dos motivos e problemas que, como eixos centrais de articulação de um pensamento, mantiveram-se atuantes durante o seu desenvolvimento, mesmo que este processo seja não linear e sujeito a revisões críticas e mutações internas; b) interpretação e possível reconstrução internamente coerente e suficientemente autocrítica dos *conceitos* filosóficos elaborados ou suscitados por uma filosofia determinada; c) exercício da atitude que, como indicação ou formulação expressa em cada filosofia, remete à *gênese do filosofar*; d) desdobramento de proposições filosóficas em função de possibilidades suscitadas pelo *método imanente* de uma filosofia, ou seja, o método que preside a sua construção – em termos sistemáticos – ou o seu desenvolvimento – em termos

---

[1] Sobre o conceito de *experiência*, vide parágrafos 14 e 15.

cronológicos, ou em função de possibilidades suscitadas pelo *método explícito*, ou seja, o método proposto por cada filósofo como condição de possibilidade de elaboração, aprendizagem e possível ensinamento da filosofia; e) desconstrução e sucessiva reelaboração dos *problemas* filosóficos que se põem à base da construção, em cada filosofia, de conceitos, argumentos e estilo literário-filosófico, mesmo que tais problemas estejam implícitos; f) elaboração que, em seu curso, considera a dimensão *autocrítica* de uma filosofia, a qual se expressa nas suas aporias, crises e mudanças de perspectivas ou paradigmas como condição de possibilidade para a compreensão do estilo do filosofar do autor e dos motivos centrais atuantes no decurso de sua obra; g) elaboração que busca a unidade internamente determinada entre forma literária, conteúdo, recursos lógicos e método de um texto filosófico; h) trabalho de escritura que parte de – e/ou visa suscitar – tensões e relações originárias com a linguagem; i) formulação de problemas, conceitos e sistemas conceituais, em diálogo com a tradição; j) criação de linguagens autônomas e dotadas de sentido, perfazendo possibilidades inusitadas de visões de mundo; k) dinâmica na qual o uso da linguagem interage com e retroage continuamente sobre experimentações virturreais do viver; l) o próprio filosofar sobre o ato de filosofar, e isto deverá pôr constantemente em xeque o sentido mesmo de filosofia ou de filosofar, dentre outras possibilidades.

6. O momento em que o filósofo por fim expressa a sua concepção de filosofia e/ou de filosofar – um trabalho a ser assumido na maturidade de seu próprio percurso – delimita o nível metacognitivo e autocrítico do seu pensamento, momento de assunção da plena autoria em sua experiência singular com a linguagem. A metafilosofia surge da exigência interna de uma filosofia que, em determinado ponto do seu desenvolvimento, reflete sobre as suas próprias condições de possibilidade. Que este trabalho se torne explícito apenas a partir de um determinado momento da sua diacronia não exclui o fato de que um movimento de conjunto, internamente coeso em função de sua singularidade, já estava latente desde os primeiros escritos nos quais um filósofo passou a manter uma relação singular com a linguagem e que remete, mesmo implicitamente, à sua concepção de filosofia e/ou de filosofar. Mas o momento de autoexplicitação do percurso de uma filosofia conduz ao contraponto de que tal autoexigência de um pensamento em busca de sua coesão e singularidade deverá exercer simultaneamente um efeito retroativo – e autocrítico – sobre ele, tornando-se potencialmente crise e passagem. E essa crise revela-se como indistinção entre filosofia e filosofar. Pois a filosofia da filosofia é, antes, um filosofar sobre o filosofar. E a metafilosofia, um *metafilosofar*.

7. O *aprender* a filosofar, em cada filósofo, remete ao seu *metafilosofar*, seja ele explícito ou implícito: a) na tematização das relações entre linguagem e racionalidade, assumida no seu estilo literário e na sua forma própria de argumentação, assim

como na diferenciação entre a função da prosa e da poesia em seus escritos; b) nos postulados acerca do movimento dos conceitos (e do papel ou estatuto dos conceitos ou do que seja um conceito ou um sistema conceitual) em sua obra; c) na transição e/ou conexão entre metaforização e conceituação; d) na abordagem autocrítica dos pressupostos e da lógica interna da sua argumentação; e) na tematização das conexões entre o estilo literário e o método; f) na explicitação dos motivos existenciais, éticos e políticos da sua produção; g) nas experiências do pensar-viver indiciadas pelo texto, que sugerem aproximações da experiência do pensar-viver do filósofo-escritor no trabalho pelo qual chega a dizer algo significante após retroagir sobre os silêncios disponibilizados em sua própria escritura. O filosofar do leitor-intérprete é, antes, um filosofar sobre o filosofar de um autor determinado, e isso poderá conduzi-lo a filosofar sobre o seu próprio filosofar, perfazendo um caminho singular, simultaneamente dialógico e solitário, de *aprender a aprender a filosofar* na produção da idiossincrasia do seu pensar.

8. A articulação entre a filosofia e o filosofar expressa, com maior ou menor vigor – e com significações diversas –, em cada filosofia: o papel do diálogo, ou a delimitação da conexão entre ética, argumentação e dialogicidade na construção do conhecimento; a especificação das habilidades cognitivas ou competências em jogo no aprender; a função da explicação do texto e o sentido pelo qual a interpretação poderá, ou não, ser um trabalho de reconstrução e ressignificação; as conexões entre sistema e conceito, metaforização e conceituação, conhecimento e racionalidade; o papel da retórica, do mito e da literatura na construção do conhecimento e no aprendizado do filosofar; a atitude específica que designa a gênese do filosofar; as relações entre filosofia e linguagem; as conexões entre prosa e poesia, escritura e oralidade no ato de filosofar; a distinção entre ciência e filosofia, dentre outras formas de conhecimento, etc. Em cada caso, tais elaborações incidem, direta ou indiretamente, sobre os procedimentos do aprender-ensinar filosofia, com prevalência de um ou outro processo. Também os significados de *ensinar*, de *aprender*, de *conhecer*, de ser *professor* ou *aprendiz*, são internamente delimitados e hierarquizados, sendo a coerência interna ou o movimento de conjunto destes conceitos, dentre outros, condição de possibilidade para que o significado de aprender-ensinar a filosofar se efetive como dimensão imanente da construção de cada filosofia determinada.

9. Se o aprender a filosofar se define a partir de cada filosofia, isso não significa que se permaneça sempre nos limites de uma filosofia ou de um modo específico de filosofar. Trata-se de uma condição de possibilidade para a experimentação de uma *relação originária com a linguagem*. Ao atingir o movimento singular no qual os conceitos foram sendo desdobrados e correlacionados em uma filosofia específica, até compreender as exigências mais gerais da dinâmica desta

articulação; ao desprender-se da relação ingênua com o mundo, predisposta na linguagem natural, por ingressar em uma "língua dentro da língua"; ao compreender como o estilo literário de um autor deveu-se às exigências imanentes de uma experiência singular de escritura, a ponto de transpor para a sua produção o rigor desta mesma exigência; ao tornar os problemas implícitos ou explícitos em uma filosofia *experiências* do pensar-dizer, pela construção da *significação* deles em seu próprio viver; ao conectar indagações, argumentos, conceitos e problemas filosóficos, reconstituindo tensões, latências e brechas enfrentadas pelo filósofo neste processo – o que se torna visível ao considerar uma obra nas aporias e crises que demarcam a sua evolução –, até atingir relativa consciência das tensões, brechas e latências virtualmente presentes em sua própria escritura; ao repetir as ideias presentes em uma filosofia, e, inclusive, a sintaxe e o estilo de uma obra, mesmo em sua expressão oral, até o esgotamento operado diante da superabundância da sua própria experiência do viver; ao deparar-se, em cada leitura, em camadas e de modo renovado, com o movimento geral de criação de linguagem de um autor, a ponto de perceber a proximidade entre leitura e escritura, podendo se sentir, assim, *quase* coautor daquela obra, para redescobrir enfim neste *quase*, e por aproximações sucessivas, o que o faz ser *outro*; por filosofar com um filósofo até se perceber também estrangeiro de todas as línguas, dentre outras possibilidades sempre inusitadas ao pensar, insinua-se aos poucos, no decurso de uma vida, uma postura e um aprender a aprender. Tal postura se perfaz na crise da experiência radical pela qual o aprendiz passa a ser *aprendiz da autoria do seu próprio viver-pensar-dizer*. Trata-se de acompanhar o filosofar de um filósofo e de se submeter a uma imersão tal em seu pensamento a *quase* se perder, atravessando de ponta a ponta a singularidade de outro pensar até conquistar a condição que faz emergir a tensão e a exigência – formalmente rigorosa e ética e existencialmente radical – de *pôr em jogo, em seu dizer, a sua própria experiência do viver*. Assim, o leitor-intérprete-aprendiz *chega a dizer algo significante* – antes para si mesmo – por um *desvio* que o reconduz do texto à vida. A *repetição* predispõe a *singularidade* como potência. Partir de uma filosofia determinada é condição de possibilidade do aprender a filosofar – e este aprender demarca as condições de possibilidade do ensinar –, mas não é condição suficiente de um "aprendizado filosófico".

10. Compreender o aprender-ensinar filosofia como exercício exclusivo de habilidades cognitivas determinadas, ou mera exposição de concepções presentes na História da Filosofia, ou, ainda, como debate de opiniões que remetem e se sustentam na linguagem comum não deixa de consistir em uma redução do sentido mesmo de filosofia, pois o filosofar resulta apartado deste processo, e tudo se passa como se o *aprender filosofia* não fosse algo a ser filosoficamente determinado. Reduzir o aprender-ensinar filosofia ao exercício de processos

lógicos ou dialógicos específicos sem, no entanto, tematizar os pressupostos da concepção de filosofia e de racionalidade que os sustenta, ou considerar o aprender a filosofar como jogo de argumentações que não potencializa relações inaugurais entre o viver e o pensar, é exercício unilateral que nega o sentido pelo qual a filosofia é autocrítica e exercita, em seu desenvolver-se, uma tensão originária com a linguagem e a racionalidade. Quando a referência de uma concepção metodológica qualquer acerca do aprender-ensinar filosofia a uma filosofia exclui ou reduz a momentos contingentes de seu próprio desenvolvimento outras possibilidades de filosofar; quando a exposição das ideias dos filósofos perde o contato com a tensão latente no processo de constituição delas, então talvez a pretensão de aprender-ensinar filosofia possa produzir efeitos diversos ou contrários às suas pretensões. Talvez... pois o aprender é um ato de liberdade.

11. Filosofias diversas indiciam sentidos distintos à racionalidade. Ademais, cada filosofia propõe as bases para a interpretação de outras filosofias ou da História da Filosofia, bem como de uma relação filosofante com o cotidiano. Apenas neste sentido é que a filosofia é um exercício efetivamente *racional*, ou seja, na mesma medida em que, tomando como ponto de partida os limites de uma racionalidade vigente e de uma linguagem comum, distende as suas possibilidades e é, sobretudo, *crítica da racionalidade*. Assim, o *aprender-ensinar filosofia é exercício racional na medida em que tensiona com a própria razão* e sugere ou indicia potências inesperadas às relações entre a racionalidade, a linguagem e o sentido do viver.

12. A coerência entre uma filosofia, ou concepção de filosofia, e o sentido do ensinar-aprender filosofia não se expressa em termos exclusivamente lógicos, ontológicos ou epistemológicos. A *existência* – e, na mesma medida, a *ética* como reflexão sobre a conexão entre *o sentido do viver* de *cada um* e de *todos nós* – é o lugar de origem e retorno de todo esforço filosófico-filosofante. O lugar onde o ensinar e o aprender convergem na *práxis* docente. Essa dimensão expressa, nas atitudes do mestre, não um modelo, mas uma *provocação* à diferença. Nesse gesto é, antes, *o silêncio do mestre o que efetivamente fala*, ou seja, aquilo que ele sugeriu quando, no decurso de tudo aquilo que tentou expressar, indiciou o trabalho pelo qual efetivou, em retomadas sucessivas, um caminho inesgotável de volta às *experiências* que buscavam unir a *significabilidade* e a *significatividade*[2] do dito à construção do *sentido* do seu viver, buscando atingir a condição originária que se iniciava apenas no limite do seu dizer.

13. Não há como separar o professor de filosofia e o filósofo, ou seja, *não há como separar o ser filósofo do estar em curso de aprender a ser filósofo*. O professor é aquele que, em seu devir-filósofo, provoca os demais por uma exigência – sobretudo

---

[2] Sobre esta distinção conceitual, vide parágrafos 14 e 15.

ética, e não simplesmente lógica ou metodológica – de rigor radical em seu dizer. Não há, assim, como separar o aprendizado da História da Filosofia do trabalho pelo qual o filósofo é um aprendiz-filósofo, pois aprendiz da *autoria* do seu viver. Seja ele designado "professor" ou "estudante", o seu aprender requer ressignificar conceitos e problemas, assumindo tensões que situam em um movimento único e radical o viver, o pensar e o dizer. O filósofo é aquele que aprende a aprender em função de um desejo radical de assumir a própria existência e, por isso, retoma o mistério como condição de um pensar que se faz na tensão e intensidade. No trabalho autocrítico e originariamente criativo de um professor de filosofia, o que se faz no decurso do seu aprender a aprender, *a sua relação com a linguagem é, antes, experimentação do mundo, de si e do sentido do humano*, e isso é já dimensão operante do seu ensinar.

Significação e *experiência* – uma concepção acerca do aprender a filosofar

14. Destacamos, na *significação* de um conceito, proposição, indagação ou problema filosófico, dois aspectos: a dimensão *semântico-sintática* e a *valorativo-existencial*. Assim, dizemos de uma ideia que não apenas atingimos alguma compreensão do seu *significado*, mas que ela se tornou *significativa*. A compreensão, a *significabilidade* de uma ideia depende da coerência lógica da sua apresentação, da cadeia de argumentos que a sustenta, da sua validade formal. O valor existencial, a *significatividade* de uma ideia, não se limita à pragmática, mas diz respeito ao seu *valor existencial*. As conexões entre significatividade e significabilidade efetivam-se como experimentações virtureais do viver. Ademais, o valorativo-existencial transcende o âmbito enunciativo e é indiciada pela força anunciativa do dizer, ou seja, a expressividade que mantém latente um efeito, uma *experiência*, embora de todo imprevisível, no interlocutor, como condição de sua significação. Nesses termos, postulamos que *o aprender a filosofar exige atingir o duplo aspecto da significação* de um conceito, proposição, indagação ou problema filosófico. O *aprender* resulta de tornar *significativo*, e não apenas significante, o dizer, o qual se efetiva, assim, como *experiência*.

15. A noção de *experiência* acima formulada designa o modo como *a existência é afetada pela linguagem* e o modo como *a linguagem é afetada por acontecimentos* e, sobretudo, o *ziguezague* entre estes dois momentos. Trata-se de pôr-se em relação com a linguagem desde o seu lugar outro, o do *acontecimento como diferenciação*, em que o dizer conota uma afecção. O lugar da *significação* do dito situa-se "antes" do dizer, na *experiência que é já linguagem em estado nascente*. Assim, *significabilidade* e *significatividade* antecedem os *significados* instituídos. *Chega*-se aos significados pelo destacar-se de acontecimentos que permanecem, porém, em devir, apesar do jogo proposicional tender a reduzir

o dito a limites estáticos por considerar apenas o aspecto semântico-sintático do dito. A unidade entre *significabilidade* e *significatividade* é, porém, extática, embora remeta a um movimento de conjunto na direção que instaura ao pensar como *sucessão de experiências* que perfazem uma biografia intelectual. O *viver* se diz acerca de *cada um*, sempre em sua singularidade relativamente inefável. E é somente quando o dizer adquire a potência de suscitar, por um desvio, uma *experiência* possível, embora desviante na diferença do outro, é que efetivamente se diz algo *a cada um*. O que a palavra expressa é sempre mais – e menos – do que aquilo que ela diz. O que ela *expressa* afeta o viver, pois só expressa algo a *cada um* ao se tornar *significativa* por via de uma experiência virturreal do viver.

16. Os dois últimos parágrafos nos conduzem a considerar que o aprendizado de problemas, conceitos, indagações, enfim, da *significação* dos enunciados de cada filosofia implica *retornar às experiências do pensar virtualmente latentes nas mesmas*. Que sejam múltiplas e variadas, que estejam mesmo em mutação àquele que faz do texto um dispositivo para um caminho de volta à sua própria experiência do pensar-viver, isso não denota uma impossibilidade, mas antes a condição para que a interpretação do leitor-intérprete-aprendiz faça sentido para ele mesmo. O filosofar permanece vivo no *zigue-zague da experiência*. E a experiência fala sempre do nosso lugar no mundo.

17. Uma breve digressão talvez possa exemplificar o que está dito acima. Tomemos, pois, a noção de *duração*, em Henri Bergson, ou melhor, a *intuição da duração*. Façamos um percurso, por etapas. A *significação* do que será dito dependerá de uma interação com o texto. A partir daqui, as palavras pretenderão somente *suscitar* alguma *experiência* possível, a experiência do leitor, em diálogo com a experiência do escritor. Que estas experiências sejam únicas para cada um, e mesmo que esta interpretação seja apenas uma possibilidade de reconstrução internamente coerente da noção de *duração* em Bergson, dentre outras, uma condição para que a *significatividade* latente nessa noção possa se efetivar como um *aprender* a *aprender*.

18. Em primeiro lugar, observemos que o *agora*, este exato momento em que vivemos, *nunca antes existiu. Este* agora *nunca* antes existiu, e *este...* O agora ocorre como se fosse *continuamente* a primeira vez. De algum modo, talvez possamos *sentir* isso por dizer: "*nunca foi agora*", independentemente de julgarmos se este sentimento nos informa, ou não, algo sobre o *real*. Pois a *significação* "real" remonta também a uma *experiência* do pensar-dizer. A *duração*, tomada como *experiência*, na iminência de afetar a percepção das nossas existências, torna-se *significativa*. Isso requer suspender o juízo a ponto de a expressão impregnar a percepção de nossa conjunção com o derredor, em função disso que as palavras indiciam ao dizer: "este agora *nunca* antes existiu", quando então o *existir* torna-se inseparável do modo como o ser apresenta-se sempre como pura novidade.

19. E, mais: observemos, por outro lado, que é *sempre* agora, é *sempre a primeira vez que é agora*, e a cada instante, ainda, continuamente, eternamente, é *sempre novo*, e *sempre outro*, ainda outro o *permanecer* a que denominamos "agora"... Então: *sempre nunca antes foi agora*. O agora é o que *sempre nunca antes existiu*. E, nesta nova formulação, outra experiência, em conexão e em acréscimo à anterior, é indiciada. Trata-se, porém, de tentar *sentir* isso, de destacar essa ideia como *acontecimento* que contém em si a *significação* "existência". E ao retroagir à experiência que confere significação ao dito estaremos diante do seu relativo *silêncio*, ou seja, aquilo que se mantém latente e operante no devir dessa experiência, momento de origem, momento originário, condição da significação e ressignificação do dito. O início de um *zigue-zague*.

20. Ainda além: pois passado, presente e futuro se unem no fluir incessante a que chamamos de *agora*. Em qualquer momento do mundo, em todas as épocas da história, o presente *continua* indefinidamente. A *existência ocorre sempre no agora*. Portanto, se *sempre foi agora*, e *sempre este agora nunca ocorreu*, então de algum modo este momento, este *agora* é algo muito antigo, *guardando tudo o que já foi, e sendo, ao mesmo tempo, sempre e continuamente outro, diferindo de si e acumulando constantemente*. O agora é o puro criar-se incessante do ser. Unindo estes dois aspectos, aparentemente contraditórios – o de que *nunca foi agora* e o de que *sempre foi agora* –, então: "*o agora é o que sempre-nunca foi, é e será*"; e, mais sinteticamente, visando nos aproximar da *simplicidade* da experiência: "*sempre-nunca foi agora*". Vivemos nesta lâmina de eterna novidade, e a *criação incessante* coincide com a *permanência* do todo do mundo. Eis uma *significação* para a *duração*. Onde o *existir* é a *pura novidade incessante do ser*, jorro ininterrupto *do qual fazemos parte*. Eis uma imagem do real. A *significabilidade* e a *significatividade* se unem em uma *experiência* que instaura o seu próprio devir, inesgotável, originário, pois poderíamos retornar incessantemente a ela para derivar consequências e aspectos inusitados, e mesmo inesperados ao pensar. Diante do impensável e do impensado estamos, então, em curso de *aprender a aprender*.

Educar infantil

O acontecimento de "ensinar-aprender" o outro no e para o Outro[1]

Ricardo Espinoza Lolas

Este trabalho pretende articular três conceitos-chave do pensamento atual, a saber: Acontecimento, "ensinar-aprender" e Outro, a partir do pensamento de Heidegger em *Beiträge zur Philosophie. Vom Ereignis* (1936-1938)[2]. Esses três conceitos estão presentes, de forma encoberta, desde o alvorecer do Ocidente; são constitutivos dos próprios fundamentos da Grécia, e os gregos chamavam simples, mas rotundamente de paideia. O que é a paideia? Sabemos pela filosofia que só através da "educação" o homem pode "chegar a ser o que é". Esse suposto tão grego, vivenciado por Hesíodo, Píndaro, Sócrates, Platão é constitutivo da Idade Média, do Renascimento, dos grandes poetas e escritores como Herder, Goethe, Schiller, Hölderlin, filósofos, Rousseau, Kant, Fichte, Schelling, Hegel, Nietzsche e Marx. E de lá para os grandes pensadores do século XX, desde Heidegger, com sua concepção profunda do acontecimento, e Wittgenstein, até Derrida, Foucault e muitos outros pensadores de diferentes disciplinas ao longo da história.

Aparentemente se dá uma articulação fundamental no ensinar em e para o outro enquanto Outro que em si se abre e permite constituir as possibilidades reais para que um homem, um povo, uma época se estruturem, se desenvolvam, se potenciem e possam ser robustos e consistentes como tal, isto é, ser um homem (povo, época) saudável, solidário e criativo. Mas para que possa tratar o outro enquanto Outro no ensinar, e não como mero recipiente de uma instrução de conteúdos a serviço do poder do momento, é necessário, por um lado, que o ensinar seja propriamente, ao mesmo tempo, um aprender por parte do outro enquanto Outro; e, na medida em que isto acontece, quem ensina, ao mesmo tempo se torna, devém Outro graças à

---

[1] Tradução de Pablo de Vargas Guimarães. Revisão técnica de Ingrid Müller Xavier.
[2] HEIDEGGER, M. *Aportes a la filosofía. Acerca del evento.* Almagesto-Biblos, Buenos Aires, 2003, p. 327-328. *Beiträge zur Philosophie*. Vom Ereignis, Vittorio Klostermann, Frankfurt am Maim, 1989, p. 408.

vizinhança em que está junto ao ouro Outro: é a circularidade do dar e receber do ensinar-aprender. E, por outro lado, o próprio ato de ensinar-aprender é o acontecer do acontecimento, sua manifestação, a sua realização, ou seja, a "paideia", como a manifestação do acontecimento.

Sendo assim, o que temos que estudar é esse traço tão próprio e circular do ensinar que, para que seja ensino, tem que se mover na vizinhança do aprender. Essa circularidade do ensinar-aprender, este círculo que não é vicioso, mas virtuoso, é próprio de um modo grego e filosófico de ser e habitar; é um modo de habitar em circularidade e está associado ao dar e ao receber. É um modo de doação que está na base de qualquer modo de ser ocidental. E, para entender esse modo de ser de dom e contra-dom é necessário pensar em o outro momento, isto é, o momento que constitui tal circularidade: o acontecimento.

Bem, aparentemente, a única possibilidade do dom e contra dom, do ensinar-aprender (a "paideia"), é algo que não se deixa capturar por nenhuma racionalidade e, no entanto, é o que põe em andamento todo sistema (qualquer que seja) e, por essa razão, é anterior e constitutivo de toda circularidade. Isso já era pensado por Spinoza, Hölderlin, Schelling e muitos outros pensadores do século XX. Essa integração entre o acontecimento e Outro como ensinar-aprender é a Liberdade.

1

Para poder chegar ao nosso assunto, a "paideia", é necessário primeiramente nos determos no Acontecimento; tratemos de precisá-lo em parte, na medida do possível, pois do acontecimento não se fala, apenas se o indica indiretamente através de certos signos que acontecem na circularidade da vida. O mesmo sucede com o ensinar-aprender, a "paideia"; obviamente, não é possível falar "sobre" o ensinar a não ser através do exercício mesmo do ensinar (dar, dom) na vizinhança do aprender (receber, contradom), exercício que se dá de mãos dadas com certos signos. Tratemos de pensar o Acontecimento (*Événement* em francês, *Ereignis* em alemão; ambos os termos com matizes distintos o termo em castelhano), à luz de Heidegger, pois é o filósofo alemão quem explicita, no século passado, o problema do acontecimento e, em seguida, desde então, múltiplas filosofias se encarregam do problema; problema colocado por Heidegger, em 1936, a partir do que ele desde então chama *Ereignis*. Para entender o que implica, o que esta palavra desdobra, é importante ter presente o texto de Heidegger, *Beiträge zur Philosophie. Vom Ereignis* de 1936-1938 (publicado em 1989). Ali, no final da primeira parte, Heidegger nos diz que: "Na essência do emitir signos [*Winken*, poderia ser traduzido simplesmente como "No signar"] se encontra o mistério da unidade [*Geheimnis der Einheit*] da mais íntima aproximação [*Nährung*] no extremo afastamento [*Entfernung*], a medição [*Ausmessung*] do mais amplo espaço-de-jogo-temporal do ser [*Zeit-des-Spiel Raumes Seyns*]. Esse extremo do essenciar-se do ser exige o mais íntimo da indigência do abandono do ser [...]. Esta indigência [*Not*] tem que pertencer ao clamor [*Zuruf*] do domínio *[Herrschaft]* desse fazer sinais [*Winken*]. Apenas o que em tal sujeição [*Hörigkeit*] começa a soar e prepara amplitude [*Weite*], pode preparar a contenda de terra e mundo [*Streit von Erde und Welt*], a verdade do aí [*Wahrheit des Da*], através deste, o lugar instantâneo da decisão [*Augenblicksstätte der Entscheidung*] e, deste modo, da impugnação [*Bestreitung*] e com isso do abrigo no ente [*Bergung im Seiendes*] [...] Se este clamor [*Zuruf*] do fazer sinais extremo [*des äussersten Winkens*], o mais oculto acontecimento [*die verborgenste Ereignung*] ainda acontece abertamente ou se a indigência emudece [*Not verstummt*] e todo o senhorio falta [*Herrschaft ausbleibt*] e se, quando o clamor [*Zuruf*] acontece, é então percebido, se o salto que ingressa ao ser-aí [*Einsprung in das Da-sein*] e, com isso, sua verdade a virada verdade [*Wahrheit die Kehre*], ainda devém história, e nisto se decide o futuro do homem [*Zukunft des Menschen*]".[3]

Nestas palavras aparentemente difíceis encontramos o fio-condutor deste trabalho, que tenta pensar essencialmente a articulação entre acontecimento e Outro através da circularidade do ensinar-aprender (dom e contra-dom): a "paideia" como o âmbito do livre, onde se dá o devir Outro do outro. E, como diz Heidegger, aqui é onde se joga no devir da história o futuro do homem. Se pudermos "baixar" o texto heideggeriano de sua "costumeira profundidade" será possível vislumbrar o que é buscado neste trabalho. Vamos devagar, no final da primeira parte do *Beiträge* Heidegger nos indica algo que é próprio do acontecimento. O que significa essa "essência de emitir signos" (*winken*) no pensamento radical de Heidegger? Acreditamos que é nesse emitir signos onde se joga o acontecimento do outro enquanto Outro; um Outro que devém historicamente e pode vencer a indigência e pobreza de seu modo de habitar. Mas, para isso, deve estar atento aos signos que se dão no e pelo acontecimento, em meio à circularidade de seu ensinar-aprender. Aqui vemos a importância radical da "paideia", do ensinar-aprender. Essa ideia Heideggeriana tão potente flui no pensamento francês do final do século XX, por exemplo, no de Gilles Deleuze e Jacques Derrida. Ao pensar este texto, veremos que no emitir signos (poderíamos traduzir simplesmente como "signar") já estamos indicando o mais próprio (*eigen*) de "tremendo" *Ereignis* heideggeriano. Vamos a passos contados a caminho deste entrecruzamento de pensamentos: *Wink e Ereignis*

---

[3] HEIDEGGER, M., Aportes a la filosofía. Acerca del evento, Almagesto-Biblos, Buenos Aires, 2003, pp. 327-328. Beiträge zur Philosophie. Vom Ereignis, Vittorio Klostermann, Frankfurt am Maim, 1989, p. 408.

como *winken* e *ereignen sich*. Nestes termos está o essencial para encontrar a circularidade do ensinar-aprender a partir do horizonte aberto da inespecífica liberdade do acontecimento.

2

Para compreender estas ideias essenciais de Heidegger, utilizemos a concepção de signo do pensador espanhol Xavier Zubiri (discípulo de Heidegger)[4] pois é muito útil para nosso problema: entender como se pensa o signo de modo mais próprio, sem um referente metafísico; ao estilo heideggeriano: "O que é signo? Signo não é um "sinal". Um sinal é algo cujo conteúdo é apreendido por si mesmo e que, 'ademais', extrinsecamente, 'sinaliza'. Assim são, por exemplo, os chamados sinais de trânsito. Em vez disso, o signo é a própria nota apreendida. A signitividade pertence a ela intrínseca e formalmente e não por atribuição extrínseca. Não é nota em forma de sinal, mas é intrínseca e formalmente 'nota-signo'".[5] Esta grande ideia Zubiriana, de entender o signo a partir de si mesmo, (que vem de uma grande tradição filosófica, pensemos, por exemplo, em Creuzer, Schelling, Peirce, Bergson e também em Deleuze), desde a própria nota e não do modo extrínseco do sinal, ou seja, sem um modelo representacional de teor metafísico (não há dualidade no signo, algo que represente algo desde outro lugar) nos permite compreender adequadamente o que *Wink* indica: que é o próprio do acontecimento (*Ereignis*) em seu abrir e constituir o outro como Outro na "paideia".

Mas Zubiri nos dá outra precisão muito válida para a questão heideggeriana do acontecimento. O signo não é formalmente sinal (por isso falha a tradução de Dina Picotti para *Wink* nos *Beiträge*), mas tampouco mera significação: "A significação em sentido estrito é própria apenas da linguagem. Nela, a significação está agregada (sob qualquer forma...) a alguns sons (não todos). Mas ao signo não está agregado a nada. É a própria nota no modo mesmo de apresentar-se como tal nota".[6] Essa é a ideia forte de Zubiri, de viés heideggeriano, isto é, a de que o signo não é representante de nada para fora de si mesmo, mas, ele mesmo, em seu apresentar-se, é o signo mesmo; e o que se dá neste apresentar-se, esse manifestar-se, será o que seja o signo e o saberemos quando se apresente, nunca a priori. Essas indicações são fundamentais porque afastam radicalmente uma interpretação seja fenomenológica,

---

[4] Para entender a relação em Heidegger e Zubiri: ESPINOZA, R. y NICOLÁS, J., Heidegger frente a Zubiri, Herder, Barcelona, 2008. E, ESPINOZA, R., Realidad y tiempo en Zubiri, Comares, Granada, 2006.

[5] ZUBIRI, X., Inteligencia sentiente / Inteligencia y realidad, Alianza, Madrid, 1984, pp. 49-50.

[6] Ibid., p. 50.

seja hermenêutica de Heidegger (e também uma certa interpretação de cunho sociológico) do acontecimento, porque o que está, no fundo, atrás do acontecimento é a liberdade; que não é nada concreto ou, se se quiser, é o puro nada para além de qualquer representação ou conteúdo (ou ente). Estamos diante de uma liberdade pensada não de modo metafísico, isto é, não como fundamento do ente; uma liberdade pensada não como fundante mas como o aberto *in actu exercito*, no sentido de desembaraçar, abrir, limpar, liberar. E só deste modo o outro pode devir Outro (historicamente) e a sua própria vida se jogue no seu fazer-se do dia a dia, na "paideia" de sua existência, nesses signos do ensinar-aprender, ou, dito mais fortemente, o ensinar-aprender são esses signos, signos que não são nem sinais, nem significações, mas simplesmente signos que repousam em si mesmos. E isso é algo que nos interessa deixar claro de saída neste artigo. Bem, então o que é o signo?: "O próprio do signo não é, pois, nem assinalar, nem significar. O próprio do signo é simplesmente 'signar'".[7] Posto isto, indaguemos brevemente neste signar tão próprio do signo e desde esse 'signar' o *Wink* adquire o indicado propriamente por Heidegger para um modo radical de acontecer do Ereignis. O que é signo enquanto signar? Já o dissemos, mas o tornaremos explícito para poder ver a "paideia" em sua circularidade. Sempre, desde os medievais, entendeu-se o signo como um "levar" a intelecção de um algo a outro algo. Aqui o essencial é entender esse "levar" enquanto tal e, é nisso no que Heidegger se move em sua filosofia pós *Sein und Zeit* (1927); nesse levar se joga a "paideia". Portanto, acreditamos que os poetas são os educadores por excelência no Ocidente". Portanto, acreditamos que, com seu trabalho, os poetas são os educadores por excelência no Ocidente, pois são eles os mensageiros destes signos, que levam uma mensagem que não vem de nada nem de ninguém, mensagem que não busca salvar nem fundamentar nada, a não ser simplesmente ser mensagem na mensagem mesma. E, neste ser próprio da mensagem do levar, se esgota o caráter da mensagem. Os poetas enquanto mestres por antonomásia são os portadores de mensagens que, nem são enviadas, nem trazem uma mensagem especial, mas na própria natureza de seu ser mensagem está toda a graça do poeta mestre que erige ensino-aprendizagem. Daí a importância de Píndaro a Neruda, como mensageiros-educadores que se movem na liberdade do acontecimento e aí mesmo, nesse lugar existencial, permitem o devir-Outro do outro, porque nos fazem ver esses signos, mensagens que são as chaves do dar e receber dos homens entre si.

Como algo leva um algo outro com respeito a outro? Como se leva a mensagem entre os outros para que devenham Outros? Como o acontecimento

---

[7] Idem.

constitui o Outro nesse 'signar'? Como se dá a "paideia", mais precisamente? Como se dá o fazer do poeta-mestre como o próprio "entre" que articula acontecimento e Outro? Se atentarmos, no problema do acontecimento sempre está presente o outro enquanto Outro. Este é o assunto radical de Heidegger para entender o acontecimento e para nós, ademais, entender o que indica, propriamente, ensinar-aprender. No primeiro outro e nesse levar originário que não é assinalar, nem significar, está tudo o que devemos compreender. Zubiri e Heidegger, nesta análise brilhante, nos deixam no caminho para pressentir o que indica, essencialmente, *Wink* e, com isso submergir-nos no *Ereignis*, mas nos deixam às portas para dar um "salto" no abismo (*Ab-Sprung*), pois não queremos buscar um fundamento da "paideia" (seria outra teoria educacional, e delas há muitas), e sim pensá-la desde a liberdade do acontecimento como o espaço livre por excelência desde onde se dá a possibilidade do Outro; um livre espaço doador do Outro. No *Wink* está o sentido radical do 'signar', mas desde o absolutamente Outro, o Outro por excelência, o absolutamente absolvido, o incondicionado, o totalmente próprio, o que se tem totalmente retido para dar-se, doar-se. Isso é a liberdade. Este doar-se não é o mesmo doar-se do dom e contradom da circularidade do ensinar-aprender. Esse doar-se em retração do acontecimento é um doar-se na absolutez de seu ser acontecimento. É um doar-se em gratuidade, em assimetria, em e*wig Ja des Seins*, como diria Nietzsche em seus ditirambos. No acontecimento a liberdade se dá por inteira, ou, dito de outra forma, é o acontecimento como (*als*) liberdade. Ela é fundamental para compreender o que seja o Outro e a aprendizagem. No propriamente Outro do acontecimento se dá a liberdade para que o outro, qualquer outro, devenha Outro no ensinar-aprender. E, aparentemente, neste signar desde o livre por excelência se dá a possibilidade mais real e radical para que o outro seja Outro, e isso é além e anterior a qualquer sentido de 'signar' como instrução, informação, etc. Aqui estaria o próprio do ensinar-aprender. Um espaço liberador e doador do outro, onde o outro devém Outro, um espaço onde acontece o ensinar e acontece sempre de modo único, jovial e renovador e nunca do modo representacional e estruturado. Um espaço do acontecimento em si mesmo Outro em pura gratuidade. Um dar a mão sem esperar se lhe a dêem de volta, um dar a mão no impossível, porque sim, sem razão suficiente, para além de toda fundamentação.

3

Então, o que é esse *Wink* enquanto *winken*, a "paideia" por excelência, que está irrompendo e constituindo o próprio homem em sua experiência? É, como já dito no "ensinar-aprender", onde acontece, se manifesta, plasma-se e realiza-se o acontecimento em sua abertura gratuita. Mas precisemos isto um pouco mais. Heidegger diz: "Esta [*Wink*] é a abertura [*Sicheröffenen*] do que se oculta como tal [*Sichverbergenden*], a saber, inaugurar-se para o e como o acontecimento-apropriador [*Er-eignung*], como clamor [*Zuruf*], ao pertencimento [*Zugehörigkeit*], ao evento [*Ereignis*] mesmo, ou seja, a fundação [*Gründung*] do Ser aí [*Da sein*] como âmbito da decisão [*Entscheidungsbereichs*] para o ser [*seyn*]... Mas este *sinal* [*Wink*] só passa a assinalar [*Winken*] em *ressonância* [*Anklang*] com o ser [*Seyn*] desde a indigência [*Not*], do abandono do ser [*Seinsverlassenheit*] e apenas diz novamente: nem desde o clamor [*Zuruf*] nem desde o pertencimento [*Zugehörtigkeit*], mas desde o entre [*zwischen*] ambos oscilante, se abre o evento [*Ereignis*] e o projeto [*Entwurf*] da origem do espaço-tempo [*Zeit-Raum*] se torna realizável, como unidade originária [*Einheit*] desde o abismo do fundamento [*Abgrund des Grundes*]".[8]

Texto difícil dentre os difíceis dos *Beiträge* em que se indica a articulação mesma entre *Ereignis* e *Wink* que, sabemos, indica tanto a liberdade quanto o outro enquanto Outro, e que possibilita a qualquer outro. *Wink* é a manifestação própria do pensamento da experiência do "fora" de toda circularidade, do caminho do *Ereignis*; este em sua retirada radical (*Entzug*) como o propriamente em e por si mesmo se sai, é o aberto (*das Offene*) por excelência. Esse caráter de abertura é fundamental para compreender de modo cabal o acontecimento, porque a liberdade é em abertura; poder-se-ia também expressar dizendo que a liberdade do acontecimento é o esvaziamento do outro e, assim, o outro vem a ser outro. A "paideia" por excelência é sempre esvaziamento, uma certa saída do que há, um abrir, ,um desembaraçar-se no que se está para que aconteça a liberdade, para que ela irrompa. Por isso, o ensinar-aprender é em si mesmo o ato de dar e receber liberdade, de desembaraçamento, de liberação do outro de sua caverna para que devenha Outro. É em essência esse ato socrático do saber que não se sabe nada ou do esvaziamento de todo o saber do mundo orientalou do ato criativo mesmo que, mais do que estar com uma "tela em branco", é limpar e tudo remover dessa tela para que possa novamente acontecer o instante criador do signo do acontecimento (como Deleuze o vê muito bem em suas aulas sobre pintura). Nesse abrir-se mesmo, o próprio (*Eigner, Eigentung,* etc.) sai, torna-se transitivo (essa partícula *"Er"* de *Ereignis* indica essa transitividade, ou seja, um certo tipo de apropriação). É um requerer, um chamar na própria patência do *Ereignis*. O *Ereignis* como *Wink* nos joga para o outro, para o mais próprio do outro, seu caráter de Outro; em direção ao mais radical e próprio pertencimento do homem consigo mesmo. Por isso a "paideia é o lugar onde o homem pode ser si mesmo em plenitude". Daí que o ensinar-aprender seja o fazer, por um lado,

---

[8] Cf., HEIDEGGER, M. *Tiempo y ser*. Tecnos, Madrid, 1999, p. 35.

mais libertador e mais fácil de se conseguir, porque não busca outra coisa a não ser você mesmo, um Outro, mas, ao mesmo tempo, está sempre no limite para encobrir seu caráter próprio de "paideia" e se transforma em mera aprendizagem, instrução, simulação de realização, em meros modelos de saturação do outro; e, em vez de o outro se tornar Outro, o outro simplesmente se afunda mais e mais nesta simples, obscura e mecânica outridade alienante. Em outras palavras, a "paideia", gira, se torna, mais que o âmbito do livre e liberador para ser Outro, na caverna que nos escraviza e nos condena a ser meramente outro.

4

O próprio do homem é o seu pertencimento ao *"Da"* mesmo *(Da-sein*, como escrito por Heidegger na década de 1930); o seu ser, sua vida no abismo do fundamento, no desfundamento da liberdade inespecífica, no esvaziamento próprio da existência humana, vai realizando a vida de cada um. Mas é a partir dessa liberdade radical que o homem pode tomar-se a si mesmo quando se toma corretamente. Para isso, é a "paideia" o lugar por excelência onde o homem toma-se a si mesmo; nesse local libertador e liberado se abre o espaço que dá a possibilidade de tornar-se Outro. A "paideia" como a intempérie a partir da qual a existência pouco a pouco se vai cobrindo com a "roupagem" dos homens. Estamos na inespecificidade, na parte externa da "paideia", nos arredores e na alienação que leva para longe da propriedade (é o que Heidegger às vezes chama de *Nahheit). O Nahheit* é a vizinhança do homem como homem enquanto outro na intempérie da "paideia", do ensinar-aprender.

Essa vizinhança do acontecimento é o que nós pensamos como a essência da circularidade do ensinar-aprender. O acontecimento nos coloca na vizinhança com o outro, onde um também é outro e onde o outro tem muito para dar e receber. Esse jogo de dar e receber de todos os outros entre si, inclusive, o do professor, o mesmo que dá por excelência, é a vizinhança do outro nessa abertura em liberdade tão característica do acontecimento e seu ser radicalmente aberto. Não esqueçamos que o homem é existência, formalmente é o único que existe, e nisso se dá a tautologia mais própria do homem. "O Dasein existe," como Heidegger diz no § 12 de *Sein und Zeit*. Dizer que o Dasein existe é redundante, ou seja, é dizer que a abertura está aberta. O existente é o "Ser aí" *(Da-sein*), a abertura do seu próprio estar sendo, isto é, o "No-mundo" *(In-der-Welt)* ser *(sein)*, estar ou, se preferirem, estar no mundo é uma característica da existência humana; o aí *(Da)*, a abertura, continua a ser o "No-mundo." Portanto, existência é *das Dasein*, isto é, *das In-der-Welt-sein*. Mas nesse *Da* enquanto "No-mundo" *(In-der-Welt)* só é possível com a implantação radical que nos faz presentes *(Anwesenlassen)* no mundo, sendo e nos constituindo nele. Assim, acreditamos que a presença radical no mundo é a circularidade da doação e contradoação da "paideia". Se tomamos essa característica existencial fenomenológica do ser humano do "estar no mundo", que significa, como mostramos, o próprio do ser humano, descobrimos o que é "paideia". O ensinar-aprender em seu jogo de dar e receber a fim de se tornar plenamente Outro à luz dos signos do acontecimento que expressam os criadores-professores é a "paideia". Não se pode "educar" a não ser a partir da mão vazia e liberadora da vizinhança de todos enquanto enviados pelo acontecimento, ou seja, a abertura em liberdade da própria realidade. E nesse deixar (*Lassen*) radical já ressoa a liberdade (*Freiheit*) do espaço (*Raum*) que nos deixa estar no jogo (*Spiel*) mesmo do mais próprio que nos constitui a todos. Desde esse próprio livre que o ensinar-aprender expressa, que nos espaceia e nos dá tempo, estamos "No-mundo" e nos constituímos como tal.

Conclusão

Acontecimento e Outro se realizam no "ensinar-aprender", isto é, a "paideia". Aqui mesmo ressoa o *Wink* e nisso não podemos deixar de pensar nos poetas, professores, artistas, que são os agenciadores que expressam os signos enquanto signos.

Os educadores, mais do que ensinar isto ou aquilo, deveriam expressar a gratuidade mesma do dom e do contradom da "paideia". Gratuidade que acena a possibilidade de nos apropriarmos do mais radical de cada um, permitindo que se chegue a ser o que se é, ou seja, ser outro enquanto Outro. E nesse acontecer do Outro nos liberamos, nos esvaziamos, nos desembaraçamos desde o espaço liberador da liberdade do acontecimento. Somente assim acreditamos ser possível depois podermos constituir-nos como sociedade de maneira saudável, potente e jovial. O outro é mais do mesmo, isto é, a sobrecodificação do homem pelo homem sob o jugo do dispositivo que subsume a nossa liberdade a ser, meramente, alienação e escuridão.

Notas para uma filosofia da corporalidade: corpo e identidade. O "para-doxo" do comediante dissolvido na "doxa" do espectador-receptor[1]

Ricardo Sassone

> *¿deseaba la palabra sujetarse al rigor de un verso?*
> ARNALDO CALVEYRA
> *El hombre del luxemburgo*

O presente trabalho surge à luz do espaço de reflexão que se abre em torno dos diversos aspectos acerca do que se pode considerar a tematização do *"corpo"*,[2] abordado desde a especificidade de diversos marcos teóricos; entre eles, incluímos a fértil leitura *socioantropológica* realizada por David Le Breton.[3] Este trabalho antecipa e enuncia, também, aspectos de nosso projeto de investigação em torno da fundamentação de uma possível *Teoria Geral da Ação* e da definição e incumbência de uma *Estética Aplicada* formulada desde o olhar da filosofia prática e desde o que poderíamos definir como uma *Filosofia da Corporalidade*.[4]

---

[1] Tradução de Vinicius B. Vicenzi.

[2] Para além da reflexão gerada a respeito desde Breton, levaremos em consideração o trabalho de BUTLER, J., Cuerpos que importan, Buenos Aires, Paidós, 2005, assim como a perspectiva da noção de "performatividade", elaborada em torno dos trabalhos de Richard Schechner, v. gr.: SCHECHNER, R.; Performance,. Teoría y prácticas interculturales, Buenos Aires: Libros del Rojas, 2000. Em especial, remeteremo-nos ao conceito elaborado por Diana Taylor.

[3] LE BRETON, D., Antropología del cuerpo y modernidad, Buenos Aires, Nueva Visión, 1995. LE BRETON, D., La sociología del cuerpo, Buenos Aires: Nueva visión, 1992. LE BRETON, D., El sabor del mundo. Una antropología de los sentidos, Buenos Aires: Nueva Visión, 2009.

[4] Nesse sentido, damos continuidade à nossa proposta em torno do desenvolvimento do Philodrama, concebida como um intento de posto em cena do conceito, enunciada em:
SASSONE, R. "Hacia la configuración del philodrama", in: KOHAN, W. (Comp.) *Teoría y práctica en filosofía con niños y jóvenes. Experimentar el pensar, pensar la experiencia*, Buenos Aires: Ed. Novedades Educativas, 2006.

Em nosso caso, interessa-nos perspectivar a complexa relação que no imaginário do Ocidente se instala ao considerar, no plano do conceito, a noção de "*identidade*"[5] posta em jogo desde o lugar em que se constitui historicamente o lugar de "*sujeito*" da modernidade,[6] a forma em que se define o "*critério de individuação*",[7] os aspectos que definem o conceito de "*persona*"[8] e como entra em jogo o conceito de "*corporeidade*" com base à constituição do "corpo individual" como entidade discernível do "corpo social". E tudo isso tomando o campo ficcional "*teatro-performativo*" como "*laboratório da ação*", seguindo a proposta de Ricoeur em torno da constituição da identidade em termos narrativos[9] – e considerando a análise da "*identidade de ator*" e sua inscrição no "*mundo da obra*" ficcionalmente configurado, desde a problematização surgida a partir da história e singular tematização filosófico-poética realizada por Diderot,[10] que inscreve a questão em uma determinação "*paradoxal*".[11] Quanto à caracterização do lugar "*ator*",[12] entram em jogo as determinações do rol do "*comediante*" – corpo

---

SASSONE, R. "A escrita como perfomance. Uma contribuição para examinar a "cena originaria" relativa à a-parição do texto filosófico no limte de sua própria territorialização", in: BORBA, S.; KOHAN, W. (Orgs.) *Filosofia, aprendizagem, experiência*. Belo Horizonte: Autêntica, 2008.

[5] Consideraremos a aproximação ao conceito de identidade desde a formulação realizada por Ricoeur enquanto: "identidade narrativa", em RICOEUR, P. *El sí mismo como otro*. México: Siglo XXI, 1996. Referente ao concepto de identidade desde outra perspectiva, consideraremos: ENGEL, P., "Las paradojas de la identidad personal", in: OLIVÉ, León; SALMERÓN, Fernando. *La identidad personal y la colectiva*. México: Universidad Nacional Autónoma de México, 1994. Desde uma perspectiva ético-filosófica, é de considerar a proposta de ENGELHARDT em ENGELHARDT, T. *Los fundamentos de la bioética*. Barcelona: Paidós, 1995.

[6] Em relação ao conceito de "subjetividade", levaremos em consideração o desenvolvimento da ideia de "imagem do mundo" realizado por Heidegger em HEIDEGGER M. "La época de la imagen del mundo", tradução de Helena Cortés e Arturo Leyte. In: HEIDEGGER, M. *Caminos de bosque*. Madrid: Alianza, 1996.

[7] Para conceitualizar o campo da individuação, tomaremos como referência: SIMONDON, G. *La individuación*. Buenos Aires: Cactus, 2009.

[8] Referente à noção de "persona", é mister reconhecer o aporte de Singer em SINGER, P. *Repensar la vida y la muerte: el derrumbe de nuestra ética tradicional*. Barcelona: Paidós Ibérica, 1997.

[9] RICOEUR, Paul. *Historia y narratividad*. Barcelona, Paidós, 1999.

[10] DIDEROT, D. *La paradoja del comediante*. Utilizou-se a versão digital – facsímile – provida com exclusividade por: <www.elaleph.com>, 1999. p. 31 ss. A mesma inclui a importante contribuição ao "estado da questão" realizada por Jacques Copeau: "Reflexiones de un 'comediante' sobre la paradoja de Diderot". A obra de Diderot inclui-se, originalmente, no diálogo dramático-filosófico: *El sueño de D'Alembert* (1830).

[11] A respeito do campo semântico do conceito "paradoxo", levaremos em consideração o tratamento realizado em: DELEUZE, G. *Lógica del sentido*. Barcelona: Paidós, 1989.

[12] Tomamos como antecedente as considerações vertidas em anteriores trabalhos, v. gr.: SASSONE, R. *En el camino de la ficcionalidad teatral. Notas acerca del "ser" de "ser otro"*. In: HORMIGÓN, J. A.

presente[13] – com respeito às *condições de possibilidade de uma "cena"* a ser inscrita em sua dimensão espetacular,[14] e a transferência do *mundo da vida* configurado como *"ordinário"* em trânsito ao mundo *da obra* – mundo ficcional o "extra-cotidiano" – como *"extra-ordinário"*. É nesse território em sentido lato onde, por sua vez, aparecerá inscrito esse outro *"território cênico"*[15] primordial que é o *"corpo"* performaticamente considerado e "jogado" (e "jogando", numa dimensão lúdica), preso à dinâmica: ***"persona"*** – ***"personagem"***.

Para esta reflexão proposta, será importante compreender o âmbito próprio da "ação" desde sua caracterização triádica, estabelecendo a relação: ***"espaço-tempo-ação"***. Para isso, levaremos em conta, seguindo Pavis, a noção de *"cronotopo"* – introduzida por Bakhtin para referir-se a uma unidade, no caso, o romance – desde a qual se estabelece a íntima relação entre os "indícios espaciais e temporais" para efeitos de configurar um **todo inteligível e concreto**. Também desde a determinação das categorias de "espacialidade" e "temporalidade" realizada por Merleau-Ponty[16] – segundo o qual o corpo não somente está no espaço, mas "está feito de espaço" e, como tal, "segrega" tempo -, podemos estabelecer outra relação triádica tal como: ***"espaço-tempo-corpo"***, em que cada categoria aparece determinada pelas restantes. Podemos aceitar, considerando ambas as relações, que se estabelece certa correspondência – neste caso biunívoca – ***"corpo-ação"***, configurando a estrutura fundamental do corpo como ***"corpo vivido"***.[17] Reservaremos,

---

(Edit.) *Del pensamiento literario-dramático al pensamiento escénico*, Madrid: Publicaciones de ADE / Asociación de Directores de España, Serie Teoría y Práctica Teatral, n° 29, 2008. p. 315-332.

[13] Quanto à sua caracterização fenomênico-antropológica, resulta relevante considerar o corpo na base de toda produção significante. Para isto, levaremos em conta a obra: CITRO, S. *Cuerpos significantes. Travesías de una etnografía dialéctica*. Buenos Aires: Biblos, 2009.

[14] Levaremos em conta o esclarecedor trabalho: PAVIS, P. *El análisis de os espectáculos*. Barcelona: Paidós, 2000.

[15] Remetemo-nos, para esta conceituação a: MATOSO, E. *El cuerpo territorio escénico*. Buenos Aires: Paidós, 1992.

[16] MERLEAU-PONTY, M. *Phénoménologie de la perception*. Paris: Gallinard, 1945; *Fenomenología de la percepción*, Barcelona: Ediciones 62, 1980.

[17] No nosso conceito, esta distinção na ordem do conceito coincide com a caracterização que realiza Husserl ao diferenciar fenomenologicamente o *"corpo vivido"* [der Leib] – "ponto zero" ou centro de toda referencialidade espaçotemporal –, do *"corpo vivente"* ou *soma* [das Körper]. V.: HUSSERL, E., *Ideas relativas a una fenomenología pura y una filosofía fenomenológica*, Tomo II. Ediciones del Instituto de Investigaciones Filosóficas de la Universidad Nacional Autónoma de México, México, 1997. HUSSERL, E., *La tierra no se mueve*, Madrid: Ed. Complutense, 2005. Segundo o autor e tal como o subtítulo da obra o declara, trata-se de formular uma: "Inversão da teoria copernicana, segundo a interpreta a cosmovisão habitual. A arca originária 'Terra' [para nós: a Terra primordial] não se move. Investigações básicas sobre a **origem fenomenológica da corporeidade**, da espacialidade da Natureza no sentido científico natural primeiro. Necessárias investigações primeiras". [grifo nosso]. Este trabalho dá conta do feito de que somente através da experiência da imaginação

para estabelecer um adequado campo semântico, o termo "*corporalidade*" para esta caracterização, em contraposição à "*corporeidade*" para remeter ao "substrato" material que se atribui ao "corpo" um tanto *cindido*; um "corpo" que o chamado "dualismo cartesiano" e as posteriores formulações - desde a conceitualização do ser humano como "*homem-máquina*"[18] até sua inscrição na *episteme* moderna[19] no âmbito de uma "*tecnologia política do corpo*", no sentido de Foucault[20] – nos "depositaram" no imaginário moderno, mediando uma tendenciosa visão **mecanicista**. Resultado desta "assimilação do corpo ao mecanismo", segundo expressa Le Breton, é o choque com um "*resíduo*" que deve ser deixado de lado, a menos que se aceite a consequência dele: a invalidação da "condição humana vinculada com sua condição simbólica", o deixar de lado "*a espessura humana*", ficando assim explicitado "o limite da analogia *corpo-máquina*".[21]

Cabe recordar que, longe de se fechar esta questão, a vemos reformulada em termos da relação entre "corpo" e "artifício" e/o "simulacro", dado que a biologia, associada à tecnologia e aos sistemas de informação, converteram-se – através da nanotecnologia - em uma das grandes "máquinas de representação" dos finais do século XX. Nela, se joga agora uma sorte de *hibridação* do "corpo-máquina", tecnologicamente efetuada, transformando profundamente a dimensão material e simbólica do corpo enquanto unidade psicofísica.[22]

Essa unidade é a que entendemos que deve ser preservada, perante o compromisso que o desdobramento "persona-personagem" demanda na

---

podemos dar sentido ao "espaço", de modo tal que possamos conceber a Terra como um corpo físico, sem poder percebê-la nem ter experiência perceptiva da mesma como um todo.

[18] V.: LA METRIE. *El hombre máquina*. Buenos Aires: EUDEBA, 1983.

[19] Remetemo-nos ao desenvolvimento realizado em: FOUCAULT, M. *Las palabras y las cosas: una arqueología de las ciencias humanas*. Buenos Aires: Siglo XXI, 1998.

[20] Para Foucault, o corpo encontra-se determinado socialmente para atuar num espaço normatizado, ou seja: submetido a distintas "restrições". Este espaço emerge como território codificado, demarcado por fronteiras, para projetar sobre o mesmo um dispositivo de controle que permita localizá-lo, observá-lo, e "vigiá-lo", no contexto de uma "sociedade disciplinária" estruturada. Por exemplo, em *Vigiar e punir* demonstra como o "panoptismo" próprio da arquitetura carcerária não somente opera nesse espaço para observar os movimentos dos presos desde qualquer ponto de vista senão que fundamentalmente tal característica forma parte de uma "arquitetura de controle social" que se reproduz tanto em uma planta de produção quanto em uma progressiva quadriculação e compartimentação dos espaços sociais. É essa, a "idade do controle social". Cf. FOUCAULT, M. *Vigilar y castigar*, Madrid: Siglo XXI, 1993; FOUCAULT, M. *El panóptico*. La Piqueta, Madrid 1979.

[21] LE BRETON, *Antropología...*, op. cit., p 81.

[22] Para um interessante enquadre destas questões, v.: HAYLES, N. K. *How we became posthuman. Virtual bodies in cybernetics, literature and informatics*. Chicago & Londres: The University of Chicago Press, 1999.

corporalidade do ator, definindo o ***continuum***[23] no qual a ação de desdobra define adequadamente um "critério de denegação"[24] que nos permite compreender a complexidade estrutural que abarca o mundo da "*apresentação*" em contraste com o da "*re-presentação*". E, se compartilhamos bem as preocupações existentes em torno da chamada "crise da representação", entendemos que se deve aclarar a diferença conceitual entre "representação" e "representatividade". Especialmente, quando este continuum se "polariza" ao definir o conjunto de feitos, "estado de coisas", que se configura como *mundo efetivo e realizado*, o lugar do "*si-mesmo*", em contraposição com o *mundo ficcional* enquanto lugar do "*como-si*". Se o *continuum* permite, a partir de *dobras*, *redobras* e novas *desdobras*,[25] uma projeção do estatuto do "real" sobre o âmbito "ficcional" – isto é: o "efeito de realidade" que permite, a nosso juízo, estabelecer a constituição do "verossímil" – permite, inversamente, uma projeção *ficcional* sobre o "real" que nos permite visualizar a constituição do "*simulacro*".[26] Poderíamos pensar em certos modelos para interpretar como é que o critério de denegação opera, fixando um limite entre os mencionados mundos. Tal limite pode ser concebido em sentido estrito ou amplo, e tais opções têm consequências ontológicas ao definir o ***espaço cênico*** e as **condições de possibilidade da cena**, segundo corresponda. Se o consideramos no primeiro sentido, enfrentamo-nos com uma convenção teatral rígida que terá suas correspondências *estético-poéticas, v. gr.: concepções texto-logo-centristas*, plasmadas em estilos realistas, naturalistas, etc.; se procedermos segundo a

---

[23] Adotamos o conceito "*continuum*", próprio da teoria dos modelos, para aludir ao âmbito no qual se dão certos processos associados a trocas quantitativas e transições graduais, sem se gerar manifestas rupturas ou descontinuidades. Mais adiante, necessitaremos ampliar esta visão desde o marco conceitual dos modelos categoriais que nos propõem variações qualitativas associadas a possíveis "estado de coisas". Isto nos permitirá estabelecer, por exemplo, analogias físicas para compreender o "mundo da ação" introduzindo configurações próprias de certos estados quânticos (a necessária condição de observação participante) e conceitos conexos, a saber: a concepção de "mundos possíveis"; o princípio de incerteza, a sorte como condição de possibilidade; a teoria do caos (em relação a comportamentos impredizíveis dos sistemas dinâmicos compreendidos dentro de três opções: sistema estável, o que tende ao largo do tempo a um ponto, ou órbita fixa, segundo sua dimensão - neste caso falamos da existência de atrator ou pia -; sistema instável, o que escapa de tais atratores; sistema caótico, no qual se manifestam os dois comportamentos: existe um atrator pelo qual o sistema se vê atraído, mas, às vezes, há "forças" que o distam deste, de modo tal que o sistema permanece confinado em una zona de seu "espaço de estados".

[24] Para uma conceitualização do critério de denegação, v.: UBERSFELD, A. *Semiótica teatral*. Madrid: Cátedra, 1989.

[25] Remetemo-nos ao conceito elaborado em: DELEUZE, G. El pliegue. *Leibniz y el barroc*o. Barcelona: Paidós, 1988.

[26] A respeito do conceito de simulacro, remetemo-nos a: BAUDRILLARD, J. *Cultura y simulacro*. Barcelona: Editorial Kairós, S.A. 1998.

segunda caracterização, poderemos focalizar estratégias centradas no "espetáculo" e num "teatro-performance",[27] em estreita relação com os parâmetros nos quais que concebe a *textualidade espetacular*, mais além do texto e mais aquém da ação. Também isto tem consequências na forma em que se concebe ou se determina a interação ator-espectador, em especial quando desde a poética se maneja, para este último, uma estratégia participativa. Neste caso propomos denominá-los: "ator-facilitador" e espectador *"participa(c)tivo"*, considerado desde uma "estética da recepção".[28] É claro que, desde nossa visão, ambos definem um contexto de interação "***vivencial-presencial***" performaticamente configurado, no qual se produz a confrontação/conjugação de corporalidades, ao tempo que se configuram como *territórios cênico-corporais* ampliados. Então, diremos que um critério de denegação frouxo, "poroso", permitirá a transposição do "*mundo da apresentação*" ou da mera efetividade da ação "*posta*" – com predomínio da dimensão ***ético-política*** para avaliar as consequências da ação – ao da "*representação*" ou da ação (energeticamente) excedente – com predomínio da dimensão ***estético-poética*** (ou ***poiética***) para avaliar as consequências da ação ficcionalizada ou "*transposta*" –, em muitos casos, sem solução de continuidade, mas, paradoxalmente, aceitando possíveis descontinuidades.[29] Desde este ponto de vista, todo "pôr em cena" a respeito de determinada situação ou objeto é na realidade um exercício de "transposição".

Por outro lado, alguém poderia considerar esse ***espaço cênico*** como "*vazio*" – uma espécie de recipiente à espera de certo conteúdo – no sentido em

---

[27] A ação-performance na operação de transpôr-se ou assimilar-se a um "ato real", um ato não intencional imerso no fluxo dos "atos ordinários" produz um deslizamento que altera suas intenções verdadeiramente-falsas, de tal modo que configura uma aparição positiva. Trata-se de um "falso falso" e, portanto, repõe um sentido real. V.: ROSSET, C. *Lo real y su doble*. Barcelona: Tusquets, 2004.

[28] Assumimos aqui a posição sustentada por uma "estética da recepção" segundo o desenvolvimento de Jauss. V.: JAUSS, H. R. *Pour une esthétique de la réception*. Paris: Gallimard, 1978. V. também, a respeito: "Estética de la recepción y comunicación literaria", *Punto de Vista*, 12, 34-40, [1979] 1981. (Tradução de Beatriz Sarlo).

[29] O modelo que investigou formalmente esta situação é o da Teoria de Catástrofes e, dentro delas, a que se corresponde com a "*catástrofe em dobra*" que representa a conduta de todos os sistemas que dependem de uma só condição variável ou fator de controle. Isso remete ao marco no qual se concebe a noção de "catástrofe" desenvolvida por R. Thom. Esta **teoria** procura desenvolver um sistema matemático ou "**um modelo dinâmico contínuo que possa representar fenômenos naturais descontínuos**" e que, por tal razão, não podem ser descritos convenientemente a partir de um sistema de equações e cálculo diferencial. Portanto, trata-se de um modelo matemático para dar conta da morfogênese, com especificidade topológica. V.: WOODCOCK, A.; DAVIS, M. *Teoría de las catástrofes*. Madrid: Cátedra, 1989.

que o sustenta Brook[30] ou, pelo contrário, considerá-lo modelizado[31] como um *plenário* cuja materialidade se configura, e posteriormente "modula", em código *espaçotemporal; um plenário* no qual continente e conteúdo, pelo menos, se autoimplicam. Esta concepção nos permite considerar o "espaço cênico", qualquer que seja a cena que neste se inscreva, como **campo de forças**, propondo focalizar sua estrutura como conjunto de **linhas de força** em correspondência com certo estado **de energia** – ou seja, passível de ser tratado como *espaço vetorial* – que se tencione ao redor de *atratores* ou pias ou surja de *fontes* de projeção.[32] Todo objeto nesse campo tencionará as linhas de força distorcendo espaço e hierarquizando-o energeticamente. Em tal caso, a "espessura de signos" (seguindo Barthes[33]), na qual se configura a dimensão espetacular, refletirá novas intensidades que modularão tal *espaço físico-simbólico* no qual se gerará e expandirá toda *produção significante*. Se considerarmos o "ator-persona-intérprete" como "*ser arremessado*" no espaço de representação, fenomenologicamente definido, teremos um *corpo presente* no qual "encarna" o "ator-personagem-interpretado". No nosso entender, é o *continuum* da ação somado ao *plenário* espaçotemporal, mais a instauração de alguma modalidade de convenção teatral denegativa, o que permite, enquanto condição de possibilidade da cena, o passo de uma "*cena potencial*" – lugar da teatralidade emergente ou virtual – à *cena configurada* – lugar da teatralidade efetiva ou atualizada. Em síntese, nisso radica o "fazer teatro" ou configura um "*fazer performativo*", enquanto fazer "algo" que se torna é um dizer "algo", qualquer que seja a mediação *icônica-sígnico-simbólica* que se ponha em jogo e as condições de enunciação que da cena emirjam.

Cabe agora, tomando em conta as considerações precedentes e perante o mencionado "paradoxo", perguntar-nos acerca da ***identidade*** do ator arremessado, como expressamos, no contexto de representação e o que ocorre com a mesma em seu trânsito – transposição – em face do personagem. Parece-nos esclarecedor considerar o desenvolvimento realizado por Ricoeur na obra: *O si mesmo como outro*. Nesta, considera duas modalidades nas quais se estabelece etimologicamente o campo semântico do conceito de "identidade", a saber: "***identidade idem***" e "***identidade ipse***".[34] O equívoco do termo "idêntico" se reflete na conceitualização

---

[30] Fazemos referência a: BROOK, P. *El espacio vacío. Teoría y práctica del teatro*. Barcelona, Península, 1973. p. 62.

[31] É importante advertir que um modelo é uma descrição mais que una explicação; e que tais descrições "ajudam a compreender melhor o sentido dos processos que descrevem". V.: WOODCOCK, A.; DAVIS, M., op. cit., cap. 5.

[32] Para a conceitualização de atrator (pia) e fonte de linhas de força, Cf. NOTA 23.

[33] BARTHES, R. *Essais critiques*. Paris: Seuil, 1964. p. 42-42.

[34] RICOEUR, P. *El sí mismo...*, op. cit., estudos: 5° e 6°: A identidade pessoal e a identidade narrativa; O si e a identidade narrativa, respectivamente.

do que entenderemos como "identidade pessoal" e "identidade narrativa" a respeito do caráter de "si" e sua temporalidade. A identidade, no sentido *"idem"*, remete a um núcleo de permanência na personalidade, se trata do que permanece no tempo como o mesmo: a "mesmidade", fonte da identidade pessoal.[35] A identidade em sentido *"ipse"*, em troca, remete ao **aspecto dinâmico** da personalidade e dá conta dos aspectos que se configuram no próprio devir, isto é: a *"ipseidade"*, fonte da "identidade narrativa". Também se deve considerar a intenção filosófica que se inclui de forma explícita na mencionada obra: a *"identidade ipse"* estabelece uma relação dialética entre *"mesmidade"* e *"ipseidade"*, a saber: a dialética do *"si"* e do *"outro* distinto de si": a *"alteridade"*. Mas trata-se de certa alteridade que se converte em *"constitutivo da ipseidade mesma"*. Deste modo, a *"ipseidade* do si mesmo" implica a alteridade de tal modo que não se pode concebê-la senão em termos do *"si mesmo enquanto... outro"*. Neste enquadre consideraremos a relação "ator-persona interpretante"; "ator-personagem interpretado". Enquanto que o primeiro mantém-se em sua *identidade-idem* invariante, faz descansar a função interpretativa em sua *identidade-ipse*, enclausurando a possibilidade de alienação que o instalaria em um *"ser outro"* no contexto de sua própria *"mesmidade"*. E ao mesmo tempo que "encarna" o personagem – isto é: "pôr o corpo" à disposição - desde um "como se", outorgando-lhe o que poderíamos denominar uma "identidade-idem-ficcional" – fixada no desenho da trama e, em muitos casos, de um certo *"éthos"* do personagem, por parte do autor – que se interpreta no contexto do "en-trama-**mento**". Assim, constitui-se o "verossímil" sem que apareça um compromisso com "verdade" alguma, antes bem mantendo, sim, um compromisso constitutivo com determinada "falsidade" ou com uma "**mentira**-en-tramada", do "en-trama-**mento**", enquanto produto de certa máquina poética, no sentido de Deleuze, e como toda máquina, se compreende enquanto "sistema de cortes" em relação com um "fluxo material contínuo" que permitirá uma via de acesso à ordem do real.[36] É nesse sentido que sustentamos que não se configura "paradoxo do comediante" algum, salvo que se incorra em uma transgressão categorial, aquela que proverá de deslocar a *"ipseidade"* até a *"mesmidade"*.

---

[35] S/v: *même*: 1. *(Devant le nom) Marque l'identité absolue. Ils sont nés le même jour. Faire toujours les mêmes gestes. "Tu ouvres chaque matin, à la même minute, au même endroit, de la même façon, la bande de papier gommé qui ferme ton paquet quotidien de gauloises" (Perec). Il était dans la même classe que moi. // Marque la simultanéité. En même temps. Du même coup. // Marque la similitude. Semblable. "Plus ça change, plus c'est la même chose" (A. Karr). Vous êtes tous du même avis. Elles avaient la même robe. De la même manière. // Marque l'égalité. Égal. De même valeur. Au même degré. Une même quantité de sucre et de farine. Entre gens de même formation.* Ref.: Dic.: *Le Petit Robert de la Langue Française*, ed. electrónica: http://lerobert.demarque.com/en/us/dictionnaire-en-ligne/.

[36] DELEUZE, G.; GUATTARI, G. *El antiedipo. Capitalismo y esquizofrenia.* Barcelona: Barral, 1974.V.: p. 42 ss.

Para corroborar o que foi dito, examinaremos agora, a proposição originária de Diderot, referente ao dito "paradoxo do comediante".[37] Diz-nos que o ator deve ter **capacidade de discernimento**, deve **despojar-se** de sua **sensibilidade** e desenvolver assim sua **capacidade de imitação**[38] e de **reflexão** própria da **natureza humana** que o envolve.[39] Pensa Diderot que o ator deve recorrer à sua **imaginação** e à sua **memória**, e que todos os elementos hão de ser processados e ordenados em sua cabeça, remetendo tal **imaginação** e **memória** a uma mesma **faculdade do espírito**. A forma mais elementar da **imaginação** é a **lembrança**, baseada em uma **representação mental** de uma circunstância passada, ou de como fomos em outro tempo. O **talento atoral não consiste em sentir**, mas em expressar rigorosamente os **signos exteriores do sentimento**. E o ator **não deve sentir realmente**, deve **expressar o sentimento** mediante a **reflexão de seu significado**. Precisamente, essa reflexão há de se fazer **mediante a memória**.

Os gestos, os tempos, o manejo da voz e dos sons, o furor, etc. formam parte de uma **imitação da realidade** configurada a partir da **memória**. Ao finalizar a **representação**, o ator **não padece de dor alguma** nem de melancolia, não está perturbado, simplesmente **se despoja** momentaneamente de todas essas **lembranças**, até que chegue uma nova instância.

Segundo Diderot, o "paradoxo do comediante" radicaria no feito de que o comediante **não deve sentir "nada"**, mas que são os **espectadores os que devem sentir "tudo"**. O ator suscita emoções ou sentimentos mediante as lembranças processadas em sua mente e expressadas imediatamente. Os **espectadores**, pelo contrário, são os **receptores do esforço do ator por aparentar um sentimento**. O paradoxo se produz enquanto o **ator concebe seu personagem** como uma **ilusão**, como uma **lembrança** que não lhe condiciona em absoluto, ainda que os **espectadores associem o ator com o personagem**.[40] O que supõe uma **contradição**

---

[37] DIDEROT, D. *La paradoja...*, op. cit.

[38] Entendemos imitação no sentido aristotélico, enquanto representação, o qual assegura a independência da obra de arte em respeito à realidade mesma. V.: ARISTÓTELES. *Poética*. trad. E. Sinott, Buenos Aires, Colihue, 2004. ARISTÓTELES. *Poética*. Ed. trilíngue grego, latim, castelhano, Madrid, Gredos, 1974.

[39] *Esta ideia é expressada do seguinte modo: " ... el comediante reflexivo, estudioso de la naturaleza humana, que imita de manera constante cualquier modelo ideal, por imaginación y por memoria, será siempre el mismo en todas las representaciones, y siempre perfecto.*
En su mente todo ha sido ordenado, calculado, combinado, aprendido; no hay en su declamación ni monotonía ni disonancias. El fuego de su expresión tiene su progresión, sus impulsos, sus remisiones, su comienzo, su medio, su extremo. En las mismas escenas, siempre los mismos acentos, las mismas actitudes, los mismos gestos; si hay diferencia de una a otra representación, será generalmente con ventaja de la última". V.: DIDEROT, D. *La paradoja...*, op. cit. [p. 40].

[40] Ibidem. Mais adiante, lemos: "*Pero el actor no es el personaje, sino la representación del mismo, hecha de modo tan perfecto que se la toma por el personaje mismo. La ilusión domina al espectador,*

e, portanto, um **paradoxo**.⁴¹ Mas se consideramos, desde a perspectiva proposta, que o corpo se encontra constituindo a *identidade idem* e formando parte do critério da individuação do *"ator-persona"*, e se assume como condição da possibilidade de representação mediando o *"ator-personagem"*, se dissolve a contradição desde o lado do ator, já que a ação dramática estabelece seu *continuum* no contexto da ipseidade. Existindo o aludido paradoxo, o mesmo se inscreve estritamente no sistema de crenças do espectador e, por conseguinte, fica estabelecida no âmbito da opinião – *doxa* – formulada por ele mesmo. Em síntese: o paradoxo resolver-se-ia, então, na doxa do espectador.

Demarcando este fato diz-nos Diderot que um "ator sublime" será aquele que é capaz de esquecer completamente sua sensibilidade para converter-se em um técnico da interpretação. Um **espectador** "não quer ver como um ator se emociona", o que quer é **emocionar-se ele mesmo**.⁴²

Outra característica **paradoxal** que convém marcar é a da "naturalidade" que se associa à "linguagem comum" do espectador. Assim o ator deve lograr montar um artifício para lograr "naturalidade cênica" num espaço virtualmente fora do "lugar natural", procurando lograr comover os ditos espectadores. Para lograr essa **"naturalidade"** - em termos de certa poética para nós: "logocentrista" –, o ator **imita fielmente todos os sintomas exteriores** que são **universais** e que, portanto, **todos os conhecemos** e nos quais nos sentimos **reconhecidos**.

Este aspecto tampouco se constitui paradoxal, ao ser analisado desde o marco proposto por Ricoeur sobre a **"tríplice mímesis"**, que nos permite decodificar o "mundo da ação".⁴³ Recordaremos, brevemente, que a desdobra mimética se realiza em três instâncias, que interpretaremos em relação ao feito teatral, a saber:

Mimesis I: Estrutura "pré-narrativa" da ação, a **pré-figuração**.
a - O escritor gera a obra em determinado contexto cultural, do qual forma parte, e em possessão de certos conhecimentos e saberes; isso lhe proporciona certa competência para tomar futuras "decisões narrativas".

---

pero nunca al actor" [p. 47].

⁴¹ O autor trabalha com a categorização do "paradoxo" desde o ponto de vista lógico-discursivo. Cabe mencionar os seguintes "casos":
1) Afirmação que parece falsa, ainda que na realidade seja verdadeira.
2) Afirmação que parece verdadeira, mas na realidade é falsa.
3) Cadeia de raciocínios aparentemente inobjetáveis e que conduzem, todavia, a contradições lógicas. Os paradoxos desta classe convém chamarem-se falácias.
4) Declaração cuja veracidade ou falsidade é indizível.
5) Verdade que se volta às avessas para chamar a atenção.

⁴² Ibidem. "*Las lágrimas del comediante brotan de su cerebro, las del hombre sensible, de su corazón*" [p. 47].
⁴³ RICOEUR, P. *Tiempo y relato*. Tomo I, México: Siglo XXI, 1995

b - Em nosso caso, para o "lugar autor", dar-se-á o mesmo processo mediando a percepção da "teatralidade" na focalização de certa "cena potencial". Para o receptor, far-se-á inteligível o "mundo da ação" constitutiva da trama – "mundo da obra"–, pelo fato de ter uma pré-compreensão da mesma, em virtude de o mencionado continuum da ação não lhe ser alheio. O espectador-receptor detém uma competência no que diz respeito à estrutura da ação.

Mimesis II: O "texto" mimético, a **configuração**.

a - Os conhecimentos prévios que possui o autor e que leva consigo no momento de escrever sua obra literária lhe permite proceder a realizar a disposição e estruturação dos diversos feitos ou ações, efetuar seu enquadre "cronotópico", decidir acerca do estatuto de seus personagens, etc.

b - No caso da obra teatral, remetemo-nos ao momento no qual, a partir de certa estratégia de "escritura", se gera o "entrama-mento" de linhas de ação a serem sustentadas desde o estatuto dos diferentes personagens em determinações mais ajustadas que na etapa anterior. Trata-se agora de dar conta da "teatralidade em quase ação"[44], passível de ser tratada tal como sucede ao definir um epifenômeno com relação ao fenômeno..

Mimesis III: A **configuração mimética** da **experiência**, a *refiguração*.

a - O leitor lê e determina o sentido que a obra tem para ele. No ato de "leitura" ou atualização do texto, o leitor o translada a suas coordenadas espaçotemporais, referenciando o material a seu "próprio mundo", a uma determinada cultura (que pode coincidir ou não com a do escritor) e em conexão com sua própria competência e saberes prévios.

b - Em nosso caso, o espectador transitará na instância em que gera a particular "textualidade espetacular". O receptor realizará uma configuração da história, dar-lhe-á um sentido à trama desde sua interpretação, e a mesma estará marcada pela competência que tal espectador tenha em função de sua inserção cultural, e os próprios saberes adquiridos no processo de socialização. Ao dar conta dessa "textualidade espetacular", também "recobra e conclui o ato configurante" atravessado pela "poética" da proposta.

Também aponta Ricoeur a relação que se estabelece entre vida e literatura – uma instância da relação mais geral entre vida e arte – e a respeito assinala-nos que *"a narração enquanto construção da trama (a história que se conta, ou melhor: narra) é mimesis das ações humanas [...] posto que a narração se origina na vida e*

---

[44] No contexto da produção trágica, e segundo a fórmula mínima que Aristóteles cunha para explicar a tragédia, se concebe como: "imitação (representação) de uma ação" (*mimesis praxeos*), interpretaremos a definição de "*mythos*" (trama) como a "disposição dos feitos em sistema" (*he ton pragmaton systasis*: entendendo "*systasis*" ou seu equivalente "*synthesis*" como "disposição", se se quer em sistema, dos feitos). Trata-se, então, de imitação ou representação, no sentido dinâmico de encenação, de transposição em código de representação. V.: ARISTÓTELES, op. cit., 1450b.

volta a ela". Isso também se compreende à luz do modelo do *continuum da ação* que apresentamos, desde um sentido hermenêutico.

Como vemos não se pode sustentar o âmbito paradoxal senão interpretar o fenômeno desde a proposta criativa no contexto de uma ação que se desdobra e se ancora na corporalidade e encontra nela o limite no qual pode ser reconhecida como própria.

Finalmente propomos, para compreender o chamado mundo da ação, realizar um cruzamento entre as categorias sustentadas por Ricoeur, para caracterizar o "atuar", e a que nos propõe Deleuze e Guattari, para dar conta dos planos em que se resolve o "pensar". E atreveremo-nos a conceber o mencionado espaço cronotopicamente configurado enquanto "território" a ser recorrido e relevado segundo certa "cartografia", dando conta dos correspondentes "devires". Essa zona de cruzamento gera certos âmbitos intersticiais nos quais se pode "des-velar-se" a ação em concomitância com as condições da cena que a fazem visível, quando tal ação se eleva do plano do mero "*prágmata*" ao de "*praxis*". Outra forma de ver o estranhamento brechtiano, enquanto "*gesto*" cênico que se faz inteligível no plano da recepção somente se corresponde com o "*gestus*" social que o abarca dando-lhe acesso, no plano da linguagem, à sua *significância*. Isso resulta relevante dado que falamos, para dar conta do "que fazer teatral", da relação entre "dizer e fazer". Dado que no próprio "dizer" – originado no campo de constituição "*subjetivo-identitária*" – aparece sempre uma "*palavra que não pode ser dita*", estamos impedidos de falar plenamente de sentido, devemos introduzir o conceito de "*significância*" para contornar a remissão a um significado e às consequências semânticas que do mesmo se desprendem. Seguindo Masotta,[45] podemos dizer que tal "significância" nos conecta, paradoxalmente falando, com certo: "*nível de emergência onde, sobre a borda do sem sentido ou do não-sentido, essa palavra se deixe escutar*". Neste lugar do inefável é que se instalam os dispositivos de captura estético-po(i)éticos desde os quais *arte* e *vida*, como mencionamos, se "inter-penetran", "sobre-põem" e "inter-põem".

Definimos a "zona de interação factual cronotópica" como uma sorte de rede constituída por nodos que determina o encontro entre multiplicidades de linhas definidas nos planos de desdobra do "pensar" e as que correspondem à "desdobra da ação". Os planos em que as linhas de ação se inscrevem fazem visualizar o movimento desde fonte até pias e vice-versa. Isto tem a ver com o modo em que esse espaço hierarquiza-se ao ser "modulado" pela ação e determinado pela "cena". Em qualquer instância em que as condições de possibilidade da cena fiquem determinadas, ainda que circunstancial e provisoriamente, é factível definir diversos dispositivos de captura estética e modalidades associadas a eles,

---

[45] MASOTTA, Oscar. *Ensayos Lacanianos*. Barcelona: Editorial Anagrama, 1977. p. 66 ss.

desde os quais "fazer", "sentir" e "pensar" possam objetivar-se e ser analisados ao projetar a *experiência* sobre o *pensar* e este último sobre a própria *experiência*.

Referências

ARISTÓTELES, Poética . Ed. trilíngue grego, latim, castelhano, Madrid, Gredos, 1974.

ARISTÓTELES. *Poética*. Trad. E. Sinott, Buenos Aireas, Colihue, 2004.

BARTHES, R. *Essais critiques*. Paris: Seuil, 1964. p. 42-42.

BAUDRILLARD, J. *Cultura y simulacro*. Barcelona: Editorial Kairós, S.A. 1998.

BROOK, P. *El espacio vacío. Teoría y práctica del teatro*. Barcelona, Península, 1973.

BUTLER, J. *Cuerpos que importan*. Buenos Aires, Paidós, 2005.

CITRO, S. *Cuerpos significantes. Travesías de una etnografía dialéctica*. Buenos Aires: Biblos, 2009.

DELEUZE, G.; GUATTARI, G. *El antiedipo. Capitalismo y esquizofrenia*. Barcelona: Barral, 1974. V.: p. 42 ss.

DELEUZE, G. *El pliegue. Leibniz y el barroco*. Barcelona: Paidós, 1988.

DELEUZE, G. *Lógica del sentido*. Barcelona: Paidós, 1989.

DIDEROT, D. *La paradoja del comediante*. Se ha utilizado la versión digital – facsímile - provista en exclusividad por: www.elaleph.com, 1999. Incluye: COPEAU, J. "Reflexiones de un 'comediante' sobre la paradoja de Diderot". Originalmente in: *El sueño de D'Alembert* (1830).

ENGEL, P. "Las paradojas de la identidad personal". In: OLIVÉ, León; SALMERÓN, Fernando. *La identidad personal y la colectiva*. México: Universidad Nacional Autónoma de México, 1994.

ENGELHARDT, T. *Los fundamentos de la bioética*. Barcelona: Paidós, 1995.

FOUCAULT, M. *Las palabras y las cosas: una aqueología de las ciencias humanas*. Buenos Aires: Siglo XXI, 1998.

FOUCAULT, M. *El panóptico*. La Piqueta, Madrid 1979.

FOUCAULT, M. *Vigilar y castigar*. Madrid: Siglo XXI, 1993;

HAYLES, N. K. *How we became posthuman. Virtual bodies in cybernetics, literature and informatics*. Chicago y Londres: The University of Chicago Press, 1999.

HEIDEGGER, M. "La época de la imagen del mundo". Trad.: Helena Cortés y Arturo Leyte. In: HEIDEGGER, M. *Camiños de bosque*. Madrid: Alianza, 1996. Existe ed. digital: <www.heideggeriana.com.ar>.

HUSSERL, E. *Ideas relativas a una fenomenología pura y una filosofía fenomenológica*, Tomo II. Ediciones del Instituto de Investigaciones Filosóficas de la Universidad Nacional Autónoma de México, México, 1997.

HUSSERL, E. *La tierra no se mueve*. Madrid: Ed. Complutense, 2005.

JAUSS, H. R. "Estética de la recepción y comunicación literaria", *Punto de Vista*, 12, 34-40, [1979] 1981. (Traducción de Beatriz Sarlo).

JAUSS, H. R. *Pour une esthétique de la réception*. París: Gallimard, 1978.

LA METRIE, *El hombre máquina*, Buenos Aires: EUDEBA, 1983.

LE BRETON, D. *El sabor del mundo. Una antropología de los sentidos*. Buenos Aires: Nueva Visión, 2009.

LE BRETON, D. *Antropología del cuerpo y modernidad*. Buenos Aires, Nueva Visión, 1995.

LE BRETON, D. *La sociología del cuerpo*. Buenos Aires: Nueva visión, 1992.

MASOTTA, Oscar. *Ensayos lacanianos*. Barcelona: Editorial Anagrama, 1977.

MATOSO, E. *El cuerpo territorio escénico*. Buenos. Aires: Paidós, 1992.

MERLEAU-PONTY, M., *Phénoménologie de la perception*. Paris: Gallinard, 1945; *Fenomenología de la percepción*. Barcelona: Ediciones 62, 1980.

PAVIS, P. *El análisis de os espectáculos*. Barcelona: Paidós, 2000.

RICOEUR, Paul. *Historia y narratividad*. Barcelona, Paidós.

RICOEUR, Paul. *El sí mismo como otro*. México: Siglo XXI, 1996.

RICOEUR, Paul. *Tiempo y relato*. Tomo I, México: Siglo XXI, 1995

ROSSET, C. *Lo real y su doble*. Barcelona: Tusquets, 2004.

SASSONE, R. "A escrita como perfomance. Uma contribuição para examinar a "cena originaria" relativa à a-parição do texto filosófico no limite de sua própria territorialização", in: BORBA, S.; KOHAN, W. (Orgs.). *Filosofia, aprendizagem, experiência*. Belo Horizonte: Autêntica, 2008. Cap. De libro. ISBN 978-85-7526-346-4.

SASSONE, R. "Hacia la configuración del *philodrama*". In: KOHAN, W. (Comp.), Teoría y práctica en filosofía con niños y jóvenes. Experimentar el pensar, pensar la experiencia, Buenos Aires: Ed. Novedades Educativas, 2006. Cap. de libro. ISBN: 987-538-174-8; ISBN-13: 978-987-538-174-2.

SASSONE, R. En el camino de la ficcionalidad teatral. Notas acerca del "ser" de "ser otro", In: HORMIGÓN, J. A. (Edit.). *Del pensamiento literario-dramático al pensamiento escénico*, Madrid: Publicaciones de ADE / Asociación de Directores de España, Serie: Teoría y Práctica Teatral, n° 29, 2008. p. 315-332. ISBN 978-84-95576-89-7.

SCHECHNER, R. *Performance. Teoría y prácticas interculturales*. Buenos Aires: Libros del Rojas, 2000.

SIMONDON, G. *La individuación*. Buenos Aires: Cactus, 2009.

SINGER, P. *Repensar la vida y la muerte: el derrumbe de nuestra ética tradicional*. Barcelona: Paidós Ibérica, 1997.

UBERSFELD, A. *Semiótica teatral*. Madrid: Cátedra, 1989.

WOODCOCK, A.; DAVIS, M. *Teoría de las catástrofes*. Madrid: Cátedra, 1989.

Filosofia e educação[1]

Giuseppe Ferraro

Saber

A ordem do saber é disposta sobre a linha de uma evolução que avança por estágios progressivamente superiores. Sem saltos. Feita de passagens. Lógica. Científico é aquele saber que assegura continuidade e comunidade. Pode ser, por isso, retomado por outros no tempo e ser transmitido, ensinado, compondo uma tradição e uma história comum. A continuidade se exprime em contínua/habilidade. Quem aprende tem a habilidade de continuar ao longo de um percurso traçado, assinalado, ensinado. A linha de um tal percurso se fecha em um círculo de/senhado[2] no confim simbólico de uma comunidade de pesquisa dentro da qual é con/signado o costume e o hábito ou, como se prefere dizer, o conjunto das habilidades informais. Um saber é, então, científico quando reingressa em uma lógica de territorialização na qual se dá identidade e pertencimento reconhecível em uma língua, em uma tradição, em uma nação, em uma história. A Cidade se organiza em instituições de saberes que representam poderes. Fora do saber não há poder, mas também fora do poder não é dado saber. A ordem do discurso é a expressão constitutiva da correlação entre saber e poder.

Instruir educar construir

É preciso distinguir entre ensinar e educar. É possível ser hábil, com capacidade para desenvolver uma determinada atividade e não necessariamente ser educado para isso. Pode-se fazer bem uma determinada coisa sem saber que coisa é bom fazer. Pode-se saber falar bem, dizer bem as coisas, sem saber o que seria bom dizer. A educação vai além dos signos, que certamente desenham um horizonte. A passagem é do signo ao gesto. Da palavra à voz. Do texto escrito ao corpo próprio, que também é marcado, mas pelos afetos, pelo sentir, pelo

---

[1] Tradução de Ingrid Müller Xavier e Bernardina Leal.
[2] *Di/segnato*, do verbo *disegnàre* = desenhar. (N.T.).

tempo vivido e de como é vivido. Giuseppe, quando foi preso, não sabia escrever. Não havia maneira de se comunicar por carta com seus familiares. Começava-se a compreender que seus erros com a justiça eram erros de escritura. Não sabia escrever. No entanto, Giuseppe era educado. Sabia do bem e do mal, mas não sabia o que seria bom fazer e o que seria mal fazer. Giuseppe agora escreve livros, mas é educado como era antes de cometer erros de escrita.

Pode-se entender, agora, como um paradoxo: a filosofia da educação é chamada a ligar o saber que se ensina e o saber que não se pode ensinar. Falar de filosofia da educação é colocar junto o ensinável e o não ensinável, estabelecendo uma relação entre significado e sentido, entre coisa e modo. Entre saber e ser. A filosofia da educação cruza o ensino e o comportamento, o conhecimento e a ética, a escola e a cidade. O risco é entender a educação como mera inclusão em um sistema de saber, referindo-se a uma imagem de cidadania que representa regras, uma legalidade sem ligames, regras sem relações, normas sem razões, exigindo formação profissional e informações que observam os limites disciplinares internos à cidade.

Será necessário perguntar-se o que a educação aporta à instrução? E como se pode ensinar, mantendo juntas uma e outra, educação e instrução? *Instruere*, instruir, aparelhar, prover, suprir, dispor... tantos são os significados do instruir, até fornecer instrumentos e, enfim, construir. E construir bem, edificando, educando. Como então o saber pode encontrar-se modificado pelo não saber? Ou simplesmente como, edificando o plano de construção, o terreno, o bairro, o lugar, o ambiente, a idade modificam o modelo de construção e o saber? Quanto e como as regras são alteradas através de relações que as próprias regras instruem e consignam?

A crise do tempo e a crítica da história

A filosofia da educação moderna nasceu com o idealismo e o consequente historicismo, que deu embasamento a uma ideia de educação que se identifica com um processo de desenvolvimento espiritual, que marca a saída da condição de minoria para Kant, ou seja, a transição da natureza ao espírito, de acordo com a lição de Hegel. Por isso, a educação não se distingue da formação espiritual, de tornar-se sujeito consciente. O fim da escola é a educação para ser cidadão responsável, reconhecendo os valores universais da humanidade segundo normas jurídicas e responsabilidade social. O fim parece, portanto, progredir conservando, por isso, hegelianamente, em uma contínua *Aufhebung*. Ainda em Benjamin se conserva uma tal imagem da filosofia da história pela qual a filosofia da educação é uma expressão de cuidado da memória voltada para o futuro. Benjamin mantém intacto o ícone, descrevendo o *Angelus Novus* de Klee que avança voltando o olhar para trás.

Educação refere-se à história, à memória, mas uma memória que não se identifica com a mnemotécnica. Pode ser mais bem entendida como a composição de princípios, regras, saberes que preservam e desenvolvem o mundo social construído em razão de uma pertença comum. Educar é fazer crescer, criar, de acordo com comportamentos sociais que assegurem a conservação do indivíduo como cidadão do mundo. E aqui está a dificuldade: a filosofia da educação exige uma relação histórica com o que não é ainda história ou com uma história que não tem memória. Reclama uma relação com a memória como sensibilidade, como uma recordação daquilo que não se viveu mas é sentido, do ainda não sido e do dar-se agora a ser.

É bastante antiquado pensar na crise do sujeito e, portanto, em qualquer filosofia da educação correspondente a uma fenomenologia do espírito. Por outro lado, a educação parece bastante poluída pela imagem de uma formação que tem por objetivo a aquisição de competências e que substitui o plano progressivo da ordem do discurso pelos esquemas de *Sudoku* ou mesmo por avaliações derivadas de testes de respostas simples ou de múltipla escolha. A competição pouco se concilia com a solidariedade. A ideia, dominante até o século passado, de uma aquisição progressiva da consciência crítica foi ligada a uma imagem do tempo como história. A crítica e a história parecem ter perdido sua relação de sentido, ao ponto de se poder dizer que a consciência havia perdido seu próprio tempo, que não é mais "aprendido com o pensamento", de acordo com a imagem que Hegel atribuía à filosofia. A "crítica" e a "história" deram lugar à "crise" e ao "tempo" sem passagens. Nada acontece, e acontece de tudo. Mantém-se perdido. A filosofia agarra-se ao evento e ao outro, por um presente suspenso. Igual. Sem futuro.

Passar

A imagem do passar, da passagem parece estar perturbada: estágios e estações de fomento de conhecimento se dissolvem e se esvaziam antes ainda de se encherem. Subitamente, nova acomodação, outros instrumentos e outros fins, com novos percursos formativos, novos perfis. Inovações.

A filosofia da educação é chamada a refletir sobre o sentido do passar, sobre sua direção, mas também sobre o que é passado e o que se passa, o que se vive, sem vivê-lo. "Passar" é também transcorrer, encontrar-se, demorar-se. Situar-se. Estar para ser. Passar é superar, ir além, conseguir. Passar é próprio do tempo. A escola é um lugar de passagem. Daí que a filosofia da educação é dirigida em primeiro lugar para a escola e também para além dela. *Skholé*, na sua expressão grega, antes mesmo de um lugar, uma sala de aula, um edifício, indica um tempo suspenso, um tempo não corrente, inatual. Um lugar de passagem onde o passar não corre, não flui como o sem tempo. Não existe uma escola de tempo integral que não seja uma escola plena de tempo. Não é a duração, mas o enchimento do tempo. Na escola se passa o tempo. Aqui se passa o tempo.

A escola é um lugar de passagem. É certamente o local onde é mais utilizado o verbo "passar". Na escola se passa o tempo, na escola se passam os níveis de instrução, também se passam as tarefas para casa, o ensinado, os textos. A escola é um lugar de passagem no sentido mais forte, uma vez que representa a transição da casa à cidade. Passa-se da memória da família para aquela da história comum. Cruzam-se costumes, hábitos, desconstrói-se uma memória, movendo-se do mito da família para o mito da cidade. A escola é comprimida entre a casa e a cidade, quando não é mais o lugar de passagem de um tempo que não corre nas ruas. A escola é então levada a julgamento. É o que está posto como fonte de todos os males sociais, que são aqueles que a assediam.

A filosofia da educação é chamada a refletir sobre o "passar". Sobre a passagem. Sobre o que é passado e passa. É chamada a refletir sobre os lugares de passagem. Sobre a passagem do tempo e da idade, sobre permanecer na cidade, sobre estar para ser. Sobre o passar do tempo. Dedicar o tempo. Passar a si mesmo. Dedicar-se.

Na escola se passa o tempo. A relação ensinante é educativa neste passar. No momento em que quem ensina passa os signos do próprio tempo. Por isso, a relação ensinante é um corpo a corpo. Alguém, um homem, uma mulher, um adulto, está na frente dos jovens que se tornarão homens e mulheres, adultos. Quem ensina passa o seu próprio saber, enquanto passa o tempo que passou para aprender, quando estudava e estuda, em sua idade, mas também na idade do tempo em que se estudava de acordo com outros métodos e conteúdos, com outros instrumentos, numa outra história. A relação ensinante é um corpo a corpo, uma relação de gênero e de gerações diferentes frente a frente. A relação ensinante é uma relação generativa. A filosofia da educação reflete sobre o passar, sobre os gestos do passar, modos, versos, vozes, posturas, posições e imposições, reflete sobre as formas, as ordens e as ações. Não há relação educativa no ensinar se não houver um intervalo geracional, um tempo diante de outro tempo. Por isso, a escola nunca será uma agência formativa, nem quem ensina será, jamais, um facilitador, no momento em que ensinando educa. Esse intervalo de tempo, de gerações e de gêneros que permite o educar ensinando e o ensinar educando não é apenas a expressão de uma relação assimétrica. O intervalo nessa relação é tal que a "restauração" do equilíbrio é o "repor", "ajustar", tornar "justo" o próprio tempo, para recorrer a uma sequência expressa por Derrida. Operar a justa passagem do tempo em si mesmo, fazê-lo correr segundo um tempo que não é mais aritmético, mas rítmico. Um tempo expressão do próprio sentir. De um/uma e de outro/a, de um e de outro lugar. Ensinar educando é estabelecer uma correlação de aprendizagem. Singular. Apenas quando o tempo próprio se passa ele muda, e apenas quando se passa do outro para si é que se encontra aquilo próprio de si que é o reflexo do próprio ser outro.

Ensinar com a filosofia, educar

A filosofia da educação se dá quando a filosofia começa a refletir-se como educação; por isso, como prática de relação. É preciso, então, se perguntar em primeiro lugar o que se passa com a filosofia, o que acontece ao fazer filosofia na escola, quando se ensina. Perguntar-se se fazer filosofia é ensinar filosofia ou, em vez disso, ensinar com a filosofia. Isso permite, evidentemente, entender a filosofia da educação como referida a todo ensino, a toda forma disciplinar, a toda instrução e formação.

O mito da caverna de Platão é, sem dúvida, a primeira representação da filosofia da educação ou da filosofia como educação ou da própria educação como filosofia, quando se trata de passar pelos graus do saber: sempre até a porta do além do saber que não pode se conhecer nem tocar e que, por isso, não se pode ter como propriedade, até, então, colher o sentido daquilo que passa, como a alma, que passa de um corpo a outro ou que, simplesmente, está dentro do próprio corpo. A educação é própria da filosofia, sua aplicação, sua prática. Sua narrativa. A filosofia fala do passar. Diz do passar onde e até onde, quando e até quando. Em relação. Até onde se pode ir. O mito platônico da caverna é uma educação na filosofia, mas também uma filosofia da educação. Podemos, então, ensinar educando, educar ensinando, dando signos, convidando, deixando passar.

A filosofia não pode ser ensinada, mas pode-se ensinar com filosofia. E é esse ensinar com filosofia que é educar. Não há conteúdos. A filosofia é um saber sem conteúdos. É disposição. Um saber das relações. Saber do limite, para além dos confins.

O que se passa com a filosofia? Como passamos o tempo? Passa-se construindo pontes, diria Paulo Freire, sobre a escola. Criar pontes significa estabelecer planos de relações entre duas margens que se afastam do mesmo rio que passa, no mesmo caminho. Passar é estabelecer ligações. Vai-se bem na escola quando se está bem na escola. Estar a ser é próprio das ligações. O estar do ser é relação. De passagem. A própria legalidade é uma expressão das relações. As regras não são suficientes. As regras explicam as coisas, mas são as relações que mudam e transformam as coisas e as situações. Criam passagens. As vias da educação, assim como as do próprio caminho da vida, não são sinalizadas por placas, mas através dos encontros que fazemos. Também as escolhas de estudo são escolhas de encontros. Aos jovens dos cárceres que me perguntam como se faz para mudar, é preciso responder: com as relações. Assim como uma criança se relaciona com a voz antes de aprender a palavra, porque é importante quem lhe fala e como, antes mesmo do que o que se diz, porque se educa quando se é aquilo que se diz.

A infância e o futuro

Considero importante lembrar como Paulo Freire havia insistido sobre a construção da memória, dizendo que o Brasil deveria reencontrar a própria história, a própria narrativa, a sua fábula. Lembro também de Benjamin e aquela indicação presente em "Infância berlinense": "O futuro que perdeu o próprio passado só na infância pode reencontrar o seu sabor ".

Há um saber no sabor. Um saber do corpo. Afirma-se que sai involuntário. O sabor remete ainda ao vínculo. Só aquilo que é legado sabe de si e do outro em conjunto, sabe do seu ser outro. Os sabores dizem os vínculos que as coisas dão misturando-se. O sabor é da casa e das recordações absorvidas no corpo próprio. E não é estranho que o futuro se perca quando se perde a memória; ou que o futuro seja o próprio passado, aquilo que se passando a um e a outro agora será, depois, passado.

O futuro é assim: aquilo que se tornará passado do presente atual. Aquilo que faremos deste tempo agora, do presente. O futuro é como contaremos que se passou este tempo juntos. Podemos também dizer que uma experiência didática se realiza quando pode ser narrada. Se não for narrada, tampouco será recordável, não voltará, não se tornará saber, não será transmitida. O futuro está naquilo que se passa e se transmite, naquilo que se deixa aos outros. O futuro está na narrativa da qual o presente se torna capaz. O segredo do futuro está em cada conto. As crianças escutam os contos e elas mesmas se tornam contos. As crianças querem escutar sempre o mesmo conto, não para aprendê-lo de memória, mas para fazer memória do narrar. Para colher a rítmica do seu passar. Escutam. Aprendem a lembrar da voz de quem lhes narra uma história, de quem, ensinando, educa a sua voz interior para escutar. O futuro está dentro de cada conto. Está dentro. E somente quem se conta tem um dentro, porque contar é escutar, fazer-se um vazio dentro, deixar ressoar a voz que se escuta aprendendo o tempo da voz, interior, invadida, feita de versos, de passagens de sons, um tempo, sentido, feito de sentimentos. A educação é sempre e somente sentimental. É preciso aprender a sentir o que se diz do saber para sermos também educados, para sermos conduzidos dentro do passar.

As crianças não têm futuro. São futuro. As crianças não têm nada para dar ou doar, são o dom que elas dão. As crianças vêm ao presente. Fazem-se nascentes. São nascentes. Educam. Deixam emergir, manifestam, se expressam. Estão na infância, no manifestar-se, ainda antes da palavra, quando manifestar-se não é a representação de nada, mas um entregar-se abertamente. O futuro que representam não é aquilo que já ocorreu e aconteceu, mas é o passado ainda não narrado. As crianças são o conto daquilo que terá sido agora. Assim como o segredo de cada um está na própria infância, em ser criança. Quem não conserva a própria infância no decorrer da sua idade, não encontrará a imaginação e o desejo que o induz a narrar este presente como gostaria que fosse.

Benjamin tem razão em buscar o futuro no sabor do passado, naquilo que fizemos passar no presente, naquilo que agora fazemos passar deste tempo. Sobre a gramática temos aprendido o futuro anterior, mas depois compreendemos que o futuro é interior. Não é aquilo que sucederá amanhã, mas é aquilo que fazemos agora de nosso presente, o conto que lhe procuraremos para dar sabor àquilo que vivemos agora. É na gramática latina que lemos o particípio futuro. O "futuro" é o particípio futuro do verbo "ser". Também é particípio futuro a palavra "literatura": com ela entendem-se não as letras que se produzem, mas as páginas que serão lidas. Nem tudo o que se escreve é literatura, mas apenas aquilo que continuará sendo lido. O futuro é o presente que continuará a ter seu conto. O incontável será também da história, mas não do futuro.

O grau de futuro que almejamos construir é o conto daquilo que seremos capazes de fazer do nosso presente. Será, por isso, um passado para recordar ou esquecer. Como o extermínio, as guerras são para esquecer, não têm futuro nos nossos corações, não podem ser contadas para as crianças. A questão é essa: o conto nos conduz à infância. Educamo-nos escutando fábulas. Também Sócrates, no *Fédon*, é representado quando conta uma fábula aos seus amigos que não aceitavam a sua condenação à morte nem entendiam por que ele mesmo a aceitava por causa da sua filosofia. Não entendiam sua teoria da imortalidade da alma, não entendiam a passagem da alma de um corpo para outro, não conseguiam se convencer do saber de Sócrates. Então Sócrates contou uma fábula. Feita para tolher o medo, para dizer aquilo que não conseguia explicar, para educá-los a sentir dentro aquilo que se podia aprender somente vivendo-o como disposição, como estilo de vida. Educamos narrando as fábulas às crianças, aquilo que é fabuloso, deixando-as imaginar, fazendo-as escutar, porque assim se constrói um tempo próprio interior, que escande o sentir como de um contínuo restituir profundo de um estar comum no mundo, habitando a vida com sabor.

Benjamin podia, agora, refletir acerca do modo que o futuro é quando se perde o passado, quando não podemos narrá-lo, e quando isso acontece, há que se voltar à infância, porque a infância dá o sabor do conto que devemos traduzir em saber, fazê-lo saber, para que permaneça o gosto do presente.

O passado do presente

O que contaremos destes dias? Qual será o conto deste presente atual? Em cada conto, há um retorno. Como retornará, então, este presente, e quantos foram os presentes que retornaram e os que retornarão? Quantos são aqueles que não retornaram? Ou algo retorna ainda e sempre sem que o percebamos? Há ainda uma frase de Benjamin que me acompanha agora: "Cada um tem direito a uma fada para expressar um sonho. Mas são poucos aqueles que conseguem lembrar o sonho que expressaram. Assim, no curso da vida, são poucos aqueles que percebem que o sonho realizou-se".

Educar é uma forma de amar. Por isso, a filosofia da educação convida a dizer do próprio amor do educar. Se se diz que filosofia é amor ao saber, educar é também saber amar. E ainda Platão, no *Banquete*, nos faz entender a relação entre o amar e o educar, falando do filósofo como uma criança, e uma criança também é *éros*. Educa-se uma criança, mas é também o que educa. A Paideia é a educação para saber amar. Não é simplesmente amar, mas saber amar. A educação põe junto um e outro, o saber e o amor. Nesse sentido, a educação é a própria prática da filosofia.

Repito sempre: a filosofia é a única expressão do saber que leva um sentimento na sua denominação. Não significa amor pelo saber, a não ser para indicar no amor o vínculo mais importante que se possa ter, e do qual não podemos renunciar, sem perder a própria vida. Aquilo que é caro. Aquilo pelo qual a vida é cara. *Philía* é um tal vínculo, com um amigo, um amado, uma amada, quem te sustenta, quem pode te dizer tudo para o teu bem. Quem ama, o amigo, não julga e não justifica o amigo. Não favorece. Não é favorecido. Não é quem é igual a ti. O amigo é quem te torna igual a ti mesmo. No seu olhar pode olhar-te como que salvaguardando tua vida e te conhecer no seu conhecer-te. Não como em um espelho. O espelho engana. É preciso olhar-se sem obter uma imagem, mas uma voz, um conto, um passar. Reconhecido pelo modo como passamos. Sabe-se do caminho que se faz. Dos lugares que habitamos, levamos o saber que é uma expressão dos nossos vínculos.

A "criança" e a crença

Há uma sabedoria antiga na palavra "criança" própria da língua portuguesa. A "*crianza*" na minha língua (dialeto napolitano) indica a educação pela qual se pode falar de uma boa ou de uma má "*crianza*", se se tem boa ou má educação. Não existe uma didática da *crianza*, não se pode aprender se não é é já "aprendido", se não é já dada. Será preciso agora simplesmente suscitá-la. "*Crianza*" é também a crença que indica as coisas que se acreditam pela tradição, ou as coisas que se sabem comumente, aquilo que em filosofia é a "*pístis*". "*Credenza*" em napolitano indica o lugar onde ficam as provisões da cozinha. "*Crianza*" em napolitano é aquilo que se toma cuidado de preservar; são as provisões, as coisas que sustentarão o futuro. A criança é a provisão da humanidade. "Ter *crianza*" é deixar a quem vem agora, às crianças, o mundo educado para contar o próprio presente. A criança é necessária e frágil. Não se pode perdê-la sem perder a vida. A verdade do educar é passar sem perder a vida. Educar dando vida ao mundo e mundo à vida.

A verdade e o medo

A verdade é o medo, disse Cecília. Temos medo de dizer a verdade. Tem-se medo de descobrir-se. A verdade nos descobre. Expõe. Pode-se dizer a verdade somente aos amigos, porque somente ao amigo pode-se contar o medo próprio. É o próprio segredo. A verdade é insustentável, mas é a verdade que nos sustenta. Para ser verdadeiro, é necessário ser dois. Também um discurso para ser verdadeiro deve poder ser feito a dois e ser um diálogo. A verdade é dual, nunca única. Nunca se pode estar sozinho na verdade ou ter somente uma verdade, porque a verdade é relação. Sustenta. É o princípio, a *arché*. Como é a verdade desta ou daquela coisa: a verdade do ser é aquilo que sustenta o ser naquilo que é. Nomear a verdade como "*aletheia*", como o que se manifesta e se oculta, é pensar ainda na relação daquilo que se entrega e daquilo que não se entrega, sem outro. A verdade sustenta e é insustentável. Numa relação de verdade, sempre te sustenta o insustentável, aquilo que vacila e é frágil, que apenas pode-se ter com o cuidado, conjuntamente. Insustentável se estivermos sozinhos. Sustentável juntos. E é esse conjunto o possível do impossível. Educar é deixar aprender tal exercício. Educar é dialogar. Fazer do ensino um diálogo. Em si próprio. Escutando como somente podemos escutar com a voz, deixando ressoar na própria voz a voz do outro. A verdade é a relação de amor. O amor verdadeiro é aquele que nunca se perde porque sempre se tem medo de perdê-lo. Se faltar esse medo, não será verdadeiro, mas será verdadeiro e sem medo quando se possa narrar a quem se ama.

Epílogo-homenagem
A arte de caçar borboletas

Cláudia Maria de Castro

para Eduardo

Piérides, vanessas ou esfinges, mariposas cor de enxofre de asas brilhantes, bruxas e almirantes, as de olhos de pavão ou aquelas da aurora. *Em Infância em Berlin por volta de 1900*, Benjamin recorda todos os tipos de borboletas que costumava perseguir em suas "ardorosas caçadas" infantis. Empreitadas que quase sempre o atraiam para "lugares ermos", longe dos caminhos bem tratados do jardim de Brauhausberg, próximo a Potsdam, onde sua família tinha casa de veraneio. A impotência era o sentimento diante da conspiração do vento e dos perfumes, das folhagens e do sol que desconfiava comandar o vôo das borboletas. Zombando da criança, o inseto oscilava, flutuante. Ao esvoaçar diante de uma flor e pairar sobre ela, o menino, com a rede levantada, esperava apenas que "o encanto, que parecia se operar da flor para aquele par de asas cumprisse a sua tarefa". Mas, em seu "corpo frágil", a borboleta escapava com "suaves impulsos" e logo iria "sombrear imóvel" outra flor, abandonado-a rapidamente sem nem tê-la tocado. A criança ansiava dissolver-se "em luz e em ar" para aproximar-se de sua presa sem ser notada. Um desejo tão real que cada agitar e oscilar de asas lufava sobre ela, irrigando-a e deixando-a apaixonada. Benjamin escreve:

"Entre nós começava a se impor o *antigo estatuto da caça*: quanto mais me achegava com todas as fibras ao inseto, quanto mais assumia intimamente a essência da borboleta, tanto mais ela adotava em toda ação o matiz da decisão humana, e, por fim, era como se sua captura fosse o único preço pelo qual minha condição de homem pudesse ser reavida. [...] Era desse modo penoso que penetrava no caçador o espírito daquele ser condenado a morte. O idioma no qual presenciara a comunicação entre a borboleta e as flores – só agora entendia algumas de suas leis"[1].

---

[1] BENJAMIN, Walter. "Schmetterlingsjagd", *Berliner Kindheit um Neunzehnhundert*. In: Gesammelte Schriften, Frankfurt am Main: Suhrkamp Verlag, v. IV.1, p. 244. (A partir de agora

Em que medida este combate entre o menino e a borboleta, entre homem e animal, que chega à confusão mimética, pode iluminar a ideia de infância em Benjamin, a experiência do espaço, do tempo e da linguagem que ela traz consigo, ao ponto de podermos nomear esta filosofia de uma arte de caçar borboletas?

Para adentrar na floresta encantada da obra de Benjamin sempre é preciso voltar ao ensaio inspirado de 1932, as chamadas "pequenas notas de Ibiza", *A doutrina das semelhanças*. Mesmo com todos os desvios e retornos, interrupções e súbitas mudanças de direção que caracterizam a escrita benjaminiana, este texto permanece um guia indispensável para decifrar este pensamento enigmático, hermético, e dotado de uma radicalidade inovadora. A abertura destas "notas" sustenta que "um olhar lançado à esfera do "semelhante" é de importância fundamental para a compreensão dos grandes setores do saber oculto"[2]. Porque a natureza é criadora de semelhanças que encontram correspondência no homem, o grande fazedor de semelhanças. Para Benjamin, talvez não exista nenhuma função superior do humano que não seja, decisivamente, codeterminada por esta faculdade mimética que tem na brincadeira infantil a sua escola. Nos jogos infantis, impregnados de comportamentos miméticos, as crianças imitam pessoas, mas também as coisas. Porém, para avaliar o alcance desta atitude mimética é preciso ultrapassar o sentido contemporâneo do conceito de semelhança: as correspondências naturais só assumem toda sua significação com o conceito de "semelhança extra-sensível" (*unsinnliche Ähnlichkeit*), imaterial, a senha para a compreensão da faculdade mimética. Como este poder de imitação não se resume a uma reprodução passiva da realidade já dada, mas constitui uma verdadeira atividade de intercâmbio entre o homem e o mundo que se expressa, a semelhança que esta faculdade produz é imaterial. Benjamin fala de um tempo onde o "círculo existencial" regido pela semelhança era muito mais vasto e englobava o domínio do micro e do macrocosmo. Se o universo do homem moderno parece conter essas correspondências mágicas em um grau muito menor, ele acredita que a antiga capacidade mimética migrou para a linguagem, sobretudo para a palavra escrita.

Em *Sobre o programa para uma filosofia por vir*, de 1918, Benjamin apresenta seu projeto como a construção de uma filosofia da experiência. Sustentando a manutenção da relação entre conhecimento e experiência estabelecida por Kant, a *filosofia por vir* deve operar um alargamento do conceito kantiano de experiência, limitado à base das intuições sensíveis, e incluir também o domínio

---

esta edição será citada com as iniciais GS); "Caçando Borboletas", *Infância em Berlim por volta de 1900*. In: Obras Escolhidas, v. II, São Paulo: Brasiliense, 1987, p. 81. Grifo meu.

[2] BENJAMIN, Walter. *Lehre vom Ähnlichen*. (GS, II, 1, p. 204); *A doutrina das semelhanças*. In: Obras Escolhidas, v. I. São Paulo: Brasiliense, 1985, p. 108.

espiritual que tem sua morada na língua. Trata-se de assegurar os direitos de uma experiência filosófica de "um conteúdo metafísico mais profundo", que o próprio Kant libera a despeito si mesmo, e cuja possibilidade jamais contestou, trazendo à frente da cena a questão da linguagem. É neste sentido que podemos falar de um retorno à *episteme renascentista* no pensamento benjaminiano em contraste com a *episteme clássica*, segundo a periodização feita por Foucault em *As palavras e as coisas*. Uma volta às correspondências e analogias mágicas no universo medieval, elaborada como um experimento linguístico, um trabalho no texto, compreendido como um microcosmo. Os alquimistas e astrólogos da Idade Média, muito mais que os teólogos, já tinham vislumbrado a potência de revelação contida na linguagem e nos signos.

O ponto central deste novo conceito de experiência, a *experiência por vir* que Benjamin perseguiu ao longo de toda a sua obra, é que esta não pode limitar-se à consciência empírica. Para encontrar "o conceito originário e primitivo de conhecimento", "o conhecimento verdadeiro de uma experiência superior", é necessário "eliminar a natureza subjetiva da consciência que conhece"[3]. O ataque contra o sujeito do conhecimento tomado como fundamento primeiro, núcleo doador de sentido, como foi concebido pela filosofia moderna a partir de Descartes, é um dos traços decisivos da reflexão benjaminina. Assim escreveu Adorno em sua bela caracterização de Benjamin: "a interioridade não é para ele apenas o refúgio da apatia e da triste autocomplacência, mas o fantasma que deforma a imagem possível do homem: por toda parte lhe opõe a corpórea exterioridade."[4] O que distingue e diferencia a filosofia benjaminiana da tradição moderna é o seu "modo de concreção"[5]: a valorização da exterioridade, que se faz em um movimento de evasão, de entrega total às minúcias da realidade concreta, onde a intenção subjetiva se apaga no objeto e o pensamento, agarrado à coisa, transforma-se em um tatear, em um cheirar e saborear, numa espécie de "empirismo delicado" como sonhou um dia Goethe.

Para tal, A *filosofia por vir* exige o encontro de "uma esfera de total neutralidade com relação aos conceitos de sujeito e de objeto"[6]: este registro, negligenciado por Kant, é a linguagem. Cego pela visão iluminista de mundo, aos olhos de Benjamin, a mais pobre e desprovida das potências espirituais capazes de conferir sentido da experiência do homem, Kant não atentou para

---

[3] BENJAMIN, Water. *Über das Programm der kommenden Philosophie*. (GS, II.1, p. 161); *Sur le programme de la philosophie qui vient*. In: Œuvres, I, Paris: Gallimard, 2000, p. 184.

[4] ADORNO, Theodor. "Caracterização de Walter Benjamin". In: *Prismas: crítica cultural e sociedade*, São Paulo: Ática, 1998, p. 231.

[5] Idem, p. 225.

[6] BENJAMIN, Walter, *Über das Programm der kommenden Philosophie*, op. cit, p. 163; tr. fr. p. 187.

a íntima relação entre conhecimento e linguagem, única saída para arrancar o moderno do "bosque desolado do real" em que se encontra. Uma atenção à potência salvadora de linguagem é a solução proposta por Benjamin para o empobrecimento da experiência na modernidade.

Principal antepassado do ensaio sobre a faculdade mimética, o misterioso tratado de 1916, *Sobre a linguagem em geral e sobre a linguagem humana*, expõe a ideia benjaminiana de linguagem. Uma concepção ousada e embebida da teologia judaica que norteava as conversas entre Benjamin e Scholen: a linguagem pensada como um rio ininterrupto de expressão que atravessa toda a natureza, dos seres mais ínfimos até o homem, e do homem até Deus. A realidade experimentada como expressiva, o mundo visto como um livro que se pode ler. Esta é a "linguagem em geral", a expressividade do real da qual a linguagem humana é apenas uma parte. Contra o primado da concepção instrumental e burguesa, que reduz a linguagem a mero meio de comunicação de um significado que lhe é exterior, Benjamin sustenta a ideia de uma *língua pura* como um cristal, que não comunica nada além dela mesma, mas expressa a "essência linguística" das próprias coisas - aquilo que da "essência espiritual" das mesmas pode ser comunicado. Esta ampliação do conceito de linguagem introduzirá no campo das pesquisas linguísticas - onde a teoria da significação gozava até então de um privilégio incontestado - o estudo das forças fisionômicas da língua, uma "fisiognômia geral da linguagem" que será pensada a partir da faculdade mimética, a arte de produzir semelhanças que, precisamente, a criança carrega com um dom.

Poderíamos ler o esforço benjaminiano como o de uma transformação do conceito de subjetividade a partir do mistério imanente à linguagem, à sua potência de mimetização? É na tentativa de responder a esta questão que a relação entre infância e linguagem constitui uma chave preciosa para esclarecer o que está em jogo nesta filosofia. Mas, para isso, como sugere Giorgio Agamben, é preciso pensar a infância não "simplesmente como um fato do qual seria possível isolar um lugar cronológico [...] algo como uma idade ou um estado psicossomático".[7] Fazer justiça ao estatuto filosófico da ideia de infância em Benjamin é concebê-la como uma investigação dos limites da subjetividade, onde esta se constitui a partir daquilo que a ultrapassa. Encontrar o lugar lógico da infância em sua relação com a experiência histórica e linguística. Ou seja, a infância tematizada como uma "experiência transcendental" do espaço, do tempo e da linguagem.

A ideia de infância suscita uma interioridade paradoxal. Ao retornarmos ao relato-miniatura de *Infância em Berlin* este problema se formula da seguinte maneira: como afirmar ao mesmo tempo o devir-borboleta do menino, seu

---

[7] AGAMBEN, Giorgio. *Infância e história: destruição da experiência e origem da história*. Belo Horizonte: Editora UFMG, 2005, p. 10.

transformar-se em borboleta, e a existência de uma subjetividade, sua volta para a casa? Esse ir e voltar. Se a criança não se transforma "realmente" em borboleta onde repousa a realidade e a verdade deste processo de mimetização? É o apagamento do sujeito, sua retração, regressão ou involução, a solução do enigma desta magia encantatória que fascina o leitor de *Infância em Berlin*, convencendo-o da maravilhosa mistura entre o *de dentro* e o *de fora*. No entanto, como se dá este experimento transformador? Em que espaço e em que tempo? Qual a dinâmica dessa experiência da linguagem e da história?

A caça às borboletas é uma revelação filosófica porque se desdobra em um espaço complexo. Aqui, o conceito deleuziano de *devir*, espécie de "núpcias entre dois reinos", oferece boas pistas. Em *Mil Platôs*, Deleuze fala que no *devir* nos deparamos com um "espaço liso" que permite as passagens. Intenso e não extenso, esse espaço pode ser pensado como um "mar". É por isso que "o que ocupa o espaço liso são as intensidades, os ventos e os barulhos, as forças e qualidades tácteis e sonoras, como no deserto, na estepe ou no gêlo"[8]. René Schérer, autor de várias obras dedicadas à infância, observa que mesmo oriundo de um método muito diferente daquele de Benjamin, o *devir*, concebido por Deleuze, está em convergência com a experiência mimética descrita por Benjamin. Segundo Schérer, o *devir* traz uma concepção do espaço que "escapa à intuição imediata das formas da geometria métrica" e que surge "não de uma projeção plana, mas de uma análise qualitativa das situações"[9]: aquelas das "relações topológicas", das conexões e continuidades características dos envolvimentos, das dobraduras, que expressam as propriedades do vivo. Pois é apenas com a vida que a "interioridade" começa a se definir e ganhar sentido. Para Simondon, ela é construída em torno de uma superfície semelhante a uma *membrana*, onde o vivo vive sempre "no limite de si mesmo, sobre o seu limite"[10]. Somente com relação a este limite o *dentro* se relaciona com o *fora*. Estamos diante de um mundo de relações que não são métricas e sim topológicas, ou seja, relações de convergência que se dão por baixo de todas as formas e extensões qualificadas da representação.

Na paixão do menino que se transforma em borboleta se achegando "com todas as fibras ao inseto", querendo dissolver-se "em luz e em ar" a fim aproximar-se de sua presa sem ser notado, habita a emoção inquieta diante da vida das coisas, de sua magia expressiva, sem a qual não haveria nem o *dentro* nem a transformação. Trata-se de um processo que não se reconcilia com um sujeito formado, mas exige aquele da infância; de um acontecimento que não ocorre com uma interioridade subjetiva, mas advém da troca viva entre o interior

---

[8] DELEUZE, Gilles. *Mille Plateaux*. Paris: Les Éditions de Minuit, 1980, p. 598.

[9] SCHÉRER, René. *Regards sur Deleuze*. Paris: Kimé, 1998, p. 46.

[10] SIMONDON, Gilbert. *L'Individu et sa genèse physiobiologique*. Paris: PUF, 1964, pgs 200 e seg.

e o exterior, o *de dentro* e o *de fora*, o envolvido e o envolvente, entre a afecção e a expressão. Porque "o sujeito é literalmente sujeito do fora"[11], que se constitui ao mesmo tempo pela exterioridade e pela "comunicabilidade".

Na margem extrema de uma fronteira, ocupando uma "zona de indecidibilidade", a criança está no limite de uma superfície onde se passa sem descontinuidade do humano ao animal e do animal ao humano: de acordo com "o antigo estatuto da caça", quanto mais ela assume intimamente a essência da borboleta, mais esta última adota em sua ação o "matiz da decisão humana". Mas será a passagem do homem ao animal, da criança à borboleta, apenas a da alma à matéria? Não poderíamos pensar a animalidade como aquilo que no homem insiste, forçando-o a regredir a quem de si mesmo para libertá-lo das formas fechadas? O que vemos é que nesta mimetização, Benjamin nos convida a experimentar não a simples materialidade, mas as forças invisíveis da vida que irrompem passando ao visível, ganhando, expressão linguística. Essas são as forças do futuro, do *por vir*.

Caçando borboletas, o mimetismo da criança retém a fisionomia do mundo, sua linguagem. Quando em *A doutrina das semelhanças* Benjamin fala da "semelhança extra-sensível", ele sublinha que a imitação infantil não se relaciona às formas visíveis, às semelhanças percebidas conscientemente. Estas, comparadas com as incontáveis semelhanças das quais não temos consciência, pelo menos totalmente, "são como a pequena ponta do *iceberg*, visível na superfície do mar, em comparação com a poderosa massa submarina"[12]. Como indica Schérer, Benjamin impõe uma "variação" no horizonte da mímese onde ela se dissolve em devires, em processos de transformação. Livre da representação da consciência, a experiência mimética diz respeito aos astros, as estrelas, aos planetas, às correspondências astrológicas. Deles, ela retém os traços, uma língua, aquilo que da essência espiritual é comunicável. Simbolizando a abertura a uma exterioridade radical, a semelhança extra-sensível é cósmica. Ela constitui o elemento de uma leitura e escritura mais antiga, sagrada.

À contracorrente do racionalismo das Luzes, insensível ao domínio espiritual do qual a razão lógica é incapaz de apreciar a fecundidade, Benjamin procura encontrar na experiência histórica do homem a demanda de salvação (*Rettung*) onde sentidos inauditos, antes sufocados, se liberam. Destruindo a história estabelecida, seu pensamento instaura uma espécie de "semi-historicidade" que opera um corte transversal no *continuum* da história, impedindo que esta se imponha como destino inexorável do homem. Cabe à filosofia interromper o curso

---

[11] MORONCINI, Bruno. *Walter Benjamin e la Moralità del Moderno*. Napoli: Guida Editori, 1984, p. 247.

[12] BENJAMIN, Walter. *Lehre vom Ähnlichen*. (GS, II.1, p. 205); tr. br., op. cit., p. 109.

do tempo "homogêneo e vazio" sobre o qual segue o cortejo dos vencedores da história opondo-lhe uma outra temporalidade: o "tempo de agora" (*Jetztzeit*) no qual se infiltram "estilhaços do messiânico"[13], como Benjamin expôs em *Sobre o conceito da História*. É este o sentido da afirmação contida no ensaio sobre a faculdade mimética de que a percepção das semelhanças está vinculada a uma "dimensão temporal", o aviso de que num instante "ela perpassa, veloz".[14]

A semelhança possui um tempo próprio em que pode ser agarrada: "sua percepção, em todos os casos, dá-se num relampejar.[15]". Mesmo podendo ser recuperada, jamais pode ser fixada, ao contrário das outras percepções. Apenas esta temporalidade fulgurante permite apreender seu modo de existência e relacionar este tipo especial de semelhança com a subjetividade que as concebe, que simultaneamente as inventa e as recolhe na iluminação de sua rápida aparição. Uma subjetividade que não se confunde com a mera interioridade psíquica, com a consciência empírica. A infância, em Benjamin, evoca um sujeito elástico o suficiente para elevar-se ao cume do tempo, ao seu limiar que é o instante. Nesta extremidade temporal, a produção da semelhança é construção de um sentido redentor que vem à luz na atualidade de um "agora". Este é o tempo paradoxal em que a criança se transforma em borboleta. O instante onde o tempo suspenso, livre da linearidade, da causalidade e da cronologia, é aquele da criação. As "semelhanças extra-sensíveis", que pontuam toda leitura e escritura, como Benjamin as descreveu, irrompem furtivamente do rio das coisas, se iluminam num instante e novamente se apagam. Por isso, só é possível praticar a leitura profana dessas correspondências se atentarmos para o que ela partilha com toda leitura mágica: "a característica de ter que submeter-se a um tempo necessário, ou antes, a um *momento crítico* que o leitor por nenhum preço pode esquecer se não quiser sair de mãos vazias"[16]

A infância está no centro da concepção benjaminiana de memória histórica, e relaciona-se à categoria de "imagem dialética", anunciada no célebre *Trabalho das Passagens*, onde também estamos no ápice do tempo. Segundo Benjamin, "uma imagem [...] é isto no qual o Outrora reencontra o Agora em um relâmpago para formar uma constelação"[17]. E, cada presente, determinado pelas imagens que lhe são sincrônicas, constitui o "Agora de uma conhecibilidade determinada",

---

[13] BENJAMIN, Walter. *Über den Begriff der Geschichte* (GS, I.2, p. 704); *Sobre o conceito da História*. In: Obras escolhidas, v.1, São Paulo: Brasiliense, 1984, p. 232.

[14] BENJAMIN, Walter. *Lehre vom Ähnlichen*. (GS, II.1, p. 206); tr. br., op. cit., p. 110.

[15] Idem, ibidem.

[16] Idem, (GS, II.1, p. 209); tr. br., p. 113. Grifo meu.

[17] BENJAMIN, Walter. *Das Passagen-Werk*, [N3, 1], (GS, V.1, p. 578); *Paris, Capitale du XIXº siècle. Le Livre des Passages*, Paris: Éditions du Cerf, 1989, p. 479.

onde a verdade, "carregada de tempo", se assemelha a uma explosão do instante. "Esta explosão, e nada além, é a morte da *intentio*, que coincide com o nascimento do verdadeiro tempo histórico, do tempo da verdade." [18] No relâmpago místico de iluminação é a temporalidade messiânica que emerge. A "imagem dialética" faz o presente, em correspondência com o passado, aparecer como o passado de seu próprio futuro, anulando, na atualidade, a marcha monótona da história. Nesta nova configuração, o presente ganha o poder de encontrar-se com o passado, salvando-o no agora, mas o sentido autêntico desta rememoração do que foi é o desencantamento do futuro, sua abertura radical. Ao congelar o curso do tempo, a imagem dialética possibilita experimentar a única forma possível de eternidade que nos é dada, a eternidade do instante redentor. Contudo, essas imagens poderosas não se encontram em nenhuma realidade. Elas constituem uma "prática de escrita", um exercício textual específico, irredutível à representação de um mero estado de coisas. Ao referir-se a este tipo particular de imagens, Benjamin é claro: "o lugar onde as reencontramos é a linguagem"[19]. A imagem é algo que se lê. Ela "porta no mais alto grau a marca do momento crítico, perigoso, que está no fundo de toda leitura".[20]

Longe da biografia ou da crônica, a narrativa de *Infância em Berlin por volta de 1900* não deixa reconhecer a continuidade cronológica de uma vida. Não há um fio linear que oriente a disposição de seus mais de 40 fragmentos, onde as recordações, separadas no tempo, se entrecruzam até dentro de um mesmo texto. Essas miniaturas, "instantâneos topográficos justapostos"[21], delimitam uma topografia infantil consagrada a situações e não a acontecimentos vividos por um sujeito. Como se a proximidade do indivíduo com suas recordações tivesse sido colocada entre parêntesis, é o mundo sepultado de objetos e imagens que concentra o que foi esquecido e se transforma em objeto da memória, não a identidade da pessoa.

Operando uma "reversão micrológica da ótica habitual"[22], na infância reencontrada pela rememoração os lugares valem como "esquemas", compondo uma língua onde espaço e tempo se imbricam. Os barulhos, as cores, as texturas, os aromas e sabores, formam todo um *"sistema de signos hierglíficos"*[23] que se comunica. Com seu olhar inconsciente e curioso, a criança vê imagens num

---

[18] Idem, [N3, 1], (GS, V.1, p. 578); tr. fr., p. 480.

[19] Idem, [N2a, 3], (GS, V.1, p. 577); tr. fr, p. 479.

[20] Idem, [N3, 1], (GS, V.1, p. 578); tr. fr., p. 480.

[21] LINDNER, Burkhardt, *"Le Passagen-Werk, Enfance berlinoise et l'archéologie du "passé le plus recent"*, In: H. Wismann (org.), Walter Benjamin et Paris, Paris: Éditions du Cerf, 1986, p. 14.

[22] Idem, p.15.

[23] Idem, p.16.

espaço colorido onde novas figuras expressam um texto, uma língua muda, de sutil objetividade. Assim o menino assume a essência da borboleta e ao mesmo tempo nela se reconhece, ao percebê-la com um ser que sofre. A solidão, a espera e a incompreensão são as características da criança que vai buscar seus aliados no mundo das coisas. Para ela, a realidade exterior é um prolongamento do seu próprio corpo. Dotada de "uma proximidade táctil" com a exterioridade ainda não interdita, a criança cria imagens porque se sente impelida a suspender esta imbricação ameaçadora entre o *de dentro* e o *de fora* com novas configurações. Concretizando palavras e imagens, sua subjetividade "garante uma primeira afirmação de si", se autoconstrói, entre o desfiguramento dos significados habituais e a conquista do sentido. Essas são as margens da infância que a memória faz emergir. Como apontou Winfried Menninghaus, os escritos de Benjamin constituem uma ciência do limiar, explorando-o enquanto zona de ambiguidade onde o princípio da fronteira é abolido[24]. Seja aquela entre o *de dentro* e o *de fora*, a que separa o passado do presente, ou a que distingue o sentido e o não sentido.

Sabemos que Benjamin tinha um faro apurado para as forças produtivas do novo que estão em obra na destruição. Comentando a personalidade de Gustav Glück, alto funcionário de banco e seu amigo bem próximo no início dos anos 30, escreveu: "o caráter destrutivo não vê nada de duradouro. Mas eis precisamente por que vê caminhos por toda parte. [...] O que existe ele converte em ruína, não por causa das ruínas, mas por causa do caminho que passa através delas."[25] A radicalidade de sua ideia de infância, como vimos, provoca uma tripla destruição: uma destruição do espaço como lugar vazio em que encontramos as figuras já dadas pela percepção consciente; uma ruptura do tempo em sua linearidade cronológica, homogênea e vazia; e um esfacelamento das sigificações habituais da linguagem, uma "des-semantizacão das coisas e das relações". Este incêndio simultâneo do espaço, do tempo e da linguagem é, em Benjamin, a forma autêntica da revelação onde uma nova subjetividade, mais livre, pode ser construída. E a infância, enquanto encarnação da própria filosofia, faz desta última uma arte de caçar borboletas.

Referências

ADORNO, Theodor. "Caracterização de Walter Benjamin". In: *Prismas: crítica cultural e sociedade*, tr. Flávio R. Kothe, São Paulo: Ática, 1998.

AGAMBEN, Giorgio. *Infância e história: destruição da experiência e origem da história*, tr. Henrique Burigo, Belo Horizonte: Editora UFMG, 2005.

---

[24] Cf. MENNINGHAUS, Winfried. "*Science des seuils. La théorie du mythe chez Walter Benjamin*", In: H. Wismann (org.), Walter Benjamin et Paris. Paris: Éditions Du Cerf, 1986, pgs 529-557.

[25] BENJAMIN, Walter. "Der destructive Charakter", *Denkbilder*. (GS, IV.1, p. 398); "O caráter destrutivo", *Imagens do Pensamento*, In: Obras Escolhidas, v. II, São Paulo: Brasiliense, 1987, p. 237.

BENJAMIN, Walter. *Über Sprache überhaupt und über die Sprache des Menschen*. In: Gesammelte Schriften, v. II.1., Frankfiurt am Main: Suhrkamp Verlag, 1989 (Edição citada com as iniciais GS); *Sur le langage en général et sur le langage humain*, tr. Maurice de Gandillac, In: Œuvres, I, Paris: Gallimard, 2000; *Sobre a Linguagem em Geral e sobre a Linguagem Humana*, tr. Maria Luz Moita, In: Sobre Arte, Técnica, Linguagem e Política, Lisboa: Relógio D'Água, 1992.

BENJAMIN, Walter. *Über das Programm der kommenden Philosophie*. (GS, II.1); *Sur le programme de la philosophie qui vient*, tr. Maurice de Gandillac, In: Œuvres, I, Paris: Gallimard, 2000.

BENJAMIN, Walter. *Lehre vom Ähnlichen*. (GS, II.1); *A doutrina das semelhanças*, tr. Sérgio Paulo Rouanet, In: Obras Escolhidas, v. I. São Paulo: Brasiliense, 1985.

BENJAMIN, Walter. "Der destructive Charakter", *Denkbilder*. (GS, IV.1); "O caráter destrutivo", *Imagens do Pensamento*, In: Obras Escolhidas, v. II, São Paulo: Brasiliense.

BENJAMIN, Walter. *Berliner Kindheit um Neunzehnhundert*. (GS, IV.1); *Infância em Berlin por volta de 1900*, tr. José Carlos Martins Barbosa, In: Obras escolhidas, v. II. São Paulo: Brasiliense, 1987.

BENJAMIN, Walter. *Das Passagen-Werk* (GS, V.1); *Paris, Capitale du XIXº siècle. Le Livre des Passages*, tr. Jean Lacoste, Paris: Éditions du Cerf, 1989.

BENJAMIN, Walter. *Über den Begriff der Geschichte* (GS, I.2); *Sobre o conceito da História*, tr. Sérgio Paulo Rouanet, In: Obras escolhidas, v.1. São Paulo: Brasiliense, 1984.

DELEUZE, Gilles. *Mille Plateaux*. Paris: Les Éditions de Minuit, 1980.

LINDNER, Burkhardt, "*Le Passagen-Werk, Enfance berlinoise et l'archéologie du "passé le plus recent"*, In: H. Wismann (org.), Walter Benjamin et Paris, Paris: Éditions du Cerf, 1986.

MENNINGHAUS, Winfried. "*Science des seuils. La théorie du mythe chez Walter Benjamin*", In: H. Wismann (org.), Walter Benjamin et Paris. Paris: Éditions Du Cerf, 1986.

MORONCINI, Bruno. *Walter Benjamin e la Moralità del Moderno*. Napoli: Guida Editori, 1984.

SIMONDON, Gilbert, *L'Individu et sa genèse physicobiologique*. Paris: PUF, 1964.

SCHÉRER, René. *Regards sur Deleuze*. Paris: Kimé, 1998.

Sobre os autores

CARLOS SKLIAR
    É diretor da área de Educação da Facultad Latinoamericana de Ciencias Sociales (FLACSO).

CLÁUDIA MARIA DE CASTRO
    Foi professora de Filosofia da PUC-Rio, muito amada pelos alunos, falecida em 4 de agosto de 2010.

DORA LILIA MARÍN-DÍAZ
    É doutoranda do Programa de Pós-Graduação em Educação da Universidade Federal de Rio Grande do Sul (UFRGS).

FÉLIX GARCÍA MORIYÓN
    É presidente do Conselho Internacional para a Investigação Filosófica com Crianças (ICPIC).

GIUSEPPE FERRARO
    É professor na Universidade "Federico II" de Napoli, Itália.

GREGORIO VALERA-VILLEGAS
    É professor das Universidades Central de Venezuela e Simón Rodríguez.

LÚCIA HELENA PULINO
    É professora do Programa de Pós-Graduação em Psicologia da Universidade de Brasília (UNB).

OLGA GRAU
    É professora do Departamento de Filosofia da Universidade do Chile.

PAULA RAMOS DE OLIVEIRA
    É professora do Programa de Pós-Graduação em Educação Escolar da Faculdade de Ciências e Letras de Araraquara (FCLAr/UNESP).

Pedro Pagni
: É coordenador do Programa de Pós-Graduação em Educação da Universidade Estadual Paulista (UNESP), campus Marília.

Plínio Prado
: É professor do Departamento de Filosofia da Universidade de Paris 8.

Ricardo Espinosa
: É professor da Pontificia Universidad Católica de Valparaíso, Chile.

Ricardo Sassone
: É professor na Universidade de Buenos Aires.

Sandra Corazza
: É professora do Programa de Pós-Graduação em Educação da Universidade Federal de Rio Grande do Sul (UFRGS).

Sérgio Sardi
: É professor do Departamento de Filosofia da Pontifícia Universidade Católica de Rio Grande do Sul (PUCRS).

Sílvio Gallo
: É professor do Programa de Pós-Graduação em Educação da Universidade Estadual de Campinas (UNICAMP).

Sylvio Gadelha
: É professor do Programa de Pós-Graduação em Educação Brasileira da Universidade Federal do Ceará (UFC).

Walter Omar Kohan
: É professor do Programa de Pós-Graduação em Educação da Universidade do Estado do Rio de Janeiro (UERJ).

QUALQUER LIVRO DO NOSSO CATÁLOGO NÃO ENCONTRADO NAS
LIVRARIAS PODE SER PEDIDO POR CARTA, FAX, TELEFONE OU PELA INTERNET.

✉ Rua Aimorés, 981, 8º andar – Funcionários
Belo Horizonte-MG – CEP 30140-071

📱 Tel: (31) 3222 6819
Fax: (31) 3224 6087
Televendas (gratuito): 0800 2831322

@ vendas@autenticaeditora.com.br
www.autenticaeditora.com.br

ESTE LIVRO FOI COMPOSTO COM TIPOGRAFIA ACASLON, E IMPRESSO
EM PAPEL OFF SET 75 G NA ARTES GRÁFICAS FORMATO.
